Christopher Steele

Ungefiltert

Christopher Steele

Ungefiltert

Trump, Russland und der globale Kampf um die Demokratie

Aus dem Englischen übersetzt von
Tobias Gabel und Martin Richter

C.H.Beck

Die englische Originalausgabe erschien 2024
unter dem Titel «Unredacted» bei Mariner Books,
New York/Boston (ein Imprint von HarperCollins)
This edition is published with
Sterling Lord Literistic Inc. and Paul & Peter Fritz AG.
Für die deutsche Ausgabe:

www.chbeck.de
Umschlaggestaltung: Konstanze Berner, München
Umschlagabbildung: Kreml und Basilius-Kathedrale in Moskau
© shutterstock, Viacheslav Lopatin
Satz: C.H.Beck.Media.Solutions, Nördlingen
Druck und Bindung: CPI – Ebner & Spiegel, Ulm
Printed in Germany
ISBN 978 3 406 82857 7

Widmung

Für Katherine, meine Liebe, mein Fels und mein Leitstern. Und für Chris, mein Geschäftspartner, Freund und der kluge große Bruder, den ich nie hatte.

Inhalt

Vorrede des Autors

Ich habe dieses Buch als professioneller Nachrichtendienstler geschrieben, in gutem Glauben und in der Absicht, sowohl zu informieren, als auch weitere Diskussionen über die Gefährdungen anzuregen, die von korrupten und korrumpierenden autoritären Staaten für unsere westlichen Demokratien ausgehen. Das Buch versucht die Schwächen in den politischen, Sicherheits-, Regulierungs- und Rechtsinstitutionen des Westens zu beleuchten, so wie ich sie kennengelernt habe, und Anregungen zu geben, wie sie gestärkt und verbessert werden könnten. Dabei basiert es auf meiner Arbeit und meinen Erfahrungen in Verbindung mit 1) russischer Einmischung in US-Präsidentschaftswahlen; 2) der Möglichkeit, dass Russland oder andere Gegner Zugang zu *kompromat* (also kompromittierendem Material) über Donald Trump besitzen; und 3) der Art, wie mächtige Einzelpersonen Politik und Rechtswesen nutzen, um Kritik auszuweichen und sich der Verantwortung zu entziehen. In Großbritannien geschieht dies unter anderem durch Ausnutzung klägerfreundlicher juristischer Regeln und Möglichkeiten für das, was ich hier als «Lawfare» beschreibe.

Dies alles ist bis heute Gegenstand wichtiger öffentlicher Debatten, und meine eigene Beteiligung ist seit der Veröffentlichung des «Steele-Dossiers» (oder «Trump-Russland-Dossiers») dokumentiert und bekannt. Ich glaube, dieses Buch kann einen wichtigen Beitrag zu diesen Debatten leisten, indem es meinen persönlichen Bericht und meine Erfahrungen seit dem Dossier festhält, wie auch meine

Beteiligung an und Bewertung der Versuche anderer, die in meinen Berichten angesprochenen Themen zu untersuchen.

Ich glaube, es liegt im öffentlichen Interesse, wenn ich in diesem Kontext Fragen noch einmal behandle, die im Dossier aufgeworfen wurden, und sie in der Form wiederveröffentliche, die ich hier gewählt habe. Denn so können die Leser meine Darstellung der Ereignisse nachvollziehen und meine Kritik an der folgenden Untersuchung verstehen – sowie meine bleibende Befürchtung, dass die im Dossier angesprochenen Fragen (darunter die des russischen *kompromat*) nicht gelöst worden sind und eine Bedrohung bleiben.

Ich habe dieses Buch auch geschrieben, um die Dinge endlich richtigzustellen und die Lügen und Desinformationen über mich und meine Arbeit zu widerlegen, die in den letzten Jahren von verschiedenen Gegnern im In- und Ausland verbreitet worden sind. Dass ich die Gelegenheit ergreife, auf diese Angriffe zu antworten und meine Version der Geschichte zu präsentieren, liegt meines Erachtens ebenfalls im öffentlichen Interesse.

Dieses Buch ist das Produkt ausgedehnter Forschungsarbeit und Informationssammlung. Es greift eingehend auf Informationen zurück, die meine Kollegen und ich über mehrere Jahre sammelten, vor allem von etablierten Quellen, die wir zuvor als zuverlässig eingestuft hatten. Ich bin in dem eingeschränkt, was ich über diese Informationen sagen darf, wegen meiner Verpflichtungen gegenüber der britischen Krone und wegen der Notwendigkeit, meine Informationsquellen zu schützen, die sonst dem Risiko schwerer Strafen ausgesetzt wären. Ich habe im Buch etwas über meine Recherchearbeit gesagt, daher halte ich es für unnötig, hier detailliert darüber zu sprechen.

Allgemein gesagt, ist es mir seit 2017, als *Buzzfeed* das Trump-Russland-Dossier ohne mein Wissen oder meine Erlaubnis veröffentlichte, nicht mehr möglich gewesen, die Originalquellen noch zu treffen oder weiter zu befragen. Viele von ihnen sind danach ent-

tarnt und vom russischen Regime und seinen Handlangern bestraft worden, innerhalb wie außerhalb Russlands. Wir sind zu den betreffenden Themen aber von unabhängigen Quellen kontaktiert worden, die ihre Informationen mit uns geteilt haben. Auf einiges davon wird im Buch verwiesen.

Ich habe auch ein breites Spektrum sonstigen Materials benutzt, Geheimdienstinformationen, investigativen Journalismus und offizielle Untersuchungen. Auch hiervon ist einiges im Buch angegeben.

In Bezug auf Russland, vor allem auf die sich entfaltende und extensive Einmischung des Kremls in den USA, Großbritannien und Europa, habe ich den Mueller-Bericht von 2017/18 benutzt (und viele relevante Auszüge wiedergelesen) sowie den Bericht des Senats-Ausschusses zum Geheimdienstbericht über russische Einmischung 2016, das veröffentlichte Werk des Generalinspekteurs des US-Justizministeriums, die US-Gerichtsverfahren gegen Michael Sussmann und Igor Dantschenko, den Russlandbericht des britischen Parlamentsausschusses für Geheimdienste und Sicherheit und schließlich Äußerungen von britischen Abgeordneten, besonders zur Frage der «Lawfare». Auf vieles davon wird im Text explizit hingewiesen.

Die Aussagen zu China in diesem Buch profitieren von Berichten des britischen Parlamentsausschusses für Geheimdienste und Sicherheit, des Ausschusses für Außenpolitik und der Arbeit der interparlamentarischen Allianz zu China, wie auch den veröffentlichten akademischen Arbeiten von ehemals für die Regierung arbeitenden Sinologen. Zu Europa gab es nicht soviele offizielle offene Quellen, aber die Sanktionsbeschlüsse seit 2022 gegen Russen und andere waren instruktiv, ebenso unser andauernder Dialog über Russland und andere Bedrohungen mit den Regierungen sowie Nachrichten- und Sicherheitsdiensten verschiedener EU-Staaten.

Und in der journalistischen Sphäre habe ich die hervorragende Investigativarbeit von Luke Harding, Paul Wood, Nina dos Santos, Ed Lucas und John Sweeney sowie in den USA von Mark Hosenball,

Natasha Bertrand und John Sipher benutzt (und mich häufig darauf bezogen).

Angesichts des Wesens der (schlechten) Regierungsführung bei den Feinden der Demokratie – Russland, China, Iran und Nordkorea – war ich sehr wachsam für die Themen Doppelagenten, Desinformation und die allgemeine Unehrlichkeit, die autoritären politischen Systemen innewohnt, und war stets auf die Möglichkeit gefasst, dass eine Quelle Informationen ausschmücken oder für Geld erfinden könnte. In Anlage, Argumenten und Annahmen des Buches sind diese Überlegungen fest einbezogen. Nachrichtendienstliche Tätigkeit ist selten zu 100 Prozent präzise, Quellen haben unterschiedliche Motive und machen Fehler, aber letztlich müssen sie um jeden Preis geschützt werden, angesichts der schrecklichen Rache, die sie und ihre Familien trifft, wenn sie enttarnt werden. Das hat mich dazu bewogen, wichtige Informationen und Details zu entschärfen oder sogar ganz wegzulassen, die sonst relevant gewesen und benutzt worden wären, um meine Argumente zu stärken und die Leser besser zu informieren.

Wo ich mir einer Sache im Text nicht ganz sicher bin, z. B. Informationen aus Russland, die ich für glaubhaft halte, deren Bestätigung aber schwierig ist, habe ich entsprechende Vorbehalte gemacht. Meine Diskussion des Hauptthemas in diesem Buch – die Integrität und Verletzlichkeit der westlichen Demokratie und Rechtsstaatlichkeit, die das Fundament unserer Regierungsform bildet, aber leider in der heutigen Welt auf dem Rückzug ist, und die zunehmend dreiste Aggression und Einmischung unserer Gegner wie Russland und China – ist meiner Überzeugung nach jedoch eindeutig im öffentlichen Interesse.

Donald Trump

Die von Donald Trump handelnden Passagen beschäftigen sich allgemein mit 1) russischer Einmischung in die Wahlen, bei denen er als US-Präsident kandidierte; 2) der Möglichkeit, dass Russland unzulässigen Einfluss auf Trump ausüben könnte, weil es kompromittierendes Material über ihn besitzt; und 3) meinen Erfahrungen, von Trump wegen des Dossiers in den USA und Großbritannien vor Gericht gebracht zu werden.

Diese Teile des Werks beruhen besonders auf:

1. Den nachrichtendienstlichen Originalberichten, die im Dossier erschienen,
2. Den oben erwähnten Verfahren und Untersuchungen in den USA,
3. Anderen journalistischen Untersuchungen und Berichten.

Ich bin mir natürlich bewusst, dass Trump Klage gegen mich und meine private Firma Orbis Business Intelligence erhoben und die Richtigkeit der Informationen im Dossier angefochten hat, vor allem in Hinsicht auf die *kompromat*-Vorwürfe. Ich habe sorgfältig nachgedacht, ob es im öffentlichen Interesse ist, angesichts von Trumps Dementi und den früheren juristischen Kämpfen diese Vorwürfe zu wiederholen oder darauf zu verweisen. Ich bin fest davon überzeugt, dass es im öffentlichen Interesse ist, es so zu tun, wie ich es im Buch getan habe, insbesondere aus den folgenden Gründen:

1. Ich bin nach wie vor der Ansicht, dass die ursprünglichen Informationen aus glaubwürdigen Quellen stammten.
2. Das ist nicht nur meine Ansicht, sondern auch die anderer Nachrichtendienstmitarbeiter, darunter dem FBI in seiner Aussage über Igor Dantschenko als hochwertiger Quelle über Russland während der von John Durham eingeleiteten Klage wegen Meineids in den USA.

3. Die Richtigkeit der von mir erlangten Informationen wird durch weitere im Buch genannte Belege gestützt. Zusätzlich gibt es verschiedene andere relevante unabhängige Informationsquellen, die mir bekannt sind und die in meine Bewertungen und Stellungnahmen im Buch einfließen. Dazu zählt der Sachverständigenbericht des früheren US Homeland Security-Mitarbeiters Anthony Ferranti über das Hacken der US-Wahlen 2016 durch Russland, der 2018 beim Prozess Gubarev gegen Buzzfeed in den USA vorgelegt wurde.
4. Trumps Leugnen wurde nicht vor Gericht überprüft, weil seine Klage gegen mich abgewiesen wurde. Es ist ein relevanter Faktor, dass eine Person in Trumps Position keine andere Option besitzt, als die Vorwürfe abzustreiten, und obwohl er das wiederholt getan hat, hat er sie nicht in dem Sinne widerlegt, dass sie als unwahr bewiesen sind, obwohl er in einer vielleicht einzigartigen Position ist, dies zu tun. So scheint seine Behauptung, im November 2013 nicht im Ritz Carlton Hotel in Moskau übernachtet zu haben, unwahr zu sein und stellt auch sein sonstiges Leugnen in Bezug auf dieses Ereignis in Frage.
5. Die Substanz dieser Vorwürfe ist jetzt allgemein zugänglich durch die ausführlichen offiziellen Untersuchungen, die Berichte und Gerichtsverfahren, die darauf folgten. Viel von dem relevanten Material wurde von Trump selbst freigegeben und veröffentlicht und so von ihm selbst allgemein zugänglich gemacht. Da Trump erneut für die Präsidentschaft kandidiert, bin ich der Auffassung, dass ein klares öffentliches Interesse daran besteht, über diese Angelegenheiten zu berichten (auch dort, wo es Fragen über die Wirksamkeit dieser Untersuchungen gibt). Ich bin mir dieser Faktoren auch bewusst, wenn ich den möglichen Schaden bewerte, den Trump durch eine Wiederholung dieser Vorwürfe erleiden könnte, falls sie tatsächlich unwahr wären.
6. Es ist im Wesentlichen unbestreitbar, dass Russland versucht hat, zurückliegende US-Wahlen zugunsten Trumps zu beeinflussen.

Dies ist eine Information von bedeutender aktueller und künftiger Relevanz angesichts der kommenden Präsidentschaftswahlen.

7. Ich gebe Trumps Leugnungen in diesem Buch wieder und habe seine unter Eid geleisteten Dementis im englischen Datenschutzprozess eingefügt.* Ich vertrete in diesem Buch lediglich die Meinung, es sei möglich, dass Russland kompromittierendes Material über ihn besitzt. Ich glaube, diese Schlussfolgerung wird durch die Indizien und Informationen gestützt, die ich geprüft habe.

Ich habe vor der Veröffentlichung überlegt, welche weiteren Recherchen und Überprüfungen ich unternehmen könnte, um die Richtigkeit der Aussagen, die ich in Bezug auf das mutmaßliche *kompromat* wiederhole, zu belegen. Ich glaube nicht, dass mir momentan Schritte offenstehen, um weitere Untersuchungen in vernünftigem Maße zu betreiben. Der Grund ist, dass viele der dargestellten Ereignisse inzwischen mindestens acht Jahre zurückliegen; dass die meisten Informationen und Quellen dem russischen Regime bekannt sind, das sicher Schritte unternommen hat, um alles Wichtige zu unterdrücken und zu vertuschen; dass die notwendigen operativen Methoden, z. B. Geolocation, jenseits unserer technischen Möglichkeiten liegen und legal nur von Regierungsbehörden benutzt werden dürfen; und weil die Kosten zusätzlicher Recherchen für ein kleines Unternehmen wie Orbis untragbar wären.

* Wir haben Donald Trump nicht mit der Bitte kontaktiert, vor der Publikation Stellung zu nehmen, weil seine Ansichten über die im Buch behandelten Angelegenheiten gut bekannt sind (und im Text genannt werden) und sich höchstwahrscheinlich nicht ändern werden; weil er wahrscheinlich seine politische Plattform in den USA gebrauchen (oder missbrauchen) würde, um mich und meine Arbeit mehrere Monate vor der Veröffentlichung unermüdlich und unaufrichtig anzugreifen, wogegen ich mich in dieser Zeit nur schwer wehren könnte, und weil er nach wie vor nicht dem Urteil eines britischen Obersten Gerichts zur Kostenübernahme gefolgt ist, das nach einer Klage wegen Verletzung des Datenschutzes, die er gegen mich und meine Firma Orbis angestrengt hatte, erging. Er hat offenbar auch künftig nicht die Absicht, die Kosten zu tragen.

Nachdem ich alles mir zugängliche Material geprüft habe, das Risiko eines Schadens für Trump und das öffentliche Interesse abgewogen habe, falls die Anschuldigungen, auf die ich im Buch hinweise, unwahr sind, und angesichts der praktischen Unmöglichkeit weiterer Recherchen, komme ich zu der Auffassung, dass das öffentliche Interesse an der Publikation dieses Materials sehr viel größer ist als die Risiken. Ich bin überzeugt, dass die Veröffentlichung meines Buches im öffentlichen Interesse liegt.

Farnham (Surrey), Großbritannien, 30. Juli 2024

Einleitung

Glockenläuten

Er fragte: «Sie werden doch kein Diktator werden, oder?» Ich sagte: «Nein, nein, nein, nur am ersten Tag.»

Donald Trump, Dezember 2023

Mein erster bezahlter Job war der als Chorknabe in der Kirche. Ich sang in St Paul's im kleinen englischen Ort Wokingham, knapp 60 Kilometer westlich von London. Singen führte rasch zum Glockenläuten, auch bekannt als Kampanologie, eine alte und rein anglikanische Kunst.

Bei der ersten Übung ergriff ich das Seil und zog. Hoch über mir im Turm bewegte sich die schwere Bronzeglocke, und der Hammer schlug gegen das dicke Metall. Der Klang erfüllte die Kirche und verbreitete sich über die Dächer und das Land. Ich fand es toll, so laute Geräusche zu produzieren, und genoss die Vorstellung, sie würden meilenweit in alle Richtungen gehört werden. An diesem Tag wurde ich ein engagierter Glockenläuter und setzte diese Leidenschaft während meiner Schul- und Studienzeit fort.

In vieler Hinsicht ist ein Glockenläuter wie ein Orchester- oder Bandmitglied. Man läutet im Team und koordiniert das Ziehen an den Seilen. Man erschafft eine besonders mathematische Form

der Musik. Doch der ursprüngliche Zweck des englischen Glockenläutens war nicht die Erzeugung einer Form von Harmonie, so magisch das auch ist. Es sollte vielmehr der Bevölkerung wichtige und häufig dringende Neuigkeiten mitteilen. Glocken rufen Menschen zum Gebet, sie warnen vor Todesgefahr und verkünden gerade geschehene Todesfälle. Sie feiern Ernten und Hochzeiten. Im Krieg schweigen sie, so auch während der längsten Zeit des Zweiten Weltkriegs. Sie feiern den Sieg, wie bei Kriegsende. Sie wurden benutzt, um Dämonen auszutreiben. Als Junge erfüllten mich die gemeinsame Anstrengung und der Klang, und ich mochte das Gefühl der Verbindung zur Geschichte, zu den zahllosen Punkten im Lauf der Jahrhunderte, als Glockenläuter dabei mitwirkten, den Menschen im ganzen Land wichtige Botschaften zu überbringen. Heute denke ich an eine weitere wichtige Botschaft, die Glocken früher über Straßen und Felder gesandt haben: Ein Angriff steht bevor, und es ist Zeit, die Waffen zu ergreifen.

Wenn dieses Buch einen Zweck hat, dann den einer Warnung vor einem bevorstehenden Angriff und der Zunahme dieser Gefahr. Und es ist ein Ruf zu den Waffen.

1987 begann ich mit 22 Jahren in Geheimdienst und Diplomatie zu arbeiten. Während meiner Laufbahn erlebte der Westen drei große Bedrohungen seiner Sicherheit: einen möglichen Atomkrieg mit der Sowjetunion, islamischen Terrorismus und Wladimir Putins Russland. Als Staatsdiener war ich mit allen dreien befasst. Doch die weitaus größte Bedrohung ist Putins Russland. Dieses Buch soll erklären, warum.

Nehmen wir zuerst die Islamisten. Putin besitzt eine militärische Macht, von der Al-Qaida, der IS oder andere islamistische Gruppen nur träumen können. Er hat sich ihre Brutalität und ihre Taktik zu eigen gemacht. Er hat Morde, Bombenanschläge, Vergiftungen, Massaker an Zivilisten und mehr befohlen. Er hat wiederholt große Kriege begonnen und ist in andere Länder eingefallen. Nach den Ereignissen vom 11. September 2001 versetzten die Islamisten den

Westen viele Jahre lang in Angst und Schrecken, aber sie waren nie eine strategische Bedrohung oder besaßen größere militärische Macht, und inzwischen sind sie weitgehend besiegt.

Die Sowjetunion war ein viel mächtigerer Gegner als die Islamisten. Sie führte Stellvertreterkriege auf der ganzen Welt und betrieb unermüdliche Spionagefeldzüge gegen den Westen. Sie besaß geheime und verbotene biologische und chemische Waffen, die ihre Feinde hätten vernichten können. Vor allem löste sie mehrfach fast einen katastrophalen Atomkrieg aus.

Doch die Sowjetunion war ein relativ strukturiertes und rationales Gebilde. Sie hatte einen effektiven Partei- und Staatsapparat. In vieler Hinsicht respektierten ihre Staatsführer geopolitische Regeln und Normen. Im Gegensatz dazu ist Putins Kreml veränderlich und wenig strukturiert, wie ein mittelalterlicher Hofstaat, und somit auf eine Art unvorhersehbar, wie der sowjetische Kreml es nicht war. Und er besitzt noch ungefähr dieselbe militärische Macht – bei weitem genug Atomwaffen, um die Erde zu zerstören.

Putins Unvorhersehbarkeit ist geprägt von seinem verzweifelten Wunsch zu überleben. Durch die Teilinvasion in die Ukraine 2014 und die umfassende Invasion 2022 hat er sich in eine Ecke manövriert. Diktatoren, die Kriege anfangen und dann verlieren, bleiben meist nicht mehr lange an der Macht. Viele Quellen sagen, Putin sei besessen von dem Handyvideo der öffentlichen Demütigung und Misshandlung Muammar al-Gaddafis, das kurz vor der brutalen Ermordung des libyschen Diktators 2011 aufgenommen wurde. Putin sieht sich seit langem in einem Kampf auf Leben und Tod, was viele westliche Politiker bis vor kurzem nicht verstehen wollten.

Doch der russische Präsident selbst ist heute nicht die größte Bedrohung für unsere Art zu leben. Ebenso wenig der skrupellose, ehrgeizige und immer mächtigere Xi Jinping und seine Kommunistische Partei Chinas. Auch nicht die aggressive Islamische Republik Iran. Der Westen unter Führung der USA hat es immer geschafft, sich autoritären Mächten und Schurkenstaaten entgegenzustellen,

und hätte diese Macht unter normalen Umständen immer noch. Heute aber sehen wir uns einer noch nicht dagewesenen Bedrohung der Demokratie gegenüber – der Bedrohung von innen. Zurzeit kommt die größte Bedrohung der westlichen Demokratie und des Rechtsstaats von Donald Trump und seiner Republikanischen Partei, die immer stärker zu willigen Helfern Putins werden.

Im November 2024 werden die amerikanischen Wähler einen neuen Präsidenten wählen. Diese Wahl ist Putins größte und vielleicht einzige Chance, sein Regime und womöglich sein Leben zu retten. Darum wird er tun, was er kann, um einen republikanischen Isolationisten ins Weiße Haus wählen zu lassen. Zum zweiten Mal. Man vergisst leicht, dass Putin Trump 2016 schon einmal half, Präsident zu werden, wie der Bericht von Sonderermittler Robert Mueller zeigte. Und 2016 war der Einsatz für Putin viel niedriger. Jetzt will er Trump um jeden Preis wieder im Weißen Haus haben. Und eine zweite Trump-Präsidentschaft wäre unvergleichlich schlimmer als die erste.

Ich bin überzeugt, wenn es Putin gelingt, zur Wiederwahl Trumps beizutragen, wird sich die globale politische und wirtschaftliche Ordnung tiefgreifend verändern. Wir werden in eine neue historische Epoche des strategischen Chaos eintreten, eine «neue Weltunordnung».

Die potenziellen Folgen von Trumps Wahlsieg wären katastrophal. Eine zweite Trump-Regierung würde höchstwahrscheinlich ein Ende der Unterstützung für die Ukraine bedeuten, den dadurch fast unausweichlichen Sieg Russlands und die Besetzung der Ukraine. Wir würden auch die Stärkung von Trump-ähnlichen Autokraten auf der ganzen Welt erleben, immer engere Bündnisse mit undemokratischen Regimen, den Rückzug von Verpflichtungen zur Eindämmung des Klimawandels und eine unnötige Konfrontation mit China, die zum Krieg führen könnte.

Warum maße ich mir an, etwas über diese Dinge zu wissen?

Mein Leben und die Entwicklung Russlands in den letzten vier

Jahrzehnten sind eng miteinander verbunden gewesen. Ich war Diplomat und Geheimdienstbeamter in Moskau, als die Sowjetunion zusammenbrach. Ich war dort, als der Putsch gegen Michail Gorbatschow stattfand und als Boris Jelzin das nun unabhängige Russland übernahm. Ich beschäftigte mich mit Russland in Paris und London als Geheimdienstbeamter und wurde später einer der führenden Russlandexperten der britischen Regierung, der an der Untersuchung der vom Kreml befohlenen Ermordung Alexander Litwinenkos mitwirkte. 2016 schrieb ich eine Reihe von Berichten über den damaligen Präsidentschaftskandidaten Donald Trump und seine Verbindungen zu Russland. Und obwohl diese Zeit für mich und meine Familie ein Spießrutenlauf war, als diese Berichte – das sogenannte Steele-Dossier oder Trump-Russland-Dossier – zu einer der weltweit größten Storys wurden, ergab sich für mich daraus ein unerwarteter Vorteil. Seitdem habe ich noch besseren Zugang zu Informations- und Geheimdienstquellen über Russland, die mir wohl eine privilegierte Sicht auf das geben, was im Kreml vorgeht – und wie sehr es uns beunruhigen sollte. In den letzten acht Jahren habe ich diese Informationen weiter gesammelt.

In den folgenden Kapiteln beschreibe ich zum ersten Mal diese Innensicht, wie ich sie erlangte und was westliche Regierungen – und wir alle – tun können und sollten, um diese epochale Bedrohung abzuwenden.

Ich werde auch zum ersten Mal schildern, wie eine gut koordinierte, aber informelle und außerhalb der Regierungen operierende Gruppe westlicher Geheimdienstmitarbeiter, der ich angehöre, sich gegen Putins Russland wehrt und auch gegen die mit ihm verbündeten Oligarchen und ihm verpflichteten Gruppen aus dem organisierten Verbrechen vorgeht. Wir haben in vieler Hinsicht mehr Spielraum als staatliche Nachrichtendienste und besitzen zusammen jahrzehntelange Erfahrung. Niemand von uns tut es für Geld. Wie ich in diesem Buch beschreiben werde, hoffen wir aber, auf unsere lautlose Art zum Schutz der westlichen Demokratie beigetragen zu haben.

Dieses Buch beruht auf meiner professionellen Geheimdienstarbeit, in der ich im Lauf der Jahre vor allem gefährliche Entwicklungen in der Geopolitik beleuchtet und verfolgt habe. Während der längsten Zeit meiner Arbeit für die Regierung von 1987–2009 dominierte der Westen auf der internationalen Bühne, besaß gut funktionierende, enge Bündnisse, sowohl militärisch (NATO) als auch wirtschaftlich (EU), und es herrschte ein starker liberaler Konsens, ungeachtet der gerade regierenden Partei. Zu diesem Konsens gehörten Demokratie, Menschenrechte, Rechtsstaatlichkeit, Freihandel, eine freie Presse mit anerkannten journalistischen Standards, Transparenz und Toleranz in einer Zivilgesellschaft.

Wenn dieses Buch unser Verständnis erweitert, wo wir stehen und warum wir an einen so gefährlichen Punkt gelangen konnten, wird es etwas Wertvolles geleistet haben.

Ich sollte noch etwas erklären: worüber ich in diesem Buch nicht schreiben kann und warum.

Im Gegensatz zu den Vereinigten Staaten, wo sogar Mitarbeiter des NCS (National Clandestine Service) der CIA nach ihrem Ausscheiden aus dem Staatsdienst mit einiger Freiheit sprechen dürfen, besteht in Großbritannien die strenge Regel, dass es ehemaligen Angehörigen des Auslandsgeheimdienstes (MI6 oder SIS) und des Security Service (MI5) nicht erlaubt ist, auch nur öffentlich zuzugeben, dass sie je für diese Regierungsorgane gearbeitet haben. Nur die Leiter dieser Dienste sind bekannte oder «erklärte» öffentliche Figuren. Dafür gibt es gute Gründe, darunter die weitere Sicherheit von Geheimdienstquellen und -operationen.

So weit wie möglich haben sich mein Geschäftspartner Chris Burrows und ich stets an diese Regel gehalten, auch als wir bei Zivilklagen gegen Orbis Business Intelligence, die 2009 von uns gegründete Firma, vor dem Obersten Gericht ins Kreuzverhör genommen wurden.

Die Verschwiegenheitsregel ist in unseren Fällen aber eher theoretisch. Wir sind beide 1999 im Internet öffentlich als MI6/SIS-Mitar-

beiter identifiziert worden und dann 2017 erneut von den Nachrichtenmedien, nachdem das Trump-Russland-Dossier durchgesickert und veröffentlicht worden war. Außerdem erwähnte die damalige britische Premierministerin Theresa May – mit der wir uns beide informell getroffen hatten, als sie 2010 Innenministerin wurde – 2017 unbedachterweise gegenüber George Stephanopoulos von *ABC News*, ich sei jemand, der «offensichtlich schon viele Jahre nicht mehr für die Sicherheitsdienste gearbeitet hat.» Das war nicht nur falsch, sondern implizierte auch, dass ich vorher für sie gearbeitet hatte. In diesem Moment wurde ich also wieder enttarnt – von niemand anderem als der amtierenden britischen Premierministerin.

Trotz alledem versuchen Chris und ich, die Verschwiegenheitsregeln so weit wie möglich zu beachten, obwohl das häufig lächerlich erscheint. Dennoch werde ich es tun, soweit es in diesem Buch machbar ist. Aus diesem Grund können dem Leser in manchen Teilen der folgenden Geschichte biographische Lücken auffallen. Ich habe an diesen Stellen angegeben, dass es sich um Angelegenheiten handelt, über die ich nicht sprechen darf.

Aber es gibt vieles, über das ich reden kann.

Teil I

Russland ruft

Kapitel 1

Die Lehren der Täler

Die walisische Stadt Pontypridd liegt am Schnittpunkt dreier Täler. Der Glamorganshire Canal läuft auf seinem gewundenen Weg zum Meer bei Cardiff, der Hauptstadt von Wales, mitten hindurch. Seit der Mitte des 19. Jahrhunderts war die Stadt auch durch die Eisenbahn mit dem Rest der Welt verbunden. Für einen abgelegenen Ort in Wales war sie bemerkenswert gut angebunden. Der Grund dafür lag unter den Hügeln, die auf den Ort hinabblickten, und denen dahinter: Kohle, und zwar in gewaltigen Mengen. Die Nachfrage nach diesem Rohstoff war in ganz Großbritannien – viele Jahrzehnte lang die industrielle Supermacht der Welt – so groß, dass der Bahnsteig von Pontypridd zu einem bestimmten Zeitpunkt als längster der Welt galt.

Mein Großvater väterlicherseits, Arthur Steele, war Bergarbeiter. Er wurde 1903 geboren, wie ich am 24. Juni, und lebte in Ynysybwl, einem der vielen über die Hügel bei Pontypridd verstreuten Dörfer. Als er Vater wurde, beschloss er, seine Kinder sollten vor allem eines bekommen: eine gute Bildung, damit sie von hier fortkönnten. Das wurde sein Mantra gegenüber seinem Sohn Perris, meinem Vater.

Arthur hatte gute Gründe dafür. Mein Großvater war mit 14 Jahren von der Schule abgegangen, um im Bergbau zu arbeiten. In einer walisischen Bergarbeiterstadt der 1920er Jahre gab es wenig andere Verdienstmöglichkeiten. Die Arbeitsbedingungen waren schlecht und

die Arbeit extrem gefährlich. Unbemerkt konnte sich Gas konzentrieren und entzünden, wodurch Stollen einstürzten. 1894 erschütterte eine gewaltige Explosion das nahe gelegene Albion-Bergwerk in Cilfynydd und tötete 290 Menschen.

Manchmal arbeiteten die Bergarbeiter in einem instabilen Kohleflöz, und die schwarze Masse über ihnen stürzte herunter. Der Bruder meines Großvaters starb bei einem solchen Unfall. Seine Witwe konnte meinen Großvater nie wieder ansehen, ohne zu weinen, weil er so sehr ihrem toten Ehemann ähnelte. Eine weitere Gefahr waren Wasserleitungen in den Bergwerken, die manchmal platzten. Mein Großvater sah einmal das Wasser über seine Stiefel, an seinen Beinen hinauf, über den Torso bis an den Hals steigen. Er wusste, es gab keinen Ausweg. Kurz bevor er ertrunken wäre, stieg das Wasser plötzlich nicht weiter und sank wieder.

Wie alle Bergarbeiter kam er jeden Tag von einer Zehn-Stunden-Schicht ruß- und staubbedeckt nach Hause. Jeden Abend hatte die Wanne nach dem Bad einen dicken Rand von den Schätzen der walisischen Hügel. Ich vermute, in seinen Lungen sah es auch so aus.

Der Lohn für die Arbeit unter diesen Bedingungen war mager. Im Haus, in dem mein Vater aufwuchs, gab es nur eine Glühbirne. Die einzige Toilette war draußen. In den 1920er Jahren stand die britische Kohleindustrie wirtschaftlich unter Druck, und die Grubenbesitzer versuchten Lohnkürzungen und längere Arbeitszeiten bei den 1,2 Millionen Bergarbeitern durchzusetzen. Also traten diese im Mai 1926 in den Streik, mein Großvater mit ihnen. Hunderttausende Arbeiter aus anderen Industriezweigen unterstützten sie beim Generalstreik, wie er später genannt wurde. Diese Unterstützung hielt aber nur neun Tage an. Die Bergarbeiter blieben monatelang im Ausstand, und ihre Familien wurden immer verzweifelter. Bis November waren fast alle wieder an die Arbeit gegangen, eingeschüchtert, mit weniger Lohn und zu längerer Arbeit gezwungen.

Mein Vater hatte also gute Gründe, den inständigen Bitten seines Vaters zu folgen. Er lernte eifrig in der Schule und schaffte es auf eine

staatliche Oberschule, die ihm eine Bildung und Qualifikationen gab, die er in der normalen Dorfschule nie bekommen hätte. Es war sein Ausweg, seine Art, einem Leben unter Tage zu entkommen.

Nach dem Zweiten Weltkrieg nahm mein Großvater die Sache aber selbst in die Hand. Er war inzwischen über 40 und beschloss, das Bergwerk – und Wales – zu verlassen. Sein älterer Bruder George war 250 Kilometer von Wales nach London gelaufen, um Arbeit zu finden. Mein Großvater und meine Großmutter folgten ihm und zogen mit der Familie nach Südengland. Es war ein Risiko – der Abschied vom gewohnten Bergbau und von seiner engen Gemeinschaft –, doch meine Großeltern fanden eine neue Heimat in der sanfteren Welt des südenglischen Hertfordshire. Psychologisch lebte die walisische Bergbaukultur aber mit all ihrer Härte und Unsicherheit in unserer Familie weiter.

***

Ich wurde am 24. Juni 1964 ziemlich weit entfernt von Südengland geboren – in Aden, einem britischen Stützpunkt und Hafen auf der Arabischen Halbinsel. Nach der Fertigstellung des Suezkanals war Aden in den 1860er Jahren zur Hauptstation auf dem Weg ins damalige Britisch-Indien geworden. Indien war schon 1947 unabhängig geworden, aber das britische Militär blieb in Aden. Mein Vater arbeitete als Meteorologe und Klimaforscher und war hier der Royal Air Force zugeordnet, die einen Aufstand arabischer Nationalisten im Jemen bekämpfte. Damals war das Meteorologische Büro dem Verteidigungsministerium unterstellt. (Meine Eltern hatten sich kennengelernt, als sie beide dort arbeiteten; später wurde meine Mutter Bibliothekarin.)

Die Zeit in Aden war für meine Familie prägend. Die britischen Truppen waren das Ziel von dem, was wir heute Terroranschläge nennen würden; einmal warfen jemenitische Nationalisten Granaten auf den britischen Gouverneur auf der Startbahn und einmal so-

gar auf eine Geburtstagsfeier von Kindern britischer Soldaten. Das war nur eine von mehreren Erfahrungen, mit terroristischen Bedrohungen zu leben, die mein Vater während seiner Laufbahn machte. Wir waren eine Familie, die die Bedrohung durch politische Gewalt kannte – und wir lernten, uns dagegen zu wappnen.

1965 kehrten wir aus Aden zurück und lebten rund ein Jahrzehnt in Südengland. Ich hatte 1970 Glück, als ich vor unserem Haus von einem Auto angefahren wurde. Meine Mutter hatte mich vom Spielplatz gegenüber zum Tee gerufen. Wäre ich einen Sekundenbruchteil früher auf die Straße gelaufen, wäre ich tot gewesen. Meine Mutter sah das Ganze mit an und glaubte zunächst, ich sei getötet worden. Sie gab sich die Schuld und hatte anscheinend jahrelang Albträume deswegen. Wahrscheinlich gab das Ereignis mir ein Gefühl dafür, dass überall Gefahr lauert – aber auch, dass ich davonkommen konnte, sogar aus Todesgefahr. Es änderte aber nichts an meiner Bereitschaft, Risiken einzugehen, die mir immer noch eigen ist.

1974 besuchte uns einer der Helden meiner Kindheit zum ersten Mal in England. Es war mein amerikanischer Onkel Les. Ich habe nie öffentlich über meine engen amerikanischen Familienbande gesprochen. Sie verbinden mich persönlich und emotional mit den Vereinigten Staaten, weit über berufliche oder politische Bindungen hinaus. Onkel Les hatte in der berühmten 101. Luftlandedivision gedient und im Zweiten Weltkrieg gekämpft, auch in der Normandie, und konnte seine Vorfahren bis zu den Pilgervätern zurückverfolgen. Als er vor dem D-Day in England stationiert war, begegnete Onkel Les meiner Tante Marge, die als Krankenschwester seine verwundeten Kameraden pflegte, und verliebte sich in sie. Les' Weg im Krieg entsprach fast dem der Easy Company in der erfolgreichen Fernsehserie *Band of Brothers (Wir waren wie Brüder).* Nach dem Krieg heirateten sie und lebten in den USA.

Als ich ihm und Tante Marge als leicht zu beeindruckender Zehnjähriger 1974 zuerst begegnete, wirkten sie im Vergleich zu uns sehr

wohlhabend. Und glamourös. Marge trug einen Pelzmantel und auffallenden Schmuck. Sie war aber sehr an der Geschichte ihrer englischen Familie interessiert, und Les nicht weniger. Ich erinnere mich, dass es ihm besonders gefiel, historische Gebäude des National Trust und historische Archive zu besuchen, außerdem aß er gern unser Vollkornbrot, was mir damals seltsam vorkam, denn es enthielt im Gegensatz zum amerikanischen Brot keine Konservierungsstoffe. Von Beruf war er Maler und Dekorateur mit einer eigenen Firma in Rochester (New York). Ich erinnere mich, dass er unsere Diele ganz allein in weniger als einem Tag neu tapezierte.

1976 wurde mein Vater nach Lerwick auf den Shetland-Inseln versetzt, den nördlichsten Punkt der Britischen Inseln. Unsere Zeit dort wurde leider von drei auf ein Jahr verkürzt, als mein Vater befördert wurde, aber in diesem Jahr wohnten wir auf einer abgelegenen Klimaforschungsstation und genossen die wilde Natur. Ich verbrachte viel Zeit mit Vogelbeobachtung und dem Klettern auf den steilen Bergen und Klippen der Shetlands. Zu wissen, dass ich abrutschen und abstürzen konnte, verschaffte mir einen zusätzlichen Nervenkitzel. Ich suchte mir immer steilere Felswände.

Nach einem weiteren Jahr in Südengland wurde mein Vater 1978 für drei Jahre auf den Royal Air Force-Stützpunkt Akrotiri auf Zypern versetzt. Wir kamen vier Jahre nach der türkischen Invasion und Besetzung des Nordens der Insel. Zypern war ein strategischer Verbündeter, damals ein so wichtiger Ort wie heute, fast in Sichtweite von Türkei, Libanon, Syrien, Israel und Ägypten.

Für mich wurde die Insel eine Art Teenager-Spielplatz. Ich stand auf Punk, Zigaretten und Schnaps. Ich hing mit ein paar ziemlich harten Jungs herum, von denen viele später in den schlagkräftigsten Einheiten der britischen Armee dienten wie den Fallschirmspringern und den Royal Green Jackets.

Inzwischen war mein Vater formal zwar noch Zivilist, aber einem höheren Offizier gleichgestellt, und wir lebten entsprechend, besuchten viele Veranstaltungen in Offiziersmessen und -clubs und

spielten Golf auf dem spektakulären erhöhten Strandgolfplatz in «Happy Valley», wo man die Schreie einer Kolonie Gänsegeier hörte, die auf den steilen Klippen darüber nisteten. Unser Bungalow in Akrotiri lag etwa einen Kilometer vom Strand entfernt, wo wir im Sommer jeden Tag schwammen.

Mitte der 1980er Jahre, als ich auf der Universität war, wurde mein Vater erneut nach Akrotiri versetzt. Es ist vielleicht nicht überraschend, dass ich plötzlich sehr beliebt bei meinen Freunden in Cambridge wurde, die einen billigen Urlaub machen wollten, auch wenn sie dafür auf dem Boden schlafen mussten. Im Gegenzug erwartete ich ihre Stimme und Unterstützung im Debattierclub der Cambridge Union, die in meinen Studienjahren eine zentrale Rolle spielen sollte.

Das Idyll auf Zypern wurde immer wieder von Terroranschlägen getroffen. Nach der amerikanischen Bombardierung Libyens 1986 befahl Oberst Gaddafi, der libysche Diktator, Angriffe auf NATO-Ziele, darunter Akrotiri. An einem Sonntagnachmittag im August, als mein Vater Dienst im Operationszentrum hatte, glaubte er in der Nähe ein Feuerwerk zu hören. Als er draußen nachschaute, merkte er, dass es Mörsergranaten waren, die von außerhalb der Umzäunung der Basis abgeschossen wurden. Einige trafen ihr Ziel, und er musste mit Kollegen unter einen Tisch kriechen. Es war knapp. Das libysche Team, das sich als zivile Flugzeugcrew tarnte, um nach Zypern und wieder weg zu kommen, schoss auch auf ein britisches Armeefahrzeug, das einen Pferdeanhänger von der Basis Dhekalia im Südosten der Insel zurück nach Akrotiri brachte. Zum Glück kam niemand ums Leben.

Ich vermute, mein Vater brachte vom Bergwerksleben aus den Tälern eine Spur Furcht wie auch eine unermüdliche Entschlossenheit mit. Er war im Krieg aufgewachsen und hatte inzwischen ein viel komfortableres, aber dennoch anspuchsvolles Arbeitsleben. Wir waren in die Mittelschicht aufgestiegen, hatten aber nie Geld übrig. Mein Vater wirkte immer etwas nervös. Es war, als habe er das Ge-

fühl, ein Unglück könne uns alle in die Art von Armutsfalle zurückstoßen, aus der er entkommen war. Als ob er ständig über seine Schulter blicke.

Seine Familie war nicht als einzige aus den Bergbauorten in Südwales geflohen; viele aufgeweckte Kinder kamen von dort nach England und wurden Lehrer, Wissenschaftler, Dozenten und Rechtsanwälte. Diese Generationen von Strebern hatten ein paar Gemeinsamkeiten. Sie arbeiteten sehr hart, um das verkalkte englische Klassensystem zu durchbrechen und aus der Arbeiter- in die Mittelschicht aufzusteigen. Ich wuchs in einem politisch sehr interessierten Haushalt auf, wo sich das Gespräch beim Essen meist um Stärken und Schwächen der Gesellschaft und um Ungerechtigkeiten im Land und in der Welt drehte.

Doch die Einstellung unserer Familie war zwar links von der Mitte, aber nicht revolutionär. Mein Vater war Patriot. Als Meteorologe beim Militär besaß er ein tiefes Gefühl für den Dienst an und der Loyalität zu seinem Land. Er glaubte, trotz all seiner Fehler sei Großbritannien eine positive Kraft, und seine Pflicht liege darin, es stark zu erhalten und dabei von innen zu verbessern. Manche britische Linke sehen die staatlichen Institutionen, Traditionen und Strukturen als unfair an. Andere wie mein Vater – und ich – sind patriotisch und vom Dienst für die Nation überzeugt und gleichzeitig entschlossen, Missstände abzuschaffen.

Als Kind zeigte ich wahrscheinlich die frühen Regungen der Mischung aus Respekt für Traditionen und kritischen Ansichten, die meine Eltern mir vorlebten. Ich war Chorknabe und Glockenläuter, aber auch ein Punk und Unruhestifter. Sonntags sang ich Choräle und läutete die Glocken in der Kirche, Freitag- oder Samstagnacht tanzte ich vielleicht Pogo und trank bei einem Clash-Konzert. Meine Freunde und ich trieben es manchmal ein bisschen wild und bekamen es wegen verschiedener Vergehen mit der Polizei zu tun.

Ich strengte mich gern an – außer in der Schule. Ich zeigte keinerlei Lerneifer. Oft scheinen einzelne Lehrer den Lebensweg orientie-

rungsloser Kinder zu verändern. Für mich war das Lynn Harrison, die mir in der St John's-Schule des britischen Militärs auf Zypern Geographie beibrachte, als ich 15 war. In ihrem Unterricht öffnete sich etwas für mich. Sie war geduldig und enthusiastisch und machte ein Thema, das ich jahrelang komplett langweilig gefunden hatte, plötzlich fesselnd. Alle ihre Schüler wurden von ihrer Begeisterung angesteckt. Sie hatte lange Zeit Feldstudien und Forschungen im Ausland betrieben, und das verlieh ihr echte Autorität und ließ Geographie lebendig und relevant erscheinen. Wir hatten ein gutes Verhältnis, und sie hatte entscheidenden Einfluss auf meine Idee, mich für Cambridge zu bewerben, was in meiner Familie eine Generation zuvor undenkbar gewesen wäre. Als Teil meiner Vorbereitung auf die Aufnahmeprüfung nahm ich Ende 1982 an einem Aufsatzwettbewerb des *Guardian* über Entwicklungsprobleme in Indien teil. Es gab 800 Einsendungen, und unerwarteterweise gewann meine. Der erste Preis war eine Reise nach Indien für zwei, alles inklusive. Ich war begeistert und fragte meinen Vater, ob er mitkommen würde.

Vor der Abreise wurde ich vom *BBC World Service* interviewt, und das machte es noch aufregender, aber das war nichts im Vergleich zu dem, was nach unserer Ankunft in Neu-Delhi passierte. Unsere Gastgeber sagten, wir müssten am nächsten Tag für ein wichtiges Treffen früh aufstehen. Erst als unser Wagen am nächsten Tag vom Hotel abfuhr, eröffneten sie uns, dass wir auf dem Weg zu einem Treffen mit der indischen Premierministerin Indira Gandhi in ihrer Residenz in der Safdarjung Road waren. Ich fühlte mich ziemlich eingeschüchtert, um es milde auszudrücken.

Das Treffen mit Mrs. Gandhi dauerte etwa eine halbe Stunde. Wir saßen auf einem Sofa und sprachen mit ihr über unsere Reise und die verschiedenen Herausforderungen für Indien. Ich besitze immer noch ein Foto von der Begegnung. Die Premierministerin war eher zurückhaltend und eine gute Zuhörerin, aber bemerkenswert großzügig mit ihrer Zeit. Sie wünschte uns alles Gute.

Keine 18 Monate später wurde Mrs. Gandhi im selben Gebäude

von einem Sikh-Leibwächter ermordet, nachdem ein bewaffneter Aufstand einiger seiner Glaubensbrüder im Punjab von der indischen Armee brutal niedergeschlagen worden war.

Der Mord war ein Schock. Der Gedanke, dass wir mit ihr Tee in der Residenz getrunken hatten, wo sie ermordet wurde, war ernüchternd. Doch für mich war die Reise ein prägendes Erlebnis. Ich war begeistert gewesen, an einen weit entfernten und sehr andersartigen Ort zu reisen, und es hatte mir gefallen, einer der einflussreichsten Personen der Welt zu begegnen und ein kleines bisschen den Atem der Geschichte zu spüren.

***

Ich wurde von Cambridge akzeptiert und schrieb mich 1983 am Girton College für Sozialwissenschaften und Politologie ein.

Wegen der diversen Versetzungen meines Vaters in meiner Jugend hatte ich lernen müssen, mich anzupassen und in wechselnden Umgebungen rasch neue Freunde zu finden. Meine beiden Schwestern und ich wussten, wie es war, in eine neue Schule zu kommen, und konnten ihre Regeln und sozialen Strömungen durchschauen. Deshalb fand ich mich in Cambridge trotz all seiner Geschichte, Traditionen und Privilegiertheit relativ leicht zurecht. Ich schloss schnell Freundschaften, von denen viele noch heute bestehen.

Akademisch war ich aber weniger selbstbewusst. Ich wusste, dass ich nicht selbstverständlich nach Cambridge gekommen war. Überall um mich herum gab es Eton- und Harrow-Absolventen, die ohne Anstrengung von ihren Eliteschulen auf diese Spitzenuniversität gewechselt waren und sich nicht scheuten, ihre scheinbare akademische Überlegenheit gegenüber meinesgleichen zu zeigen. Also arbeitete ich hart. Am Ende des ersten Studienjahrs sah ich mir schon früh die Resultate des Tripos an, einer für Cambridge spezifischen Prüfung. Ich hatte First Class Honors geschafft, die höchste Stufe in Cambridge. Damit war ich ein «Exhibitioner» und bekam als Beloh-

nung ein bescheidenes Stipendium. Es war vielleicht nicht reif oder großzügig von mir, aber es missfiel mir nicht, dass das Aushängeschild der Privilegierten in meinem Jahrgang, Prinz Edward – der dritte Sohn der Queen, der auch meine Fächer studierte –, ziemlich bescheiden im hinteren Mittelfeld auftauchte. Hatte ich einen kleinen Minderwertigkeitskomplex? Vielleicht.

Meine Freunde, fast alle männlich – damals waren rund drei Viertel der Studenten in Cambridge Männer, meistens weiß und häufig die Söhne von Lords, Earls und Großunternehmern –, teilten das Gefühl des Ausgeschlossenseins von der sozialen Elite, die die dominierende Gruppe unter den Studenten zu sein schien.

Warum war das wichtig? Was gingen uns die reichen Jungs an, die es leicht hatten? Man kann zwar in Cambridge allein wegen der hervorragenden Ausbildung studieren, aber es hat immer auch andere Chancen eröffnet, die eine Abkürzung auf dem Weg zu bestimmten, sonst schwer zu erreichenden Positionen sein konnten. Hier ein Beispiel: Die Zahl prominenter oder mächtiger britischer Journalisten, die vorher an den Studentenzeitungen und -zeitschriften in Oxford und Cambridge mitarbeiteten, ist bemerkenswert. Ich schrieb für die Studentenzeitung *Stop Press* und dachte an eine künftige Journalistenkarriere. Wir wussten aber alle, dass in Cambridge das zuverlässigste Sprungbrett für künftigen Erfolg der berühmte Debattierclub war, die Cambridge Union. Gleiches galt in Oxford.

Von außen gesehen, mag die Bedeutung eines studentischen Debattierclubs etwas übertrieben erscheinen. Sicher mussten Studenten sich doch auf andere Dinge konzentrieren – ihr Studium, die Sportduelle zwischen Oxford und Cambridge oder einfach ihre sozialen Kontakte. Aber nur wenige dieser Aktivitäten, vielleicht keine davon, boten dasselbe wie die Union. In jedem Trimester veranstaltet sie Debatten, bei denen auf beiden Seiten Studenten und Gastredner stehen, die vom Präsidenten der Union eingeladen werden. Diese Gastredner sind meist prominent und immer einflussreich auf ihrem Gebiet und haben gute Beziehungen. Das war ein großer Vor-

teil der Mitarbeit in der Union – eine frühe Gelegenheit, beruflich zu netzwerken, einige der einflussreichsten Personen auf der Welt kennenzulernen und das Privileg einer Debatte mit ihnen zu genießen.

Es gab und gibt aber noch einen anderen Faktor. Es war ein sehr öffentliches Versuchsgelände für mindestens vier Eigenschaften, nach denen Arbeitgeber suchen. Um eine höhere Position in der Union zu erreichen, vor allem um Präsident zu werden, muss ein Student großes politisches Talent haben; er muss ein guter Anführer sein, weiter aufsteigen und die prominenten Debatten organisieren; er muss selbstbewusst, intelligent und ein guter Redner sein, der es schafft, das Publikum auf respektvolle Art von seinem Standpunkt zu überzeugen. Prestigereiche Arbeitgeber wussten das, jedenfalls zu meiner Zeit, und betrachteten die Mitarbeit in der Union als Zeichen, dass jemand als Jobkandidat ernst genommen werden musste, was anderen gegenüber vielleicht etwas unfair war. Ohne Frage eröffnete die Wahl in höhere Positionen der Union solchen Studenten große Chancen, und das ist immer noch so.

Meine Freunde und ich verstanden das. Und wir wussten noch etwas anderes – dass die wohlhabenden land- und titelbesitzenden Figuren, die unter uns, aber getrennt von uns lebten, ein gottgegebenes Recht auf die Kontrolle der Union zu besitzen glaubten. Sie waren privilegiert, aber oft auch selbstzufrieden.

In jedem der drei Trimester eines Studienjahrs wählen die Mitglieder der Union einen neuen Präsidenten, und unter dem Präsidenten gibt es drei weitere Funktionsträger und einen Ständigen Ausschuss aus sechs Personen, das Hauptleitungsorgan der Union. All diese Positionen werden von Studenten gewählt. Manche sind wichtiger als andere. Darum ist es das Ziel jedes Studenten, der Einfluss in der Union ausüben will, in den Ständigen Ausschuss gewählt zu werden und dann durch weitere Wahlen in den kommenden Trimestern zum Präsidenten aufzusteigen.

Parteipolitik spielte beim Versuch von mir und meinen Freunden, die Kontrolle über die Union zu übernehmen, keine Rolle. Damals

wie heute ist einer meiner besten Freunde Graham Davies, ein bekannter britischer Redetrainer, der stets die Konservativen unterstützt hat. Es gab noch andere Konservative in unserer Gruppe. Wir alle fühlten uns aber als Außenseiter gegenüber dem Establishment und teilten die Abneigung gegen die offene und selbstverständliche Anspruchshaltung, die das Establishment, das wir in unseren Gegnern verkörpert sahen, ausstrahlte. Nach unserem Gefühl glaubten diese jungen Männer, sie würden die Präsidentschaft der Union erreichen und dadurch auf unsere Kosten von den Kontakten und Chancen profitieren, die eine höhere Position in der Union eröffnete. So war es mehr oder weniger seit Jahrzehnten in Cambridge und Oxford gewesen.

Ich will nicht zu viel in etwas hineinlegen, was schließlich nur ein studentischer Debattierclub ist. Es war kaum ein politischer Kampf auf Leben und Tod. Aber für mich war es wichtig. Ich sah nicht ein, warum man den vorher schon Reichen und Mächtigen die Zukunft noch leichter machen sollte, indem ihre privilegierten wählenden Freunde in der Union ihnen diese Positionen zuschanzten. Es war vielleicht das erste Mal im Leben, dass ich eine direkte Gelegenheit hatte, etwas zu verhindern, was ich für eine Ungerechtigkeit hielt. Und nicht zum letzten Mal in meinem Leben kämpfte ich eher innerhalb des Systems als draußen als echter oder metaphorischer Streikposten. Mein Großvater kämpfte auf seine Weise gegen Ungerechtigkeit, ich auf meine.

Also organisierten wir uns und wurden einer nach dem anderen in den Ständigen Ausschuss gewählt. Und natürlich debattierten wir.

Ich liebte Debatten. Sie waren eine Herausforderung und ein Nervenkitzel. Sie erforderten ein Maß an Selbstvertrauen – ob echt oder künstlich –, das erfolgreichen Debattierern später meist half. Ich vermute, das Debattieren half mir in dem Leben nach der Universität, in dem ich mich häufig und regelmäßig in der Öffentlichkeit würde bewegen müssen, nicht zuletzt, um meine wahren Pflichten abzuschirmen.

Das Debattieren war auch ein Weg, um mich mit einigen der großen Themen jener Zeit zu beschäftigen, bei denen ich eine starke persönliche Überzeugung hatte.

Die wichtigste Debatte, an der ich teilnahm, fand 1985 statt und drehte sich um Südafrika. Es war auf dem Höhepunkt der westlichen Wahrnehmung der Apartheid. Der Saal war voll. Die Debatte wurde sogar im Fernsehen übertragen. Auf der anderen Seite standen der südafrikanische Botschafter als Vertreter des Apartheidregimes und sein Mitdebattierer von der Union. Ich wurde unterstützt durch den südafrikanischen Antiapartheid-Journalisten Donald Woods, den später Kevin Kline in dem Richard Attenborough-Film *Cry Freedom (Schrei nach Freiheit)* spielte. Wahrscheinlich saßen 1000 Menschen im Saal. Die Atmosphäre war spannungsgeladen. Ich sprach als Erster. Unsere Position gewann. Und dadurch wurde man auf mich aufmerksam.

Bald darauf wurde ich in den Ausschuss gewählt, arbeitete mich bei fünf Wahlen hinauf und war in meinem neunten und letzten Trimester Präsident. Präsident der Oxford Union war damals übrigens Boris Johnson, der spätere Premierminister. Eines Abends kam er mit einigen Kommilitonen aus Oxford, um in Cambridge mit uns zu debattieren. Wie im Lauf des Buches deutlich wird, stand ich während Johnsons Amtszeit als Premierminister seinen Entscheidungen in Hinsicht auf Russland sehr kritisch gegenüber. Er hatte einen negativen Einfluss auf das öffentliche und politische Leben in Großbritannien allgemein.

Ebenfalls 1985 nahm ich an einer Debatte teil, die mir die flüchtige Bekanntschaft mit jemandem verschaffte, dessen Weg ich – von weitem – viele Jahre später erneut kreuzte. Ich war einer von vier Rednern und argumentierte, das SDI- oder Star Wars-Programm von US-Präsident Ronald Reagan sei ein Fehler und werde das damals höchst instabile nukleare Verhältnis zwischen dem Westen und der Sowjetunion destabilisieren. Auf meiner Seite debattierte als Gast ein junger sowjetischer Beamter namens Sergei Lawrow. Es ist

schwer, ganz sicher zu sein, aber ich halte die Chancen für ziemlich hoch, dass es derselbe Sergei Lawrow war, der seit 2004 Wladimir Putins Außenminister ist und Mitte der 1980er Jahre ein hoher Abrüstungsberater der sowjetischen UN-Vertretung in New York war. Wenn es tatsächlich derselbe Lawrow ist, nannte er mich viele Jahre später öffentlich einen «Scharlatan».

Dies waren damals gängige Themen für Debatten, ich organisierte aber eine, die damals hochumstritten war und Neuland betrat – vielleicht ein Vorläufer meiner späteren Vorgehensweise bei Orbis. Es ging um die Einladung an den Londoner Vertreter der PLO, zum ersten Mal bei einer Debatte über den Nahen Osten zu sprechen. Da ich wusste, welche Wellen das schlagen würde, hielt ich die Einladung an die PLO bis zwei Wochen vorher geheim. Obwohl es einige Jahre vor dem Oslo-Abkommen zwischen Israel und der PLO war, vermuteten (und hofften) wir, ein solcher Dialog werde schon geheim geführt und eine in der Öffentlichkeit wahrgenommene Union-Debatte könne diesen Prozess befördern. Die Debatte war gut besucht und leidenschaftlich, obwohl einige meiner jüdischen Freunde und Kommilitonen nie mehr mit mir sprachen, weil ich ihrer Meinung nach einer Terrororganisation eine Plattform gegeben hatte. Ich glaube immer noch, dass es richtig war, und es erscheint angesichts der jüngsten Geschehnisse in Israel und Gaza so aktuell wie damals. Man besiegt den Terrorismus nicht allein und im Fall von Gaza nicht durch unverhältnismäßige militärische Gewalt. Wie unsere eigenen Erfahrungen in Nordirland gezeigt haben, muss man mit solchen Leuten reden, um dauerhafte Resultate zu erzielen, so extrem und unangenehm man sie auch finden mag.

Meine Konzentration auf die Union im letzten Studienjahr ließ nicht viel Zeit für die Jobsuche. Ich hielt den Journalismus für meine Zukunft und fuhr zu einem Bewerbungsgespräch bei der *Western Mail* in Cardiff. Ich bekam den Job nicht. Dann versuchte ich die Eingangsprüfung für den Staatsdienst und schaffte sie auch nicht im ersten Versuch.

Meine Eltern lebten noch auf Zypern, darum hatte ich kein festes Zuhause. Nach dem Abschluss lebte ich bei meinem Onkel, meiner Tante und meiner Großmutter in Horley, nahe dem Flughafen Gatwick. Nach dem Studienende und ohne Job fühlte ich mich etwas erschöpft.

Ich blieb auch eine Weile bei der Familie eines Freunds in Wokingham, wo das inzwischen vermietete Haus meiner Eltern lag. Seine Eltern lasen die *Times*. Als ich sie eines Morgens durchblätterte, stieß ich auf eine Stellenanzeige. Sie kam von einem Headhunter, der Personen zu Bewerbungsgesprächen einlud, die sich für Berufe mit Auslandsaufenthalten und Fremdsprachen interessierten. Ich schickte ihm meinen Lebenslauf und setzte meinen etwas ziellosen Sommer fort.

Kapitel 2

Das Recruitment Liaison Office

Ein Brief traf im Haus meiner Großmutter ein. Er kam von dem Headhunter, der mich zu einem Gespräch ins Great Western Hotel in Paddington einlud. Es war Spätsommer 1986. Ich zog mich ordentlich an und nahm den Zug nach London. Der geheimnisvolle Headhunter stellte mir allgemeine Fragen über meine Ziele, Interessen und Leistungen. Er sagte, er suche unter anderem internationale Mitarbeiter für den amerikanischen Konzern Mars.

Bald nach dem Gespräch in Paddington flog ich nach Zypern, um den Rest des Sommers im Haus meiner Eltern auf der RAF-Basis in Akrotiri zu verbringen. Ich verbrachte viel Zeit am Strand, mit Freunden, hing herum und machte Sport in der Sommerhitze.

Wenige Tage nach der Ankunft auf Zypern traf ein brauner, offiziell wirkender Umschlag mit der Post ein. Ich öffnete ihn. Darin stand: «Wir sind eine staatliche Behörde, das Recruitment Liaison Office, und haben erfahren, dass Sie an einer Laufbahn im Ausland interessiert sind. Sollten Sie weiterhin interessiert sein, füllen Sie bitte die beiliegenden Bewerbungsbögen aus.»

Weder ich noch meine Eltern hatten je von einer Behörde namens Recruitment Liaison Office gehört, aber dies regte meine Neugier nur noch mehr an und brachte mich auf den Gedanken, dass sich hinter dieser Berufschance vielleicht mehr verbarg, als es auf den ersten Blick schien. Meine Familie vermutete sofort, es sei der britische

Geheimdienst. Es war natürlich auch aufregend, obwohl die Welt diplomatischer und militärischer Geheimnisse mir nicht ganz neu war. Mein Vater war sicherheitsüberprüft worden, wie es bei britischen Staatsbeamten üblich ist, und hatte wegen seiner Position Zugang zu sensiblen Daten gehabt. Von der britischen Basis in Akrotiri aus, auf der er in den 1970er und 1980er Jahren arbeitete, starteten amerikanische U2-Spionageflugzeuge. Er war einer der wenigen, die ihre Flugroute im Voraus kannten; es war seine Aufgabe, den Piloten die Wetterbedingungen auf ihrem Flug mitzuteilen. Wir waren uns auch ständig der Sicherheitsrisiken bewusst. Ich kannte also schon in gewissem Maße die Welt der Geheimnisse.

Ich entschied sofort, dass der Klang des Jobs mir gefiel, falls er das war, wofür ich ihn hielt. Wenn die Behörde mich nahm, würde ich meinem Land direkt dienen. Ich nahm an, es würde eine intellektuell anspruchsvolle und aufregende Arbeit sein. Die Art des Jobs appellierte an meine Tendenz zu Entschlossenheit und geistiger Disziplin. Und ich wusste, es würde auch den Kontakt zu Menschen bedeuten, denn um dabei erfolgreich zu sein, müsste ich ein aufgeschlossener und gewinnender Diplomat bei Empfängen und Treffen sein.

Ich füllte den Fragebogen aus und schickte ihn ab.

Bald kam ein weiterer Brief mit der Einladung zu einem Gespräch. Ich buchte einen Rückflug nach England. Das Gespräch sollte in Carlton Gardens 3, einem eleganten klassizistischen Haus stattfinden, das von dem berühmten Architekten Decimus Burton entworfen wurde. Laut den Geschichtsbüchern benutzte der MI6 das Haus für Gespräche mit Kandidaten. Es war kein diskretes Büro in einer Londoner Seitenstraße, sondern ein ziemlich imposantes Gebäude mit prestigereicher Adresse an der Mall zwischen Buckingham Palace und Trafalgar Square. Gegenüber liegt die Residenz des Außenministers. Zu jungen Leuten wie mir, die durch die schwarze Eingangstür traten, sagte es stumm: «Du bist im Zentrum der Macht des Empire!» (Heute gehört es wohl einem amerikanischen Hedge Fonds-Manager. Angeblich hat es ihn 95 Millionen Pfund gekostet.)

Zu Beginn des Gesprächs zogen die Beamten ein Blatt Papier hervor und erklärten, dies sei das Gesetz über offizielle Geheimhaltung, das jedem, der es unterschreibt, verbietet, irgendetwas über seine Verbindungen zu den Diensten preiszugeben.

Nach zwei ersten Gesprächen in Carlton Gardens nahm ich an einem zweitägigen Einstufungsseminar teil, bei dem es eigene Vorträge, Gruppenübungen und Tests der geistigen Leistungsfähigkeit gab.

Ich bestand und ging kurz vor Weihnachten 1986 zum letzten Gespräch nach Carlton Gardens. Ich saß allein vor drei erfahrenen Mitarbeitern, einer in hoher Position, und beantwortete anspruchsvolle, aber höfliche Fragen von allen dreien. Zufällig hatte ich mich im Studium über Afghanistan informiert, wo gerade die politische Führung gewechselt hatte, und kannte die Namen des vorigen und des aktuellen Präsidenten. Meine Gesprächspartner wirkten beeindruckt davon, und in diesem Moment erlaubte ich mir den Gedanken, ob ich nun ein Leben als Diener der Krone beginnen würde.

Am nächsten Tag, einem Freitag, riefen sie mich im Haus meines Onkels und meiner Tante an: «Sofern Sie die Sicherheitsüberprüfung bestehen, sind Sie angenommen.»

Am Wochenende besuchte ich Freunde, die im College of Law (heute University of Law) in Guildford studierten. Etwas Aufregendes war mir passiert. «Das ist Wahnsinn», dachte ich, «und ich kann ihnen nicht mal davon erzählen.» Ich enthüllte, dass ich vom Außenministerium als Diplomat angenommen worden war, sofern die Sicherheitsüberprüfung klappte – die offizielle Version meines Postens, die für viele Jahre Bestand haben sollte. Sie fragten, was ich da zu tun hätte, und ich sagte, das wisse ich noch nicht genau, aber ich würde gern eine schwierige Fremdsprache lernen und an politischen Fragen arbeiten.

Die Sicherheitsüberprüfung war aber keine Formalität. Manche schafften es nicht über diese letzte Hürde. Ich hatte einen gründlichen Überprüfer, der mich bat, fünf Personen zu nennen, die für

mich bürgen und sich befragen lassen würden. Dann führte er mit ihnen lange Gespräche, in deren Verlauf er versuchte, einen auffälligen Namen zu erfahren, den ich nicht genannt hatte, um dann mit dieser Person zu sprechen, immer auf der Suche nach etwas, das ich verschwiegen oder nicht ehrlich dargestellt hatte. Nach all diesen Gesprächen wurde ich noch einmal von ihm befragt.

***

Mein Alltag als neuer Mitarbeiter war keineswegs glamourös. Ich lebte mit meiner Großmutter im Haus meiner Eltern in Wokingham (Berkshire). Morgens fuhr ich eine Stunde im Pendlerzug nach London.

Ich musste drei Monate auf einen der Ausbildungskurse für neueingestellte Mitarbeiter warten. Bis dahin brauchte ich Geld zum Leben. Mein neuer Arbeitgeber sagte, wenn ich mit dem Sprachunterricht begänne, käme ich auf die Lohnliste und könne dann am nächsten Einsteigerkurs teilnehmen.

Jeder neue Kandidat wird auf Sprachtalent geprüft. Die Wahl der Sprache bestimmt den Einsatzort und die erste Phase der Laufbahn. Ich interessierte mich für Mandarin. Ich erkannte, dass China eine aufsteigende Großmacht war, und damals war es ein viel abgeschlosseneres und geheimnisvolleres Land.

Der Staatsdienst bewertet den Schwierigkeitsgrad jeder Sprache unterschiedlich. Ich erreichte ein Testergebnis von 85 Prozent. Man sagte, ich hätte ein gutes Potenzial, doch der Ton des Prüfers machte klar, dass ich nicht ganz oben im neuen Jahrgang stand. Also riet man mir von Mandarin ab und schlug Russisch oder Arabisch vor. Ich wählte Russisch. Diese Entscheidung hat mein ganzes Berufsleben geprägt.

Kurz nach Ostern 1987 begann ich, ganztägig Russisch zu lernen. Zwei etablierte Mitarbeiter des Diplomatischen Dienstes und ich nahmen an einem Intensivkurs am Polytechnic of Central London

teil (heute Universität Westminster). Ich begann Russland und die Sowjetunion intensiv zu studieren. Meine ersten echten Einblicke in ein Land, das den Rest meiner Laufbahn beherrschen sollte, bekam ich aber in einem kleinen Haus in Pimlico.

Zwei Vormittage in der Woche verbrachte ich mit Ljudmila Matthews, geb. Bibikowa, meiner privaten Russischlehrerin. Nach den Lektionen gab es Kartoffelbrei zum Lunch und weniger formellen Unterricht.

Ljudmila lebte damals mit ihrem britischen Ehemann Mervyn seit fast 20 Jahren in London, hatte aber ihren tief russischen Charakter und ihre klassisch russische Weltsicht behalten. Ihre Lektionen ermöglichten mir ein Verständnis ihres Heimatlandes, das sich für mich als unschätzbar wertvoll erwiesen hat.

Ich erinnere mich bis heute an ihre Schlüssellektionen, als wären es Spiegelstriche: Es ist schwer, das Vertrauen von Russen zu gewinnen, aber sobald man es hat, werden sie alles für einen tun; es gibt einen großen Unterschied zwischen dem öffentlichen und dem privaten Gesicht eines Russen; es ist eine große Ehre, in die Wohnung von jemandem eingeladen zu werden, und egal wie schrecklich das Essen ist, sollte man dankbar sein; der russische Sinn für Humor ist trocken und selbstironisch; und man muss sich an ein anderes Verständnis von Privatheit gewöhnen, denn in Russland ist das Gefühl viel schwächer, dass Menschen ein Recht auf Privatheit oder persönlichen Raum oder ihr Eigentum haben.

Ljudmila und ihre Schwester kamen ins Waisenhaus, als sie erst drei Jahre alt war. Ihre Eltern waren inhaftiert worden, weil sie sich kritisch über Stalin geäußert hatten. Ihr Vater Boris Bibikow war ein höherer Parteifunktionär gewesen. Er wurde 1937 hingerichtet. Ihre Mutter saß noch zehn Jahre im Gefängnis.

Als junge Frau verliebte sich Ljudmila in Mervyn, einen walisischen Wissenschaftler, der Russland besuchte. Als Mervyn nach England zurückkehrte, wurde das Paar fünf Jahre lang getrennt, weil der Sowjetstaat ihr nicht die Ausreise erlaubte. Ihr Leiden machte

Ljudmila zu einer herausragenden Lehrerin über Russland und seine guten und schlechten Eigenschaften. Und diese Lehren gab sie an mich weiter.

Ljudmila war klug und leidenschaftlich und besaß einen trockenen, fast beißenden Sinn für Humor. Einer der wichtigsten Punkte war für sie, dass ich authentisch auf Russisch fluchen konnte. Sie brachte mir Redensarten und volkstümliche Ausdrücke bei und vermittelte mir ein Verständnis der russischen Sprache in all ihrer Kraft und Farbigkeit. Im Grunde sorgte Ljudmila dafür, dass ich Russen zum Lachen bringen konnte, und das stellte sich als seltene und nützliche Fähigkeit für einen jungen Diplomaten – und Nachrichtendienstmitarbeiter – in Moskau heraus. Gegen Ende meines Moskauaufenthalts baten mich meine Botschaftskollegen, ein informelles Wörterbuch russischer Flüche für ihr Verständnis und ihren Gebrauch zusammenzustellen.

In Ljudmilas Haus in Pimlico lernte ich etwas über russische Werte und Identität, die tiefe Bedeutung der Gemeinschaft, die Art, wie politische Opposition so schnell zum Todesurteil für Ljudmilas Vater geführt hatte, und den Mangel an Humanität bei einem Staat, der junge Liebende voneinander trennte. Egal ob sie mir bewusst historische und kulturelle Lektionen vermittelte oder nur Geschichten erzählte, die selbst Lektionen waren, schuf Ljudmila in meinem Geist das Bild eines Landes, in dem ich bald leben würde.

Sie lehrte mich, wie wichtig es sei, dass man wie ein Russe zu denken versuchte, füllte meinen Kopf mit Geschichten und Anekdoten und zeigte mir, wie und wo ich nach wichtigen Symbolen russischer Kultur und Geschichte suchen solle. Sie lehrte mich auch eine unschätzbare Lektion, die zweifellos aus ihrer eigenen Erfahrung stammte. Sie nannte es ihre «Theorie der kleinen Freuden». Sogar etwas Schreckliches ließ sich durch irgendeine kleine Freude um vieles besser machen, versicherte sie mir. Ich behielt diese Lektion, und 2017 war sie mir besonders wertvoll. Ein Stück Schokolade genügt meist, um mich aufzuheitern, egal was um mich herum vorgeht.

Es gibt keine Abkürzung, um eine Sprache wie das Russische fließend zu beherrschen, selbst wenn man intensiv mit einer wunderbaren Lehrerin studiert. Im Rückblick hatte ich Glück, so viel Zeit mit Ljudmila zu verbringen, denn es gab eine Verzögerung bei der Versetzung nach Moskau, das, wie ich wusste, mein Ziel sein würde. Doch ich war ungeduldig; die 1980er waren eine Zeit bemerkenswerter Spannungen und Veränderungen in der Sowjetunion und ihrem Verhältnis zum Westen. Ich wollte so schnell wie möglich dorthin.

Während dieser Zeit wurde ich auch professionell ausgebildet. Hierüber darf ich nicht alles erzählen. Allerdings hat ein früherer Mitarbeiter schon einiges über den Grundkurs enthüllt. Richard Tomlinson war ein früherer SIS-Mitarbeiter, der 2001 in einem Buch vieles verriet, was er als Geheimnisse des Dienstes darstellte. (1999 war ihm bereits vorgeworfen worden, die Namen von etwa 100 angeblichen SIS-Mitarbeitern im Internet veröffentlicht zu haben, darunter meinen und den meines späteren Geschäftspartners Chris Burrows.)

Eine Schlüsselübung, die Tomlinson beschreibt, besteht darin, dass ein neuer Mitarbeiter in eine bestimmte Bar gehen und die kompletten biographischen Schlüsseldaten eines völlig Fremden herausbekommen muss. Die besten Noten bekommt, wer die Ausweisnummer der Zielperson herauskriegt. Es geht darum, wie weit man einen Fremden dazu bringen kann, bemerkenswert viele persönliche und sensible Informationen preiszugeben – Name, Adresse, Geburtsdatum und so viel, wie man herausbekommt. Und dann geht man weg. Hinterher vergleichen die Supervisoren diese Erkenntnisse mit den tatsächlichen Daten der Person anhand staatlicher und öffentlicher Datenbanken. Man benutzt alles, was man kann. Man erzählt jede Geschichte und verfälscht jede Wahrheit, um die Zielperson zu überzeugen, Dinge zu erzählen, die sie normalerweise nie jemandem erzählen würde, der im Pub einfach ein Gespräch mit ihr anfängt.

Alles hängt davon ab, nicht bedrohlich zu wirken, besonders als Mann abends in einem Pub.

In einem berühmten Fall begann ein neuer Mitarbeiter während der Ausbildung ein Gespräch mit einem Angestellten in Aldermaston, der britischen Einrichtung zur Atomwaffenforschung. Der arme Mann begann, geheime Informationen preiszugeben, wahrscheinlich um seinen Gesprächspartner zu beeindrucken. Dies musste der Kandidat seinen Vorgesetzten mitteilen, und der Mann wurde beim Sicherheitsdienst des Verteidigungsministeriums gemeldet. Es war ein purer Zufall, aber die Geschichte zeigt, wie überzeugend ein guter Geheimdienstmitarbeiter sein kann – oder wie schlecht manche Menschen Geheimnisse bewahren können.

Anscheinend ist es ein gewaltiger Adrenalinschub, wenn man es durchzieht. Ich habe selten über etwas, was ich getan habe, so gelacht, wie nach diesen Übungen.

Eine ähnliche Übung benutzen wir bei der Ausbildung von Mitarbeitern meiner heutigen privaten Recherchefirma Orbis. Es geht um das Aussuchen der richtigen Zielperson in der günstigsten Umgebung. Man kann auch absichtlich jemanden auf der Straße anrempeln, um ein Gespräch zu beginnen. Man kann sogar jemanden aus dem Ausland einfliegen, um einen glücklichen Zufall herzustellen, der zu einem aufschlussreichen Gespräch führt.

Sobald meine Ausbildung vorbei war, begann die Arbeit.

***

Kurz nach Beginn meines neuen Jobs begegnete ich 1988 einer jungen Frau namens Laura Hunt bei einer abendlichen Party in einem Pub in der Fleet Street, dem traditionellen Londoner Zeitungsviertel. Ich war 24, sie 22. Sie arbeitete in der Personalabteilung der großen Buchprüfungsfirma KPMG. Sie war schön, und ich fühlte mich in ihrer Nähe sofort wohl. Mein Freund Neil Sherlock, der damals bei KPMG arbeitete und dessen Geburtstagsparty es war, hatte

ein Auge auf Lauras damalige Vorgesetzte geworfen. Sechs Monate später trafen wir vier – Laura war inzwischen Single – uns im Old Cheshire Cheese in der Fleet Street. Neils Romanze verlief im Sand. Laura und ich heirateten schließlich.

Laura und ich waren recht unterschiedlich. Sie war ruhig, sehr privat und Atheistin. Ich war relativ gesellig, traf gern neue Menschen und gehörte der anglikanischen Kirche an. Doch irgendwie ergänzten wir uns.

Ziemlich lange durfte ich Laura nichts von meiner Arbeit für die Regierung erzählen. Ich sah es aber als meine Pflicht an, ihr an einem frühen Punkt unserer Beziehung zu sagen, dass ich höchstwahrscheinlich bald nach Moskau versetzt würde. Sie brauchte mir nicht zu sagen, dass das Moskau der 1980er Jahre ein Ort war, wo man lange nach Brot und anderen Grundbedürfnissen anstehen musste; jeder konnte es in den Fernsehnachrichten sehen. Es würde kein leichtes Leben werden, wenn sie sich entschloss, bei mir zu bleiben und mit nach Moskau zu gehen. Aber sie tat es.

Meine Versetzung nach Moskau zog sich etwas hin, weil gerade eine Runde gegenseitiger Ausweisungen zwischen Großbritannien und der Sowjetunion im Gange war. Der sowjetische Staatschef Michail Gorbatschow, der 1985 an die Macht gekommen war, musste mit einem kommunistischen Staat und seiner zusammenbrechenden Wirtschaft zurechtkommen, was manchmal zu Überreaktionen des Kremls führte. Ich sollte Ende 1989 abreisen, doch es verzögerte sich bis April 1990.

Schließlich kam ich aber in Moskau an. Ich war nun 25 Jahre alt und ein Diplomat, der in der Hauptstadt des wichtigsten Gegners Englands und Amerikas lebte.

Kapitel 3

Mitternacht in Moskau

Am Abend meiner Ankunft steckte ich den Schlüssel ins Schloss meiner neuen Wohnung in einem Moskauer Wohnblock mit dem Namen Marschall Michail Kutusows, der 1812 Napoleons Armee besiegt hatte, und knipste den Lichtschalter an. Nichts. Ich versuchte es wieder. Dunkelheit. Vorsichtig tastete ich mich durch die Wohnung und fand einen weiteren Schalter. Tot. Ich fand das Telefon und rief den Wartungsbeamten der Botschaft an. Er beschrieb mir den Weg zu einem Häuschen neben dem Wohnblock, wo sich der Sicherungskasten befand. Ich probierte ein paar Sicherungen, und dann ging das Licht in meiner Wohnung an, sehr zu meiner Erleichterung.

Ich schlief in dem Wissen ein, dass der nächste Tag mein erster in der britischen Botschaft sein würde. Vor mir lag ein anstrengender Job, der zum Teil geheim und potenziell gefährlich war. Ich war erst 25. Meine Verlobte war in England und würde erst in drei Monaten zu mir kommen können. Es schien plötzlich eine Menge auf einmal zu sein.

Am nächsten Abend kam ich nach Hause, schloss auf und knipste den Schalter im Flur an. Nichts. Ich ging zum Sicherungskasten draußen, aber diesmal half kein Herumspielen an den Schaltern. Ich rief wieder den Mann in der Botschaft an, und schließlich kam ein Elektriker vorbei und löste das Problem. Ich musste anderthalb Stunden im Dunkeln sitzen.

Vielleicht war es wirklich ein technischer Fehler. Wahrscheinlicher war aber, dass die russischen Behörden einen Neuankömmling verunsichern wollten, wie sie das bei vielen neuen Diplomaten machten. Vermutlich waren sie neugierig, wie gut meine Sprachkenntnisse waren, während sie mich mit den Wanzen abhörten, die sie lange vorher in meiner Wohnung installiert hatten, doch vor allem sollte ich nervös gemacht werden. Wenn es so war, hatten sie Erfolg.

Die Sowjetunion, die frisch eingetroffene junge Diplomaten triezte, war 1990 im Umbruch. Der Hardliner Leonid Breschnew, seit 1964 Generalsekretär des Zentralkomitees der KPDSU, war 1982 gestorben. Auf ihn waren zwei ältere, kranke Männer gefolgt, Juri Andropow und Konstantin Tschernenko, die beide nach nicht einmal zwei Jahren als Staatschefs starben. 1985 wählte das Politbüro den prominentesten Mann aus der nächsten Generation hoher Sowjetfunktionäre zum Nachfolger: Michail Gorbatschow.

Die innere Schwäche der UdSSR war schon in ihren ersten Jahren offensichtlich; sie war fast von Anfang an auf Gewalt und Unterdrückung angewiesen, um zu überleben und das Volk gehorsam zu halten.

Die Oktoberrevolution von 1917 brachte Wladimir Iljitsch Lenin an die Macht, und 1922 gründete er die Sowjetunion, einen neuen Staat, der viele Nachbarländer Russlands unter die Kontrolle der Kommunistischen Partei brachte. Zu der künftigen Supermacht gehörte die gewaltige und strategisch lebenswichtige Landmasse aus Ukraine, Belarus, Georgien, Armenien und Aserbaidschan. Und noch mehr Länder sollten bald unter sowjetische Kontrolle kommen.

An die Stelle des egalitären Idealismus des Marxismus traten bald Massenunterdrückung und Mord. Lenin starb 1924, und sein Nachfolger wurde Stalin, der die sowjetische Wirtschaft durch Kollektivierung und Industrialisierung rasch wachsen ließ. Doch dieser Wandel bewirkte eine dreijährige Hungersnot, in der Millionen Sowjetbürger starben, vor allem Ukrainer. Gleichzeitig begann Stalin, seine persönlichen Gegner zu beseitigen. Er schuf ein «Gulag»

genanntes Netzwerk von Straflagern und startete Ende der 1930er Jahre die Große Säuberung, die systematische Ermordung seiner angeblichen Feinde. Historiker schätzen, dass zwischen 700 000 und 1,2 Millionen Menschen bei diesem lang andauernden Massaker starben. Er etablierte auch den Terror als wichtigstes Werkzeug für Kontrolle und Stabilität des Sowjetstaats bis zu seinem Ende. Und Terror bewirkt stets, dass Regierungsbeamte es nicht wagen, den Mächtigen die Wahrheit zu sagen, und dies führt wiederum zu Ineffizienz, Frustration und wirtschaftlichem Niedergang.

Nach dem Zweiten Weltkrieg nutzte Stalins Sowjetunion ihren Sieg über Nazideutschland, um Marionettenregime in den osteuropäischen Staaten zu installieren. Die Sowjets behielten die Kontrolle über die Ukraine, Polen, Ungarn, die Tschechoslowakei und Bulgarien und teilten Deutschland, dessen östlicher Teil in der sowjetischen Einflusssphäre blieb. Der ökonomische Rahmen dieses inzwischen gewaltigen geographischen Raums (allein die UdSSR hatte 285 Millionen Einwohner) hieß Rat für gegenseitige Wirtschaftshilfe (RGW), seine militärische Allianz war der Warschauer Pakt, der Gegner der NATO.

Dies war aber keine freiwillige Allianz, eher eine Ausweitung des russischen Imperiums, das der Gründung der UdSSR zugrunde lag. Und als die Ungarn 1956, die Tschechoslowaken 1967 und die Polen 1980 aufbegehrten, wurden sie von der Roten Armee brutal niedergeschlagen, die allein 20 000 Ungarn tötete.

1989 war die Sowjetwirtschaft aber in großen Schwierigkeiten wegen des sich verstärkenden und schrecklich teuren Rüstungswettlaufs mit den USA unter Präsident Reagan. Die Sowjets konnten es sich einfach nicht länger leisten, gleichzeitig so viel auszugeben wie die Amerikaner, ihr Volk zu ernähren und die Wirtschaft wachsen zu lassen.

Der vergleichsweise junge Gorbatschow – er war bei Amtsantritt 53 Jahre alt – trat ein unglaublich schwieriges Erbe an. Die Wirtschaft stagnierte, die 1979 erfolgte Invasion Afghanistans war unbe-

liebt und stand vor dem Scheitern. Das nukleare Wettrüsten war nicht nur finanziell lähmend, er hielt es auch für eine echte Bedrohung für die Menschheit und wollte es beenden. Seine Probleme wurden rasch noch größer. 1986, ein Jahr nach seinem Machtantritt, geschah der Reaktorunfall in Tschernobyl, der einen beispiellosen internationalen Gesichtsverlust bewirkte und das Vertrauen der Sowjetbürger in den Staat weiter zersetzte.

Immerhin erkannte Gorbatschow, dass das System, in dem er aufgewachsen war, am Boden lag und umfassende Reformen brauchte. Gleich nach seinem Amtsantritt begann er von Perestroika – Umbau – und bald auch von Glasnost – Offenheit – zu sprechen. Er setzte neue Gespräche zur atomaren Abrüstung mit Präsident Reagan in Gang. Als die britische Premierministerin Margaret Thatcher, die «Eiserne Lady» und eine überzeugte Antikommunistin, mit Gorbatschow zusammentraf, nannte sie ihn – damals überraschend – einen Mann «mit dem man ins Geschäft kommen kann».

Als ich in Moskau eintraf, hatte die Sowjetunion keine zwei Jahre mehr vor sich. Doch das wusste natürlich keiner von uns. Reform, nicht Auflösung schien der wahrscheinlichste Weg für den sowjetischen Monolithen. Allen ausländischen Diplomaten, mich eingeschlossen, war aber klar, dass die kommenden Monate und Jahre die globale Sicherheitsarchitektur wohl auf Jahrzehnte prägen würden.

***

Meine Regierung sagte den Sowjetbehörden, ich sei ein Diplomat. Ob die Sowjets es glaubten oder nicht, ist eine andere Frage. Und tatsächlich war mein Diplomatenjob in Moskau ein echter Vollzeitjob des Außenministeriums, dem ich ebenso konzentriert und engagiert nachkommen musste wie möglich. Das machte meine Geschichte viel plausibler. In Sowjetrussland musste ich wirken wie ein echter Diplomat.

Als Diplomat war mein Job – formal der Zweite Kanzleisekretär –

die Analyse der sowjetischen Wirtschaft und das Verfassen von Berichten für London. Ich kam jeden Tag in die Botschaft und arbeitete im selben Raum wie die übrigen Diplomaten. Ich ging zu Pressekonferenzen und sprach mit Journalisten, ich hatte mit sowjetischen Regierungsvertretern zu tun, die nicht besonders interessant waren. Ich empfing Besucher und VIPs, darunter den früheren britischen Premierminister Jim Callaghan, und machte Reisen im Land, wo ich das Funktionieren der Wirtschaft erforschte. Bestimmt war es für die britische Regierung nützlich – Hunderte von Regierungsbeamten lasen meine Telegramme über die Sowjetökonomie.

Was den KGB betraf, den führenden sowjetischen Geheimdienst, so gab er mir von Anfang an zu verstehen, dass er mich beobachtete und mir das Leben so unangenehm wie möglich machen würde – angefangen mit der chronisch unzuverlässigen Stromversorgung in meiner Wohnung. Das anfängliche Unbehagen ging in eine erträgliche, aber pausenlose Wachsamkeit über. Ich gewöhnte mich nie völlig daran. Kein normaler Mensch kann das.

Die Wohnung, in der ich mit Laura lebte, als sie zu mir nach Moskau kam (wir hatten in England geheiratet), befand sich in einem bewachten Block, der viele andere Diplomaten und Journalisten beherbergte. Er lag nahe dem belorussischen Bahnhof, damals nach russischen Maßstäben eine bessere Gegend.

Botschaftsmitarbeiter genossen die «Aufmerksamkeit» der sowjetischen Behörden, ganz gleich, was ihre Funktion war. Die Sowjetregierung – zur Zeit meiner Ankunft noch praktisch identisch mit der Kommunistischen Partei – kontrollierte die Umgebung, in der Ausländer lebten, lückenlos. Wir wurden ständig beobachtet, entweder von einem Überwachungsteam oder durch Kameras und Wanzen in unseren Wohnungen. Wir versuchten Wanzen nicht auszuweichen oder sie zu entfernen, denn wir wussten, es würden bloß neue angebracht werden.

Die Regeln waren klar und zwischen unseren Regierungen vereinbart. Wir durften uns ohne vorherige schriftliche Erlaubnis nicht

weiter als 40 Kilometer vom Zentrum Moskaus entfernen. Jede weitere Reise, ob für die Arbeit oder zum Vergnügen, musste zwei Tage vorher angemeldet und die Fahrkarten vom örtlichen Botschaftspersonal gekauft werden. Es gab auch verbotene Orte, offiziell «rote Bereiche», und besondere Gebäude innerhalb des 40 Kilometer-Radius, denen wir uns nicht nähern durften.

Wir wussten, unsere Beschatter würden darüber Berichte schreiben, wohin wir gingen, mit wem wir redeten und was wir sagten. Wenn wir zurück zu unserer Wohnanlage kamen, die hinter einem Zaun mit Torwächter lag (angeblich zu unserem eigenen Schutz), telefonierte der Wächter sofort mit dem KGB, um unsere letzten Bewegungen mitzuteilen.

Nicht alle Diplomaten in Moskau sprachen Russisch. Fließend Russisch sprechende Mitarbeiter wie ich beunruhigten den KGB. Er wollte nicht, dass Einheimische mit Diplomaten oder irgendwelchen anderen Ausländern über ihr Leben, den Mangel an Grundversorgung, ihre Meinung über das Regime und viele andere Aspekte ihres Alltagslebens redeten, die zwar nicht direkt Staatsgeheimnisse waren, aber in gewisser Hinsicht sensible Informationen, die der Kreml vor Ausländern verbergen wollte. Ausländer sollten nicht selbst sehen oder von Russen hören, dass es im System knirschte.

Der KGB erschwerte es einem, sich auf seine verschiedenen Formen der Einschüchterung einzustellen, weil er jeden ein wenig anders behandelte. Er hatte viele Möglichkeiten, uns zu verunsichern. Als ein Kollege aufs Land fuhr, wurde ihm die Luft aus den Reifen gelassen. Andere erzählten, es sei jemand in ihrer Wohnung gewesen, da ihnen auffiel, dass Gegenstände woanders hingelegt oder verschwunden waren. Wir waren nie ganz sicher, wie viel solcher Einmischung und in welcher Form wir sie erleben würden. Und wir hatten selten oder nie einen Beweis, dass es KGB-Leute waren, die die Luft aus den Reifen ließen oder unsere Haushaltsgegenstände stahlen. Bildeten wir uns das teilweise ein? Das gehörte zu den Psychospielchen, die sie spielten.

Einmal besuchten uns mein alter Freund Rob und seine Frau Emma über Silvester aus England. Wir tranken viel Wodka und fielen stockbetrunken ins Bett. Am Morgen wachte Rob verkatert mit einem Rosenkohl im Mund auf. Wir konnten uns nur vorstellen, dass jemand vom KGB nachts in unsere Wohnung eingedrungen und zum Kühlschrank gegangen war, und weil er Rob, der in meinem Bett schlief, mit mir verwechselte, spielte er ihm einen bizarren Streich, indem er ihm einen Rosenkohl in den Mund steckte.

Manchmal waren ihre Spielchen aber ernster. Einer meiner höheren Kollegen joggte gerade, als ein Überwachungswagen des KGB genau auf ihn zufuhr. Zum Glück ging sein Training über das rein Diplomatische hinaus, und er rettete sich durch den Sprung hinter eine Mauer, so dass der Wagen ihn verfehlte. In der Botschaft waren wir einhellig der Meinung, seine KGB-Beschatter seien übereifrig oder unerfahren gewesen – oder betrunken –, und es sei eher ein Einzelfall als eine dauerhafte Bedrohung für sein Leben. Wie alle diese Dinge war der Zwischenfall aber beunruhigend.

Fast alles in Moskau schien außerhalb unserer Kontrolle zu liegen. Die Arbeitsbedingungen waren sehr hektisch und konnten sich kurzfristig verändern. Auf der Straße wurde man zwangsläufig verfolgt und beobachtet. Unsere Privatsphäre zu Hause schien ständig verletzt zu werden. Das schuf eine Menge Stress. Nach einem langen Arbeitstag nach Hause zu kommen, den Fernseher anzumachen und bei einem Glas Wein die Füße hochzulegen, war in Moskau einfach nicht möglich. Ich konnte mich nur wirklich entspannen, wenn ich Russland verließ, um in Urlaub zu fahren.

***

Ich nahm alles, was ich in Ljudmilas Wohnung in Pimlico aufgeschnappt hatte, 1990 mit nach Moskau, doch ich merkte schnell, wie viel ich noch zu lernen hatte und wie undurchsichtig Russland sein konnte. «Kreml-Intrigen sind wie der Kampf zweier Bulldoggen

unter einem Teppich», sagte Churchill einmal. «Man sieht nicht, was passiert, aber man hört das Geknurr.»

Zu verstehen, was mit uns passierte und was in Russland allgemein, war entscheidend. Wir suchten Erkenntnisse über die Vorgänge in Echtzeit. Doch wir versuchten auch, die Seele und die Geschichte des Landes zu ergründen, um mitzuhelfen, es in Richtung einer friedlichen, wohlhabenden und hoffnungsvollen demokratischen Zukunft zu steuern.

Alle Diplomaten im Moskau der Sowjetzeit standen vor einigen Schlüsselfragen: Wenn die UdSSR plötzlich endete, was würde danach kommen? Würde das Land sich in ein gefährliches Chaos auflösen? Oder würden wir einen friedlichen Übergang zu einer neuen Generation von Demokraten erleben, wie es kurz zuvor in den ehemaligen sowjetischen Satellitenstaaten Ungarn, Tschechoslowakei und sogar der DDR geschehen war?

Ich wusste, dass Russland sich in einigen Schlüsselaspekten von all diesen Ländern unterschied. Es besaß Atomwaffen und eine gewaltige Armee, das Land war riesig, und vor allem sah Russland sich als Großmacht und würde das weiterhin tun, egal mit welchem Regierungssystem. Es würde sich nie in die zweite Reihe der Weltpolitik zurückschieben lassen. Ich war nicht der Einzige, der rasch zu dem Schluss kam, wenn der Westen eine geschwächte Sowjetunion oder ein postsowjetisches Russland von oben herab behandelte, würde nichts Gutes dabei herauskommen. Es wäre nicht klug, eine Nation mit Atomwaffen und stolzer Geschichte zu demütigen oder nicht zu respektieren.

Ich begann das Land zu studieren – unter Churchills Teppich zu schauen –, indem ich versuchte, über das, was im Kreml oder sogar in Moskau geschah, hinauszublicken.

Meine diplomatische Rolle, das Studium der Sowjetwirtschaft, bedeutete, dass ich weite Reisen durch die Sowjetunion machte. Es waren nicht viele Reisen aufs Land und in abgelegene Regionen nötig, um zu erkennen, dass die Sowjetunion gerade noch zusammenhielt,

dass ihr politisches System der Grund für diese langsame Auflösung war und dass die Folgen, wenn der Westen in seinem Verhältnis zur Sowjetunion und dem, was auf sie folgte, scheiterte, höchst unvorhersehbar und gefährlich sein würden.

***

Regierungen sind unter Umständen recht kompetent in bestimmten Dingen, etwa der Organisation einer Armee oder eines sozialen Sicherungsnetzes. Worin sie aber nicht kompetent sind, ist der Besitz der Produktionsmittel und die effektive Organisation einer Volkswirtschaft, anders als Marx glaubte.

Überall, wo ich hinkam, sah ich Anzeichen für den raschen Niedergang der Sowjetwirtschaft. Für die Verbraucher erforderten alltägliche Einkäufe wie Brot, Benzin und neue Schuhe Recherche, Analyse und Taktik. Das Grundproblem war, dass das Angebot in keiner Weise mehr die Nachfrage befriedigen konnte; der Unterbau der Wirtschaft hatte nie effizient funktioniert und war über die Jahrzehnte weiter verkümmert, und das nukleare Wettrüsten mit den Vereinigten Staaten hatte gewaltige Summen des Staatshaushalts verschlungen.

Nehmen wir als Beispiel das Brot: Ein Laib kostete umgerechnet ein paar Cent, was sehr billig war, und jedem, der Brot essen wollte, hätte der Kauf möglich sein sollen. Aber weil das Brot so billig war, gab es keinen finanziellen Anreiz, es wirklich herzustellen. Ebenso wenig gab es adäquate Investitionen in Landwirtschaft, Transport oder Lagerung, darum verrottete die Hälfte des Getreides auf dem Feld.

Als ich durchs Land reiste, bemerkte ich das Entstehen einer Gegenkraft zur verkrüppelten Staatswirtschaft. Der Großteil des Ackerlands in Russland gehörte dem Staat, und die meisten Arbeitsschritte waren kollektiviert. Der Staat erlaubte Menschen, die auf Kolchosen arbeiteten, aber private Grundstücke. Ich erfuhr, dass

diese Grundstücke etwa 5 Prozent des Ackerlands ausmachten, aber 40 Prozent der Nahrungsmittel der UdSSR produzierten.

Diese Nahrungsmittel wurden auf Kolchosenmärkten verkauft, sie waren verhältnismäßig teuer, aber von viel besserer Qualität. Auf diesen Märkten konnten Russen (und ausländische Diplomaten wie ich) Hühner, Obst und Gemüse kaufen, die vor Ort oder in den südlichen Sowjetrepubliken produziert wurden. Ab und zu besuchten wir eine der Farmen und aßen das frisch gekochte Essen aus eigener Produktion, das die Landwirte uns servierten. Das waren wahrscheinlich die besten Mahlzeiten, die man in ganz Russland bekommen konnte – und sie waren das Ergebnis von Privateigentum und einer halb versteckten Marktwirtschaft.

Die Existenz einer alternativen Art des Handels bot einen schmerzhaften Kontrast für russische Familien, die nicht genug Geld hatten, um auf den Kolchosenmärkten einzukaufen, ganz zu schweigen von der Fahrt aufs Land, um auf einer Farm zu essen. Menge, Auswahl und Qualität der Lebensmittel in den staatlichen Läden waren erbärmlich und für die meisten Russen eine tägliche Erinnerung an das gebrochene Versprechen des Kommunismus, alle ausreichend zu versorgen. Das Schlangestehen nach Grundnahrungsmitteln, von dem jeder im Westen gehört hatte, war kein Mythos. Regelmäßig waren die Ladenregale leer. Die Leute machten Tauschhandel mit Kollegen, bauten Gemüse an, wo es ging, und nahmen Essen aus der Betriebskantine mit nach Hause.

Man glaube nicht, dass die Russen das irgendwie akzeptierten. Sie besitzen eine Leidenschaft für gutes Essen, und Jahrzehnte des Mangels hatten diese Leidenschaft nicht geschwächt. In vieler Hinsicht hatten sie den Hunger und die Wut geschärft, den die Russen immer stärker empfanden. Und die Versorgungskette bei Lebensmitteln zeigte augenfällig, dass privat produzierte Lebensmittel reichlicher, besser und profitabler waren als die von der riesigen, schwerfälligen Staatswirtschaft produzierten.

Als ich auf meinen Reisen mehr lernte, wurde mir klar, dass

die Keime dieser Verschiebung zum Privateigentum tatsächlich schon vor Jahren gelegt worden waren und dass das Verständnis der Russen für die Schwächen ihrer Wirtschaft seit mindestens zwei Jahrzehnten gewachsen war. Nach dem Zweiten Weltkrieg hatte der siegreiche Sowjetstaat unter der rücksichtslosen Führung Stalins das Privateigentum fast überall verboten. Doch das änderte sich in den 1970er Jahren. Die ersten wichtigen Gegenstände, die Menschen besaßen, waren eigene Autos, vor allem der allgegenwärtige Lada Schiguli, den man ab Anfang der 1970er Jahre kaufen konnte. Russen konnten diese bemerkenswerten Maschinen wirklich besitzen. Das war ein grundlegender und sehr öffentlicher Wandel. Bevor es den Lada auf Fiat-Basis gab, wurde fast alles, was eine Familie brauchte, direkt vom Staat oder vom Betrieb geliefert. Nach 1970 konnte eine sowjetische Familie, der es einigermaßen gut ging, ein relativ zuverlässiges Auto kaufen, das ihr die Freiheit gab, weiter weg zu fahren, trotz verschiedener interner Reisebeschränkungen, und das in gewissem Maße ein Zeichen des Wohlstands war.

Die Folgen waren bedeutsam. Einer nach dem anderen lernten die Sowjetbürger Privateigentum kennen. Die Nachfrage nach besseren Dingen begann das Angebot weit zu übersteigen. Und das führte rasch zu Gesetzesbruch und Korruption. Ein Schwarzmarkt oder eine Schattenwirtschaft entstand und begann die sowjetische Kommandowirtschaft weiter zu untergraben. Wirtschaftshistoriker haben geschätzt, dass illegaler Handel rund 10 Prozent der gesamten Wirtschaft in den letzten Jahren der UdSSR ausmachte. Das System hieß *blat*, ein informeller Austausch von Gefallen, Bestechungsgeldern und Konsumgütern. Man stelle sich den Schaden für eine westliche Volkswirtschaft vor, wenn 10 Prozent der Wirtschaftsleistung einfach aus dem Bruttoinlandsprodukt verschwinden. Die Schattenwirtschaft zersetzte die Steuerbasis, untergrub den Respekt der Menschen für den Staat und seine Gesetze, machte fast jeden Staatsbeamten zum Ziel von Bestechung und gab Kriminellen Macht und Anreize. Ein Berufsverbrecher heißt im Russischen *blatnoi*.

Je länger ich in Russland lebte und arbeitete, desto mehr sah ich nicht nur, wie kaputt die Wirtschaft war, sondern dass sie immer mehr Kriminalität erzeugte – innerhalb und außerhalb der Regierung. Die Korruption starb natürlich nicht mit der Sowjetunion aus. Die Keime für das, was in den Jahrzehnten nach dem Kommunismus kam, wurden in ihr gesät.

Russen konnten fast alles auf dem Schwarzmarkt bekommen, wenn sie bereit waren, dafür in harter Währung zu zahlen, auch Luxusgüter wie Fernseher, Videorecorder, CD-Player und Videospielkonsolen. Wenn ich Russen zu Hause besuchte, wie wir es etwa ab 1991 taten, sah man den Beweis dafür auf Regalen und Beistelltischen. Es galt als unhöflich, nach der Herkunft dieser Geräte zu fragen. Ich maßte mir sicher kein Urteil an, aber ich sah, wie das System ehrliche Menschen zwangsläufig zu Verbrechern machte und wie sie über die Idee lachten, die Gesetze des Staates zu respektieren. Für fast jeden Russen, dem ich begegnete, bedeutete das grundlegende Verhältnis zu Recht und Gesetz: sehen, womit er ungestraft durchkommen konnte. Besonders lehnten sie das Steuerzahlen ab, weil es keinen akzeptierten Gesellschaftsvertrag mit dem Staat gab. Diese Eigenschaft existiert bis heute.

Harte Devisen – das Geld der amerikanischen oder europäischen Feinde des Staates – waren die Grundlage des Schwarzmarktes. Der echte Wert des Rubel schwankte extrem und machte das Leben für die Menschen in Russland kompliziert und elend. Ende 1991 begann eine Hyperinflation. Eine U-Bahn-Fahrkarte in Form eines Jetons beispielsweise kostete in Moskau offiziell 5 Kopeken. Die Menschen nutzten die Jetons weiter, doch sie waren nun nur noch auf dem Schwarzmarkt für 50 Kopeken erhältlich, das Zehnfache ihres Nominalwerts.

Laura mochte die Teppiche, die in der Sowjetunion produziert wurden, und wir hatten mehrere gekauft. Die Hyperinflation machte den Kauf aber kompliziert. Legal mussten wir die Teppiche mit Rubeln bezahlen. Also mussten wir einen Teppich finden, einen Preis

vereinbaren und dann zu einer Wechselstube und mit den Rubeln wieder zurückeilen, bevor der Preis sich erneut änderte.

Es war für jeden schwierig, auch für Diplomaten, in Russland zu leben, ohne den Schwarzmarkt in Anspruch zu nehmen. Das machte auch uns theoretisch zu Kriminellen. 1991 rationierte die Regierung das Benzin – unglaublich in einem der größten ölproduzierenden Länder. Wir brauchten Benzin, um herumzukommen und unsere Arbeit zu erledigen. Ich kannte ein paar Tankstellen in obskuren Vorstadtgegenden Moskaus, die lebensnotwendige Fahrzeuge wie Feuerwehren und Krankenwagen versorgen sollten. Also fuhren meine Kollegen und ich drei Monate lang jede Woche hin, um mit harter Währung Benzin für unsere Autos zu kaufen. Es gab keine realistische Alternative.

Die Zeichen des Verfalls der Sowjetgesellschaft zeigten sich auch auf andere schockierende Weise. An einem Freitagabend kamen wir spät nach Hause und sahen, dass ein Wagen gegen eine Laterne um die Ecke von unserem Wohnblock gefahren war. Der offensichtlich tote Fahrer saß noch im Wagen. Ich dachte mir, dass die Rettungsfahrzeuge ziemlich lange bräuchten, denn weder ein Krankenwagen noch Polizei war da. Als aber Laura am Montagmorgen zur Arbeit ging, saß der Tote immer noch in seinem zerdrückten Wagen.

Wir schauderten angesichts solcher Gleichgültigkeit und Ineffizienz – und was sie für die Zukunft Russlands bedeuteten. Wir lebten in einem Land, das fast das Gegenteil von allem war, was es zu sein behauptete. Das kommunistische System versprach Gleichheit, Gerechtigkeit und Sicherheit. Stattdessen bot der Sowjetstaat kein wirksames soziales Sicherheitsnetz, seine Beamten waren meist korrupt und inkompetent, er besaß kaum Empathie und Humanität. Und er ließ seine Toten auf den Straßen liegen.

***

Dennoch erwarteten wir nicht, dass er so bald oder so schnell untergehen würde.

1989 sandten Gorbatschows Liberalisierungen und die offensichtliche Schwäche der Sowjetunion Schockwellen durch Osteuropa. Eine Reihe von Aufständen und Revolutionen machte ehemals kommunistische Regime, die sowjetische Marionetten gewesen waren, zu Demokratien. Die Mauer fiel, und der Vereinigungsprozess zwischen BRD und DDR begann. Litauen erklärte seine Unabhängigkeit von der UdSSR im März 1990. Andere Sowjetrepubliken folgten. Die sowjetische Einflusssphäre in Osteuropa war geschrumpft: Polen, Ungarn, DDR, Tschechoslowakei, Bulgarien und Rumänien waren bereits abgefallen. Doch die Sowjetunion selbst, mit Russland als Anker, bestand immer noch – riesig und, wie wir meinten, dauerhaft.

Gorbatschow setzte die Reformen fort und beschloss eine Wahl abzuhalten, um den Posten eines Präsidenten der UdSSR zu etablieren. Er glaubte, die Sowjetunion sei noch nicht so weit, um die Wahl dem Volk zu überlassen, und am 14. März 1990 wählte der Volksdeputiertenkongress zum ersten Mal einen Präsidenten. Das Volk sollte 1995 wählen, nach dem Ende von dessen fünfjähriger Amtsperiode. Gorbatschow war der einzige Kandidat und erhielt 1329 der 1824 Stimmen.

Der Sowjetführer kam rasch zu dem Schluss, dass die beste Art, den Rest ihres Staates zusammenzuhalten, darin bestehe, einen neuen Unionsvertrag zwischen den Teilrepubliken zu entwerfen und bei einer Volksabstimmung zu präsentieren. Das in neun Ländern abgehaltene Referendum wurde angenommen, und die Mitgliedsstaaten begannen den Vertrag zu ratifizieren, der jeder Republik viel größere Eigenständigkeit zubilligte.

Zur selben Zeit schloss Gorbatschow ein historisches Rüstungskontrollabkommen mit den USA ab. Im Juli 1991 unterzeichnete er mit dem 1988 gewählten Präsidenten George H. W. Bush den START 1-Vertrag. Der Vertrag begrenzte den Bestand auf beiden Seiten auf

6000 Atomsprengköpfe und 1600 Interkontinentalraketen. Es war nicht der Sprung vorwärts zur völligen Abschaffung von Atomwaffen, von dem Gorbatschow und Reagan geträumt hatten, aber es war ein wichtiger Schritt zu weiteren Abrüstungsschritten. Die Hardliner in Moskau waren davon angewidert.

Im August 1991 fuhren viele Diplomaten in Urlaub, auch die meisten aus der britischen Botschaft. Das Inkrafttreten von Gorbatschows neuem Unionsvertrag schien gesichert, und eine neue Version der Sowjetunion stand kurz vor der Geburt. Es war ein politisch intensiver Frühling und Sommer gewesen, und ein Großteil des diplomatischen Korps in Moskau wollte sich zu Hause oder in Übersee in Ruhe erholen. Laura und ich blieben in Moskau.

Wie das diplomatische Korps machte auch Gorbatschow Urlaub in seiner Luxusvilla am Strand von Foros nahe Jalta auf der Krim.

Seine Feinde ergriffen die Gelegenheit.

Die Hardliner im Kreml glaubten, Gorbatschows Reformen beschleunigten das Ende der Sowjetunion, nicht ihre Umgestaltung, und das wollten sie nicht zulassen. Die Putschisten schlugen zu, einschließlich des damaligen KGB-Chefs Wladimir Krjutschkow.

Am Nachmittag und Abend des 18. August 1991, einem Sonntag, verschwanden die KGB-Autos, die unsere Botschaftsmitarbeiter beschatteten. Das war noch nie passiert, und wir grübelten darüber nach, was das bedeutete. Abends gingen wir mit dem Gefühl schlafen, etwas habe sich unmerklich verschoben.

Am Morgen des 19. August weckte mich Laura. Ihr treues Kurzwellenradio brachte die *BBC*-Nachrichten. Sie berichteten, Hardliner des Regimes hätten am frühen Morgen einen Putsch gegen Gorbatschow unternommen.

Ich war einer kleinen Krisengruppe in der Botschaft zugeteilt. Wir drängten uns im abhörsicheren Raum zusammen und beschlossen, wer wohin in Moskau gehen solle, um die Geschehnisse zu beobachten und nach London zu berichten.

Wir verteilten uns auf den Straßen und sahen Truppenbewe-

gungen, bei denen Panzer den Asphalt um den Kreml herum aufwühlten, und Proteste, dann berichteten wir nach London, oft telefonisch, was sonst nicht üblich war. Die Dringlichkeit erforderte es.

Das Ganze erschien irgendwie unwirklich. Wir beobachteten Ereignisse, die weltweite Sorgen über einen Atomkrieg, über das Ende der Reformbewegung, über einen möglichen Rückfall in die schlimmsten Phasen des Kalten Kriegs auslösten. Wir sahen es mit eigenen Augen. Und trotz der gewaltigen Größe der Sowjetunion und der weitreichenden globalen Konsequenzen des Putsches spielte sich alles auf rund acht Quadratkilometern rund um den Kreml ab und im noch kleineren Regierungskomplex von Leningrad (wie Sankt Petersburg damals hieß). Überall sonst in Moskau schien das Leben seinen gewohnten Gang zu gehen. Ein Kollege und ich fuhren zur Luftwaffenbasis Tuschino am Rand von Moskau, wo angeblich sowjetische Fallschirmjäger landeten, um die Proteste zu unterdrücken. Nichts.

Abends verhängten die neuen Herrscher der Sowjetunion für uns und alle anderen ein Ausgehverbot, und der KGB hielt Gorbatschow und seine Frau Raissa in ihrer Villa fest. Die Putschisten übernahmen das atomare Arsenal und befahlen, 250 000 zusätzliche Paar Handschellen nach Moskau zu transportieren. Aus irgendeinem Grund vergaßen sie aber die Telefonleitungen, daher konnten wir weiter nach London berichten. Wir konnten auch mit Kontaktpersonen in Leningrad und anderen wichtigen russischen Städten sprechen.

Am zweiten Tag des Staatsstreichs ging ich von unserer Wohnung in der Georgsstraße am traurigen, vernachlässigten Moskauer Zoo vorbei zum russischen Weißen Haus. Dieses schiffsförmige Gebäude war der Sitz von Boris Jelzins neuer reformistischer Regierung der Russischen Republik und wurde rasch zum Zentrum der Opposition gegen den Putsch in der Hauptstadt. Jelzin, früher ein überzeugter Kommunist, war nun ein führender Reformer und am 12. Juni 1991 zum Präsidenten der Russischen Republik gewählt worden, damals noch ein konstituierender Teil der Sowjetunion.

Vor dem Weißen Haus hatte sich eine große Menge von Moskauern versammelt, um die oppositionelle russische Regierung drinnen vor den Putschisten und ihren Truppen zu schützen. Die Atmosphäre war ernst, aber nicht bedrohlich, und eine Reihe demokratischer Politiker sprach zu den Versammelten, um den Widerstand gegen den Putsch zu stärken. Ich erblickte einen von Jelzins engen Beratern in der Menge, und wir diskutierten, ob die Kantemirow-Division der Roten Armee, eine nahe Moskau stationierte Eliteeinheit, eingreifen würde, wie manche Gerüchte besagten.

Ich stand in der Menge, als Jelzin etwa 20 Meter entfernt erschien und von seinem Sicherheitschef Alexander Korschakow auf einen Panzer gehievt wurde. Der russische Präsident stand in braunem Anzug und Schlips zwischen zwei Mitarbeitern.

«Bürger von Russland», begann er. «In der Nacht vom 18. zum 19. August 1991 wurde der rechtmäßig gewählte Präsident des Landes gestürzt. Egal welche Gründe dafür genannt wurden, wir haben es mit einem rechtsgerichteten, reaktionären, verfassungswidrigen Putsch zu tun. Trotz aller Schwierigkeiten und Härten für das Volk breitet der demokratische Prozess sich immer weiter aus und wird unumkehrbar. Die Völker Russlands werden die Herren ihres eigenen Schicksals.»

Ich konnte kaum begreifen, was ich da sah. Mehr als 70 Jahre Geschichte wurden umgestoßen. Und dennoch wirkte vieles um mich herum seltsam normal. Das British Airways-Büro im Meschdunarodnaja-Zentrum, wo Laura arbeitete, war nur einen Steinwurf entfernt, genau wie unser Fitnessstudio und die örtliche Videothek. Die Menge war groß, aber es war keine Massenversammlung von Tausenden.

Der entscheidende Moment kam bald. Die Putschisten in Gestalt des sowjetischen Verteidigungsministers Dmitri Jasow, eines vierschrötigen, verwittert aussehenden Mannes, befahlen das Eingreifen einer Elitepanzereinheit, der Taman-Division, die vor den Toren von Moskau stationiert war. Die Division weigerte sich. Daraufhin er-

schoss sich ein weiterer Hardliner und Verschwörer, der sowjetische Innenminister Boris Pugo.

Gorbatschow kehrte nach Moskau zurück, und die Auflösung der Sowjetunion begann nun richtig. Sie wurde von Jelzin beschleunigt, der zwar ein Reformer wie Gorbatschow war, aber den sowjetischen Präsidenten nicht leiden konnte und größeren politischen Ehrgeiz hegte.

Für kurze Zeit erschien die Frage, wer die Sowjetunion führen solle, als Nebenaspekt. Gewöhnliche Russen hatten sich wie so viele Menschen in Osteuropa der Macht von Sicherheitsdiensten und Militär entgegengestellt und einen Sieg über die Männer errungen, die den Bürgern ihre wachsenden Freiheiten wieder nehmen wollten. Es war aufregend. Sicher würden die Reformen sich nun beschleunigen, und die Sowjetunion würde eine Demokratie werden.

Mehrere Tage nach dem gescheiterten Putsch wurde das Botschaftspersonal informiert, dass der britische Premierminister John Major und Außenminister Douglas Hurd auf dem Weg zu einem offiziellen Staatsbesuch in China einen Zwischenstopp in Moskau einlegen wollten. Sie würden die ersten ausländischen Staatsgäste sein, die Gorbatschow und seine siegreichen Reformer besuchten.

Ich bekam die Aufgabe, Major und Hurd in den Kreml und dann zu einem Spaziergang auf dem Novy Arbat zu begleiten, wo ein provisorisches Mahnmal für mehrere Protestierende errichtet worden war, die während des Putschversuchs erschossen worden waren. Ich begleitete die britischen Staatsgäste zu ihrem Treffen im prächtigen Katharinensaal des Kremls. Ich lieh John Major meinen Kamm, um sich das Haar zu richten, während er in einen der majestätischen Romanow-Spiegel an der Wand schaute, dann ließ ich ihn mit dem sowjetischen Präsidenten allein.

Anschließend ging ich zu der kleinen Erhebung innerhalb des Kremls, wo die offiziellen Wagen darauf warteten, uns (aber nicht Gorbatschow) zum Arbat zu bringen, damit der Premier und sein Außenminister Kränze niederlegen und herumgehen konnten.

Plötzlich erschien Gorbatschow wenige Meter entfernt von mir. Er hatte unerwarteterweise beschlossen, einen Abkürzungstunnel zum Abfahrtspunkt zu nehmen, während Major und Hurd den langen Weg zurückgingen.

Ich stand dort allein mit dem sowjetischen Präsidenten, dem damals berühmtesten Mann der Welt. Er hatte keine Leibwächter oder Mitarbeiter dabei. Die internationale Presse stand hinter einer Absperrung etwa zehn Meter entfernt. Unwillkürlich fiel mir auf, dass sein westlicher Anzug teurer aussah als meiner. Um eine peinliche Stille zu vermeiden, gratulierte ich ihm zur Niederschlagung des Staatsstreichs. Er war freundlich und fragte mich mit seinem charakteristischen südrussischen Akzent: «Was machen Sie in der Botschaft?» Ich erklärte, dass ich die sowjetische Wirtschaft für die britische Regierung beobachtete. Bestimmt würde ich dem Präsidenten nicht von irgendeiner anderen Rolle erzählen, fügte aber hinzu: «Ich folge Ihnen genau.»

Gorbatschow lachte. «Wir beobachten Sie auch genau», sagte er mit der russischen Singularform, die mich als Person meinte.

Mehrere Minuten später traf unsere VIP-Gruppe ein, und wir stiegen in die schwarzen Zils und andere Limousinen, die uns zum Arbat brachten. Als wir ankamen, sah ich meinen Vater in der ersten Reihe der Menge mit seinem distinguierten dichten silbernen Haar. Er und meine Mutter waren gerade zu einem Besuch gekommen. Major und seine Frau Norma gingen auf ihn zu, um vor den Kameras mit normalen Russen zu sprechen.

«Ihr Englisch ist hervorragend», sagte Major nach der ersten Begrüßung zu meinem Vater. «Wo kommen Sie her?»

«Wokingham, Herr Premierminister», erwiderte mein Vater, ohne eine Miene zu verziehen.

Zwangsläufig erntete ich dafür eine Menge Kritik von meinen Botschaftskollegen. Der Botschafter Sir Rodric Braithwaite bemerkte bei seiner Morgensitzung am nächsten Tag, als er mich bat, die Arrangements für den Spaziergang auf dem Arbat zu machen, habe er

nicht erwartet, dass ich auch die Zuschauer bestellen würde. Der Journalist Robert Hardman, den ich aus Cambridge kannte, brachte die Geschichte im *Daily Telegraph*. Etwa ein Jahr später erschien die Anekdote noch einmal in einer Fernsehdokumentation über die Queen. Man hört Major Ihrer Majestät die Geschichte erzählen, wie er einen Moskauer aus Wokingham traf, sehr zur beiderseitigen Erheiterung.

Eine wichtigere Folge des Besuchs war Gorbatschows Erlaubnis, dass die Frau des KGB-Überläufers Oleg Gordijewski die Sowjetunion verlassen durfte, um zu ihrem Mann nach Surrey bei London zu gehen. Als «Resident», d. h. Stationschef, des KGB in London war Gordijewski vielleicht der wertvollste Überläufer in der Schlussphase des Kalten Kriegs. Man hatte ihn in Abwesenheit zum Tode verurteilt. Wir hofften, die Entscheidung der sowjetischen Regierung, seine Frau Leyla nach England ausreisen zu lassen, sei ein Zeichen, dass ein demokratisches und zivilisiertes Russland aus dem sterbenden Sowjetstaat hervorgehe.

Heute werden Menschen wie Gordijewski gejagt und ermordet, nicht mit ihren Ehefrauen vereinigt.

***

Nach dem Putsch versuchte Gorbatschow, die Sowjetunion zusammenzuhalten, aber Jelzin und seine Verbündeten waren entschlossen, den kommunistischen Staat aufzulösen. Am 25. Dezember 1991 – während des Weihnachtslunchs in der Wohnung unseres Nachbarn Tim Barrow, der später geadelt und selbst Botschafter in Moskau wurde – trat Gorbatschow zurück. Jelzin wurde Präsident. Am folgenden Tag wurde die Sowjetunion aufgelöst und weitgehend durch eine Föderation von neun Staaten, die noch heute bestehende Gemeinschaft Unabhängiger Staaten, ersetzt. Ihre Mitglieder sind durch Verträge zur wirtschaftlichen, militärischen und politischen Kooperation verbunden.

Russland hatte endlich die Chance, sein enormes Potenzial zu entwickeln. Wie alle westlichen Diplomaten in Moskau fand ich diesen Moment aufregend. Wir hatten eine beispiellose Gelegenheit, dem größten Gegner des Westens zu helfen, eine repräsentative Demokratie, ein funktionierender kapitalistischer Staat und, ganz entscheidend, ein Verbündeter zu werden.

Kapitel 4

Fenster zum Westen

Während Russland die ersten Wochen und Monate als junge Demokratie erlebte, berichtete ich nicht nur über die bemerkenswerten Geschehnisse, die sich vor meinen Augen abspielten, sondern studierte auch die Geschichte. Ich wusste, dass sie mir – und der britischen Regierung – helfen würde, besser zu verstehen, in welche Richtung diese instabile atomare Supermacht sich entwickeln könne. Bis zum Ende meiner Moskauer Dienstzeit 1993 las ich intensiv, reiste durchs Land und befragte Russen ständig über das Verständnis ihrer Vergangenheit. Je mehr ich erfuhr, desto mehr kam ich immer wieder auf zwei Schlüsselfragen zurück: Warum war ein so kultiviertes, ressourcenreiches und großes Land politisch so lange rückständig gewesen? Und wie groß waren die Chancen, Jahrhunderte der Unterdrückung durch die Regierung endlich dauerhaft zu beenden?

Diese Fragen sind heute ebenso relevant wie Anfang der 1990er Jahre. Die russische Geschichte war aufschlussreich, spendete aber nicht viel Trost.

Neben der Periode, die 1991 begann, hat Russland in seiner modernen Geschichte fünf weitere Zeitfenster gehabt, um Pluralismus und Demokratie zu erreichen und ein Land zu werden, in dem der Rechtsstaat hätte Wurzeln schlagen und die Autokratie hätte abdanken können. Jedes dieser entschieden und recht schnell zuge-

schlagenen Fenster trägt zur Erklärung bei, warum Russland nie ein modernes Deutschland oder Japan geworden ist, ehemals autoritäre Staaten, in denen die Demokratie festen Fuß gefasst hat.

Das erste Zeitfenster – bei keinem von ihnen ging es um einen plötzlichen Durchbruch zu einer gelebten Demokratie – schloss sich mit dem Tod Peters des Großen 1725. Peter war ein Autokrat und zu Gewaltausbrüchen fähig, aber sein Wunsch, das Land zu einem modernen, aufgeklärten Staat mit besserer Bildung, Regierung und Wirtschaft zu machen, trug dazu bei, Russland als große und weitgehend vereinigte Nation zu begründen. Peter war sicher kein Demokrat, aber er war von der Aufklärung inspiriert. Er sprach davon, «ein Fenster zum Westen» zu öffnen. Seine Erben hatten nicht das Selbstvertrauen, sein Reformprogramm weiterzuführen, sondern schnitten es zurück, weil sie befürchteten, wenn das Volk zu viel Macht bekomme, werde das die Sicherheit des Zaren gefährden.

Der zweite reformistische Moment kam nach den napoleonischen Kriegen, die von 1805 bis 1815 dauerten. Russische Truppen hatten die Grande Armée bis nach Frankreich verfolgt und lernten dort westliche Kultur und Politik kennen. Der relativ junge Zar Alexander I. beförderte verschiedene Reformen, doch 1825 schlug sein Sohn und Erbe Nikolaus I. eine Rebellion junger, liberaler Offiziere brutal nieder. Viele wurden getötet und ihre Anführer, die Dekabristen oder Dezembristen, nach Sibirien verbannt.

Wir müssen ein halbes Jahrhundert vorrücken, um zu sehen, wie sich ein weiteres Fenster öffnete und schloss. Das geschah 1881, als Zar Alexander II. ermordet wurde. Alexander war ein echter Reformer. Nach der russischen Niederlage gegen England, Frankreich und die Türkei im Krimkrieg 1856 befreite er die russischen Leibeigenen, dehnte die Wehrpflicht auch auf die Söhne der Oberschicht aus, reformierte Justiz und Kommunalverwaltung und begann mit der Erarbeitung einer russischen Verfassung.

Dies war vermutlich der Punkt, an dem Russland einem liberalen System am nächsten kam.

Wegen meiner strengen Kritik der gegenwärtigen russischen Regierung haben meine Kritiker und Verteidiger des Regimes mir Russlandfeindlichkeit vorgeworfen. Nichts könnte unwahrer sein. Einer der Gründe, warum ich den Zustand des Landes so kritisiere, ist gerade mein Glaube, es solle ein großer zivilisierter europäischer Staat und unser natürlicher Verbündeter sein, so wie in der Vergangenheit. Leider ist es aber ein schlecht regiertes Land, das von den meisten seiner Machthaber im Stich gelassen wurde.

Viele große Russen hatten eine andere Vision und setzten ein Beispiel. In unserer Epoche würde das auf den Schachgroßmeister Garry Kasparow zutreffen. Doch der Größte von allen war meiner Meinung nach Leo Tolstoi. Für Russen und jene unter uns Ausländern, die das Land lieben, verkörpert Tolstoi, was Russland hätte werden können, wenn die Karten anders gemischt gewesen wären. Er war nicht nur der womöglich größte Romanautor nicht nur der russischen, sondern der Weltliteratur, sondern auch Offizier und ein aufgeklärter Denker und Sozialreformer, der mit gutem Beispiel voranging.

Der Höhepunkt meiner Russisch-Studien war, als ich *Anna Karenina* im Original lesen konnte, beide Bände von Anfang bis Ende. Die russische Sprache des Originals war in Tolstois Händen sowohl schön als auch überraschend einfach, anders als die Prosa des anderen großen russischen Romanciers des 19. Jahrhunderts, Fjodor Dostojewski, der dennoch die größte Schilderung der dunklen Seite Russlands gab – und mit dieser hatte ich die meiste Zeit meiner beruflichen Laufbahn zu tun, habe sie aber nie als unausweichliches Schicksal Russlands akzeptiert.

Überall in Russland stoßen die so unterschiedlichen Welten Tolstois und Dostojewskis immer noch zusammen. Tolstoi hatte im Krimkrieg gekämpft und dem Zarenreich dabei geholfen, den Nordkaukasus zu unterwerfen. Doch als Adliger auf seinem Gut Jasnaja Poljana bei Tula befreite Tolstoi seine Leibeigenen, gab ihnen anständige Unterkunft und Schulbildung und führte neue Technolo-

gien und fortschrittliche Produktionsmethoden ein. Von vielen konservativen Adligen wurde er dafür am Ende des 19. und zu Beginn des 20. Jahrhunderts gemieden. Er führte ein vergleichsweise bescheidenes Leben, das sich im Management seines Guts spiegelte, welches immer noch existiert.

Ein Besuch in Jasnaja Poljana war ein Muss für jeden Mitarbeiter in Moskau, obwohl er einen ganzen Tag in Anspruch nahm und eine vorherige staatliche Reiseerlaubnis und die Fahrt über Straßen voller Schlaglöcher bedeutete. Im Spätsommer 1992 fuhr ich mit meinen Eltern, die auf Besuch waren und Tolstoi liebten, dorthin. Unterwegs kamen wir an der sehr verschmutzten Stadt Tula vorbei, berühmt für ihre metallverarbeitende Industrie. Unter dem Kommunismus war Tolstoi als liberaler Aristokrat mit Illusionen über friedliche Reformen geschmäht worden. In den dunkelsten Momenten des Jahres 1941 jedoch, als die Deutschen vor den Toren Moskaus standen, wurden auf Befehl Stalins in der ganzen Stadt Zitate aus *Krieg und Frieden* (das sich um den heldenhaften Widerstand gegen die Invasion Napoleons 1812 dreht) angeschlagen, um Patriotismus und Widerstandsgeist anzufeuern.

Es schien ein passendes weiteres Element der politischen Widersprüche zu sein, die Tolstoi umgaben, dass ein Team des KGB-Nachfolgers FSB uns auf der Straße nach Jasnaja Poljana – wörtlich «helle Lichtung» – folgte und den ganzen Tag auf dem Gut beschattete. Wir waren die einzigen Besucher, und sogar meinen Eltern fielen sie auf.

Es war ein schöner Tag, und die Einfachheit von Tolstois Wohnort stach auffällig gegen gleichzeitige Zarenpaläste wie Zarskoje Selo und Peterhof bei Sankt Petersburg ab. Das Wohnhaus und das Kühlhaus standen noch, nicht weit von Tolstois bescheidenem Grab auf einer Lichtung im nahen Birkenwald. Irgendwer bestellte immer noch die Felder auf dem Gut. Es war eine ermutigende Vision, was aus Russland hätte werden können. Sogar die FSB-Leute schienen sich für die geführte Tour zu interessieren, der sie sich verlegen anschlossen. Später kauften wir in Moskau ein großes Gemälde von Jasnaja Pol-

jana auf dem Ismailowo-Kunstmarkt. Es hält die grüne Schönheit und Ruhe des Ortes fest und hängt noch immer im Treppenhaus unseres Hauses in Farnham. Es ist zwar unspektakulär, aber eines meiner russischen Lieblingsbilder.

Tolstois Liberalismus und die Reformen Alexanders II. waren nicht von Bestand. Alexanders Vision eines neuen Russlands war zu viel für die russischen Reaktionäre. Sein Sohn, bald Zar Alexander III., war Zeuge, als sein Vater im März 1881 einem Bombenattentat zum Opfer fiel, und kam zu der Überzeugung, sein Vater habe naive Fehler gemacht, die vielleicht wohlgemeint, aber letztlich tödlich gewesen seien. Alexander III. gab viele Reformen seines Vaters auf, schränkte die neuen Freiheiten ein, ermutigte die Polizeigewalt und führte antisemitische Vorschriften ein, die die russischen Juden unterdrückten. Dadurch machte er die Juden zum bequemen Sündenbock für unzufriedene Russen, verkörpert in der ultranationalistischen und antisemitischen Bewegung der Schwarzen Hundertschaften, die zu Beginn des 20. Jahrhunderts entstand.

1914 schloss der Ausbruch des Ersten Weltkriegs das vierte Fenster. Zar Nikolaus II. hatte die autokratische Herrschaft seines Vaters Alexander III. gemildert. Nach Russlands überraschender Niederlage gegen Japan 1905 war er gezwungen, den politischen Parteien und ihren Anführern echten Einfluss im Land zuzugestehen. Russland wurde europäischer. Doch die Kriegsteilnahme des Landes – und die Revolution 1917 – beendeten diesen kurzen und von oben bestimmten Trend zum Liberalismus. Nikolaus und seine Familie wurden erschossen, und es begann eine neue Form der Diktatur.

Auf die dunkelste Periode der Sowjetherrschaft – die schon erwähnte Stalin-Ära von 1922 bis 1952 – folgte 1956 der Machtantritt des Ukrainers Nikita Chruschtschow. Sobald er die Kontrolle über das Politbüro errungen hatte, begann das sogenannte Tauwetter. Der neue Generalsekretär der KPdSU drängte Stalin-Anhänger aus dem Kreml, besuchte die rivalisierenden Mächte China und USA und erlaubte mehr Meinungsfreiheit als je zuvor in der Sowjetunion. Doch

das Tauwetter hielt nicht an. Die Hardliner lehnten Chruschtschows Veränderungen ab, und nach dem Rückschlag der Kuba-Krise führte ein weiterer Ukrainer, Leonid Breschnew, 1964 einen unblutigen Putsch an, der Chruschtschow stürzte und für die Sowjetunion eine weitere lange Zeit politischer Unterdrückung und wirtschaftlicher Stagnation bedeutete. Das Eis war wieder da.

***

Als ich diese Geschichte in Moskau während einer Zeit neuer Unruhen und Reformen studierte, fragte ich mich: Was haben diese fünf Fenster versäumter Chancen gemeinsam? Warum blühte Russland nicht öfter auf als in diesen kurzen Momenten und konnte eine jahrhundertelange autokratische Herrschaft nicht beenden?

Ich hatte den Beginn einer Antwort bereits in der russischen Sprache gespürt, nicht nur in der Geschichte. In meiner ersten Zeit in Moskau fragte ich nach dem russischen Wort für «Privatbesitz». Es gibt dafür keinen genau passenden Begriff. Am nächsten kommt ihm *tschastnaja sobstwennost*, wörtlich «persönliche Substanz», was zwar abstrakt auf Eigentum verweist, aber nicht dieselbe unzweideutige Angabe des Eigentumsrechts ist wie «Privatbesitz». Dieser sprachliche Ausdruck verweist auf die Tatsache, dass sogar während der fünf Zeitfenster das Recht jedes Russen auf Eigentum niemals gesetzlich verankert wurde. Während der längsten Zeit der russischen Geschichte besaß der Begriff «Privatbesitz» wenig Bedeutung. Und das veranschaulicht die allgemeinere Tatsache, dass Russland es wiederholt versäumt hat, einen starken und unabhängigen Rechtsstaat zu schaffen.

Mir wurde klar, dass es für jede Gesellschaft schwer ist, eine Form der repräsentativen Regierung zu schaffen, ohne zuerst einen gesetzlichen Rahmen zu etablieren. Es hat wenig Zweck, Wahlen abzuhalten, bevor die Behörden und die meisten Bürger anerkennen, dass alle die Gesetze respektieren und befolgen. Und diese Gesetze

müssen mehr oder weniger fair sein und von der Justiz weitgehend unvoreingenommen angewendet werden. Russland hatte eine solche Form von Konsens nie erreicht. Es hatte nie einen Gesellschaftsvertrag zwischen allen Teilen der russischen Gesellschaft gegeben, der das Land zu der wenn auch unvollkommenen, widerwilligen Übereinkunft zusammenfasste, dass alle sich an die Regeln halten sollten.

Selbst die grundlegendsten Elemente des Rechts hatten in Russland kaum existiert. Das lag zum Teil daran, dass eine 1649 eingeführte grundlegende Gesetzessammlung individuelle Freiheiten und Eigentumsrechte für fast alle Gesellschaftsschichten detailliert beschränkt hatte. Mit anderen Worten, es gab Recht – aber das Recht war unfair. Es war aufgezwungen, nicht vereinbart.

Diese Gesetze mit dem Namen *sobornoje uloschenije* (Reichsgesetzbuch) verboten es Russen, ohne Pass von einer Stadt zur nächsten zu reisen, fixierten sie auf der Stelle des russischen Klassensystems, wo sie geboren waren, und schränkten die Macht von Adligen und Klerus ein. *Jeder*, egal auf welcher Ebene, wurde von jemandem über ihm besessen oder kontrolliert oder war in seinen Grundrechten, auch dem Eigentumsrecht, stark eingeschränkt. Letztlich hatte nur eine Person in ganz Russland das volle Recht, etwas zu besitzen, zu sagen, was er wollte, zu gehen, wohin er wollte, und zu tun, was er wollte: der Zar (eine russische Verkürzung von Caesar).

Das Reichsgesetzbuch war kein Strohfeuer, es blieb bis 1832 fast unverändert. 183 Jahre kodifizierter, allgemeiner Entrechtung sind keine Erfahrung, die eine Nation leicht abschüttelt.

Auch 1833 und danach gab es kein magisches Aufblühen persönlicher Freiheiten. Millionen Russen waren nicht nur in dem beschränkt, was sie besitzen durften, sie waren der Besitz anderer. Die Leibeigenschaft, ein System, durch das die Landarbeiter praktisch ihren aristokratischen Herren gehörten, wurde erst 1861 abgeschafft. Kauf und Verkauf afrikanischer Sklaven waren in Russland 1842 abgeschafft worden, aber es dauerte noch zwei Jahrzehnte, bis die Versklavung von 30 bis 40 Prozent des eigenen Volkes endete.

In der zweiten Hälfte des 19. und zu Beginn des 20. Jahrhunderts höhlten die Reformen Alexanders II. und die lauwarme Liberalisierung Nikolaus II. sicherlich einige der autokratischen Züge des Reichsgesetzbuchs und Russlands aus, aber es gab keinen Sprung zu einer Demokratie nach amerikanischem, britischem oder französischem Muster, so unvollkommen sie sein mochten.

Stattdessen gab es den Sprung zu einem Kommunismus, der noch herrschte, als ich nach Moskau kam. Die Russische Revolution sollte all diese alten, tief verwurzelten Ungerechtigkeiten durch eine neue Rechtsstaatlichkeit abschaffen, die allen gleichermaßen nützte. Der Kommunismus war nach Aussage seiner Jünger die Auflösung der Ungleichheit. Doch obwohl der Staat Gesetze auf der Grundlage marxistischer Ideen von Fairness erließ, waren Form und Durchsetzung dieser Gesetze alles andere als unparteiisch und fair. Sie nützten vor allem einem Gebilde, der Kommunistischen Partei. Man hätte sie auch das kommunistische Reichsgesetzbuch nennen können.

Neben dem Fehlen von Rechtsstaatlichkeit hat es immer – und zwar bis auf den heutigen Tag – eine große Leerstelle in der politischen und sozialen Struktur Russlands gegeben. Dem Land fehlten starke unabhängige Institutionen, d. h. eine Zivilgesellschaft. Dies ist ein weiteres und fast universelles Charakteristikum von Ländern, die lange Perioden von Stabilität, Harmonie, Wirtschaftswachstum und friedlichen Beziehungen zu ihren Nachbarn erlebt haben. Das Rechtswesen ist natürlich eine dieser lebenswichtigen unabhängigen Institutionen. Oft stellt aber eine starke Kirche oder eine andere religiöse Institution ein Gegengewicht zu einem Staatsführer oder einem Regime dar, das absolute Macht anstrebt, mit aller Dysfunktionalität, Korruption, wirtschaftlicher Instabilität, Unterdrückung und Gewalt, die Autokratien fast immer begleiten. Die katholische Kirche im kommunistischen Polen nach dem Zweiten Weltkrieg ist ein hervorragendes Beispiel für diese Dynamik.

Ein solches religiöses Gegengewicht gibt es in Russland nicht. Die

russisch-orthodoxe Kirche ist immer vom Zaren oder vom herrschenden Regime kontrolliert worden. Sie hatte nie den politischen Einfluss, den der Vatikan so oft gegenüber autoritären Regimen ausgeübt hat. Ganz im Gegenteil, die russisch-orthodoxe Kirche war entweder unterwürfig und gehorsam oder voller Spitzel – wie in der kommunistischen Zeit – oder sie hat den Staatsführer vollständig unterstützt und legitimiert, wobei sie sich mit dem herrschenden Autokraten verband und von ihm profitierte, ob Zar oder Präsident.

Ohne die Unterstützung einer unabhängigen Kirche oder anderer Institutionen und ohne garantierten Zugang zu einem fairen Rechtssystem haben die Russen über Jahrhunderte nur wenig Schutz vor den Launen der Mächtigen genossen. Und das bedeutet, Furcht und Misstrauen ziehen sich durch die ganze Geschichte des Landes. In Moskau kam ich zu dem Schluss, Vertrauen sei das seltenste Gut in Russland. Wie überall kommt es sehr langsam und geht sehr schnell.

***

Zunächst erschien Jelzin als der umgestaltende Demokrat und Verfechter der Marktwirtschaft, den der Westen sich im Kreml erträumte. Doch er managte den Übergang von der Diktatur bestenfalls ungeschickt und im schlimmsten Fall mit krimineller Energie, Zynismus und Korruption. Seine ökonomische Schocktherapie und Privatisierung von Staatsvermögen führte zwar zu Wirtschaftswachstum, aber auch zu gewaltiger Ungleichheit. Die Armen litten, während eine kleine Gruppe von Russen, die als Oligarchen bekannt wurden, reicher und vielleicht mächtiger wurden als jeder andere russische Bürger in der langen und schmerzhaften Geschichte des Landes.

Die von diesen Männern ergriffene Chance ergab sich durch die sogenannte Gutscheinprivatisierung der russischen Wirtschaft. Es war ein Plan, sowjetisches Volksvermögen an die Bevölkerung zu verteilen, als Teil des Versuchs, die Wirtschaft zu privatisieren und

eine Marktwirtschaft in Gang zu bringen. Das Problem war die hohe Inflation – zeitweise eine Hyperinflation –, derentwegen russische Normalbürger sich ihre Grundversorgung nicht mehr leisten konnten und darum bereit waren, ihre Gutscheine am Staatsvermögen an skrupellose Geschäftsleute zu verkaufen, die sie zu Spottpreisen aufkauften. Die Vermögenswerte konzentrierten sich in immer weniger Händen.

Die immer mächtigeren Oligarchen verbündeten sich mit Gruppen des organisierten Verbrechens, besonders in Moskau und Sankt Petersburg, die wie Parasiten von der Knappheit und den Mängeln der früheren sowjetischen Kommandowirtschaft gelebt hatten. Das neue und kaum regulierte System von Privatbanken ermöglichte Betrug in großem Umfang und Geldwäsche. Jeder Oligarch und jedes Verbrechersyndikat besaß seine eigene Bank und konnte sie einsetzen, um seinen Reichtum weiter zu vergrößern und zu waschen.

1996 hatte die relativ kleine Gruppe der Oligarchen, die an die Spitze gekommen waren, auch politische Macht erlangt, indem sie unabhängig gewordene Zeitungen und Sender fast ohne Beschränkungen aufkauften und Geld an Politiker und ihre Wahlkampagnen spendeten.

Jelzin, der in diesem Jahr wiedergewählt werden wollte, wandte sich an die Großen Sieben, um seinen Wahlkampf zu finanzieren. Danach kontrollierten diese Oligarchen praktisch die Regierung.

Als ich 1993 nach meinen drei Jahren in einem Russland, das sich auf so vielen Ebenen radikal verwandelt hatte, nach Westeuropa zurückkehrte, brachte ich ein Gefühl der Erregung und des Optimismus für das Land mit, das ich gerade verlassen hatte. Die nun unabhängigen russischen Nachrichtenmedien waren dynamisch und selbstbewusst. Wahlen waren umkämpft, Investitionen strömten ins Land, und Menschen konnten offen über Politik reden. Jelzin schien ein echter Demokrat zu sein – und ausreichend mächtig und willensstark, um sein Land auf den Weg zu einer kapitalistischen liberalen Demokratie zu führen. Sogar Elisabeth II. machte 1994

einen Staatsbesuch, den ersten eines britischen Monarchen. Außerdem wurde das eigene wirtschaftliche und politische Modell von vielen im globalisierungsfreudigen Westen als Ideologie angesehen, welche die ehemals autokratischen Länder automatisch übernehmen würden. Ich spürte aber auch die einzigartige Zerbrechlichkeit dieser veränderten Supermacht.

Es gab offensichtliche Probleme. Das Maß an Überwachung in Russland war nach dem Ende des Kommunismus nicht zurückgegangen. Die Geheimdienste waren nicht aufgelöst und erneuert worden. Die Justiz war korrupt und nicht unabhängig vom Kreml geworden. Und im Gegensatz zu den früher kommunistischen Ländern Osteuropas war die Wahrheit über die Vergangenheit nicht offengelegt, untersucht und vom Staat akzeptiert worden. Auch die Menschen, die für die Verbrechen der Vergangenheit verantwortlich waren, wurden nicht dafür zur Rechenschaft gezogen.

Viele der blutigsten Henker der Sowjetunion liefen frei herum. Dieses Problem beschränkt sich nicht auf postdiktatorische oder Postkonfliktgesellschaften. Aber die erfolgreichsten Transformationen finden statt, wenn es parallel ein Programm der Zuweisung von Verantwortlichkeit gibt. Man kann Kriegsverbrecherprozesse abhalten, wie nach 1945 in Nürnberg oder in Ruanda nach dem dortigen Völkermord. Oder man kann es machen wie Südafrika nach der Apartheid und eine Wahrheits- und Versöhnungskommission schaffen. Nichts davon geschah nach 1991 in Russland. Es erlaubte einigen der schlimmsten Verbrecher der Sowjetära, etwa dem Hauptattentäter des KGB, Pavel Sudoplatow, als Helden einen langen und friedlichen Ruhestand zu genießen. Viele dieser Fehler – das gefährliche Unter-den-Teppich-Kehren der historischen Wahrheit – fanden noch unter Gorbatschow statt. Gewiss musste Gorbatschow viele konkurrierende Interessen und Kräfte ausbalancieren, während er die Sowjetunion auf den Weg der Liberalisierung brachte; im Ganzen war er fraglos eine Kraft zum Guten.

Seine Vorsicht bedeutete jedoch, dass die Sowjetunion sich nicht

ihrer Vergangenheit gestellt hatte, als sie 1991 endete. Ebenso wenig hatte sie aus ihrer Politik und Geschäftselite die schlechten Akteure entfernt, die in den vergangenen Jahrzehnten die Wirtschaft geschädigt und ihre Rivalen beseitigt hatten, was für die Zukunft von Bedeutung war. Gorbatschow brauchte bis 1990, um die Schuld der Sowjetunion an der Ermordung von 5000 polnischen Offizieren bei Katyn 1940 offiziell anzuerkennen. Er erlaubte dem KGB, CIA-Agenten, die der vom KGB kontrollierte CIA-Mann Aldrich Ames identifiziert hatte, ohne Prozess hinzurichten. Er belog den Westen über das große und illegale Geheimprogramm biologischer Waffen und zumindest anfangs auch über Tschernobyl. Immer wieder ließ der Staatschef, der Russland hätte umwandeln können, zu viele Geheimnisse, Lügen und Verbrechen weitergehen.

Sein Nachfolger Jelzin zementierte dieses Scheitern. Und er tat es auf eine, von heute gesehen, fast vorherbestimmte Weise. Ich habe schon über Rechtsstaatlichkeit gesprochen; unter Jelzin wurde die Justiz noch abhängiger, und die Reichen verhöhnten das Gesetz. Ohne diese Grundlage des Rechts und ohne starke und unabhängige Institutionen begann der rasche Niedergang des demokratischen Experiments in Russland. Wie so viele russische Machthaber vor ihm wurde Jelzins Priorität gegen Ende seiner Amtszeit – inzwischen als unpopulärer Alkoholiker – das eigene Überleben. Also ging er einen Handel ein, der ihm und seiner Familie Sicherheit garantierte und Russlands Schicksal auf Jahre und wahrscheinlich Jahrzehnte hinaus besiegelte.

Das sechste Fenster hatte sich geschlossen.

Kapitel 5

Französische Tendenzen

Nach fünf Jahren in London ging ich 1998 als Erster Kanzleisekretär an die britische Botschaft in Paris. Ich darf nicht alles über die Zeit in London oder Paris erzählen, kann aber sagen, dass ich die ganze Zeit über Russland nicht aus dem Blick verlor, und was ich sah, machte mich zunehmend besorgt, vor allem während meiner Pariser Zeit.

Im Juli 1998 versuchten die westlichen Nachrichtendienste, möglichst viel über einen russischen Beamten der ehemals mittleren Ebene herauszufinden. Er hieß Wladimir Putin, und Jelzin hatte ihn gerade zum Chef der KGB-Nachfolgebehörde FSB ernannt. Dadurch wurde der ehemalige Geheimdienstoffizier aus Sankt Petersburg, über den wir nicht viel wussten, zu einem der mächtigsten Männer Russlands. Putin lächelte nicht, seine etwas hängenden Augenlider machten den Eindruck, er verberge etwas und wolle nicht zu viel preisgeben. Zunächst schien er ein weitgehend unpolitischer Jasager Jelzins zu sein, aber sein KGB-Hintergrund und seine fast einstudierte Farblosigkeit beunruhigten mich von Anfang an. Ich war seinesgleichen oft in Moskau begegnet, und solche KGB-Männer mit kalten Augen strahlten stets etwas Bedrohliches aus.

Ein Jahr später, im August 1999, ernannte Jelzin Putin zum Ministerpräsidenten und erklärte öffentlich, er wolle ihn als Nachfolger auf dem Präsidentensessel. Putin erklärte sich sofort zur Kandidatur

bereit. Im selben Monat drangen Rebellen aus der unruhigen Region Tschetschenien ins benachbarte Dagestan ein. Im September gab es Bombenanschläge auf vier Wohnblocks in Russland, die 307 Todesopfer forderten. Putin und Jelzin gaben tschetschenischen Rebellen die Schuld dafür und starteten einen zweiten Krieg in Tschetschenien. Putin schuf sich ein Image als der neue Beschützer Russlands und seiner Menschen. (Wir hatten von Anfang an den Verdacht, dass der FSB die Bomben selbst legte, um Putin und Jelzin eine Rechtfertigung für den brutalen zweiten Tschetschenienkrieg zu geben. Ich bin bis heute davon überzeugt.)

Unerwarteterweise trat Jelzin am 31. Dezember 1999 zurück, und als Ministerpräsident wurde Putin automatisch zum amtierenden Präsidenten. Im Juni 2000 gewann er die Präsidentschaftswahlen mit 53 Prozent der Stimmen.

In weniger als zwei Jahren war dieser kaum bekannte frühere KGB-Offizier problemlos durch die Regierungsebenen ganz nach oben aufgestiegen und befehligte nun das größte Atomwaffenarsenal der Welt. Westliche Politiker begannen eine Periode des Wunschdenkens über Putin und hofften in ihm einen Partner für ihre Vision einer friedlicheren, vereinten Welt zu finden. Während ich die Ereignisse von Paris aus beobachtete und analysierte, verstand ich ihren Optimismus, teilte ihn aber nicht. Und vor meiner Tür sah ich Anzeichen, wie in Europa eine neue Art von Politik entstand, von der ich spürte, sie könne eines Tages mit den beunruhigenden Zeichen aus Moskau zusammenwirken.

***

Ich kam nach dem traurigen Tod von Prinzessin Diana bei einem Autounfall und dem ersten Titelgewinn Frankreichs bei einer Fußball-WM nach Paris. Meine Tochter Georgina wurde dort im August 2000 geboren, ihre Brüder Matthew und Henry schon 1996 und 1998 in London. Laura hatte das erste ihrer späteren ernsten Gesundheits-

probleme und musste sich ein Jahr später mit nur 35 Jahren ein künstliches Hüftgelenk einsetzen lassen.

Wir bezogen zuerst eine Wohnung im Zentrum von Paris, die der Popsängerin Annie Lennox gehörte und von der Botschaft angemietet war, zogen später aber in ein großes Haus 16 Kilometer flussabwärts auf einer Seineinsel bei Bougival, wo im 19. Jahrhundert auch der Maler Auguste Renoir und der russische Erzähler Iwan Turgenjew gelebt hatten.

Im letzten Jahr meines vierjährigen Aufenthalts fanden zwei Ereignisse statt, deren Bedeutung erst später ganz klar wurde. 2002 führten die meisten Länder der EU den Euro als Währung ein, was die meisten als positiv werteten, aber eine beträchtliche Gruppe von Europäern – besonders in Großbritannien – sah darin eine Verletzung der nationalen Souveränität.

Wichtiger noch war das Schockergebnis der ersten Runde der französischen Präsidentschaftswahlen, bei denen der damalige sozialistische Premierminister Lionel Jospin in der ersten Runde vom Führer des rechtsextremen Front National, Jean-Marie Le Pen, besiegt wurde. Letzterer kam in die Stichwahl gegen den amtierenden Präsidenten Jacques Chirac.

Die drei führenden Kandidaten hatten in der ersten Runde etwa gleich viele Stimmen bekommen (Chirac 19,8 Prozent, Le Pen 16,8 Prozent und Jospin 16,1 Prozent), doch Chirac gewann die Stichwahl sicher mit 82 Prozent. Aber Le Pens Erfolg war eine Warnung. Er bedeutete in einigen der zivilisierteren und traditionell stabilen Länder den Beginn der Ansteckung mit jener Art von populistischem Autoritarismus, die seitdem die etablierte Nachkriegsordnung bedroht.

Le Pens Front National war offen fremdenfeindlich, klar rassistisch, protektionistisch und gegen die EU. Es war nach meinem Verständnis ein Wiedererstehen der extremen Rechten, wie es in Frankreich von Zeit zu Zeit stattfindet. Während des Zweiten Weltkriegs hatte die Vichy-Regierung mit den Nazis kollaboriert. In den 1950er

Jahren hatten eingefleischte Nationalisten gegen den französischen Abzug aus Algerien gekämpft und den Sturz und sogar die Ermordung Charles de Gaulles geplant. Le Pens Partei war auch der Erbe des rabiaten Antisemitismus der Dreyfus-Affäre am Ende des 19. Jahrhunderts. Später benannte sich die Partei in Rassemblement National um und wählte Le Pens Tochter Marine zur neuen Vorsitzenden, um ihre rassistische Vergangenheit abzuwerfen und sich als weniger extrem darzustellen.

Ihre Bindungen an den Autoritarismus waren und sind aber eng – und grenzübergreifend: Vor der Präsidentschaftswahl 2017 kam ans Licht, dass sie illegale Darlehen aus Putins Russland bekommen hatte.

Die Zentrale der Partei lag in Saint-Cloud, einem wohlhabenden Vorort im Westen von Paris, nicht weit von unserem Wohnort. Das Gebäude trug den Spitznamen «Le Paquebot», weil es einem Ozeandampfer glich.

Ein Botschaftskollege und ich beschlossen, uns dieses Epizentrum der politischen Unruhe an einem Abend zwischen den beiden Runden der Präsidentschaftswahlen im Frühjahr 2002 anzusehen. Es war nicht leicht zu finden, und als wir das Gebäude sahen, war es nicht sehr beeindruckend. Das zweistöckige graue Haus war von Stacheldraht umgeben und von bellenden Schäferhunden bewacht. Man sah kein Lebenszeichen. Es wirkte verwahrlost und etwas unheimlich.

Der Front National war die erste von ähnlichen rechtsextremen Parteien in Deutschland (Alternative für Deutschland), Italien (Giorgia Melonis Fratelli d'Italia) und Spanien (Vox) sowie in Österreich, Polen, Ungarn, der Slowakei und fast überall in Europa. Die meisten Beobachter hatten wie ich angenommen, die osteuropäischen Länder würden nach dem Fall der Mauer 1989 einen Kurs des politischen Liberalismus und der freien Marktwirtschaft einschlagen. In vielen Fällen täuschten wir uns.

Wie weit hat sich Le Pens Revolution von 2002 genau ausgebrei-

tet? Man bedenke: Heute halten es die Menschen für selbstverständlich, dass die rechtsextreme Partei es bei den Präsidentschaftswahlen 2027 in die Stichwahl schaffen wird, wie schon 2022 (mit 41,5 Prozent der Stimmen). Das bedeutet, es ist jetzt vorstellbar, dass Marine Le Pens RN tatsächlich an die Macht kommt und sich auch in der Nationalversammlung festsetzen kann, wo er jetzt 89 von 577 Sitzen hat, ein Zuwachs von 81 Sitzen gegenüber 2017. Er könnte schließlich das Zünglein an der Waage in einer künftigen Koalition sein. Seine Position bleibt grundlegend pro-russisch und pro-Putin, und einige seiner führenden Politiker haben sogar die besetzte Krim in den Jahren nach der russischen Invasion von 2014 besucht. Zehn Jahre später gewann der RN die meisten Stimmen in Frankreich bei der Wahl zum europäischen Parlament, und Macrons Entscheidung für Neuwahlen weckte die erschreckende Aussicht auf eine erste RN-Regierungsbeteiligung auf nationaler Ebene.

Der RN stellt heute eine ernste Bedrohung für den liberalen und toleranten Republikanismus in Frankreich dar und könnte sogar die Zukunft der EU bedrohen. Er ist gegen die NATO. Seine Klone in anderen europäischen Ländern sind eine ähnliche Bedrohung. Putin hat sie auf jede ihm mögliche Art unterstützt und wird das weiter tun. Sie sind seine Hilfstruppen und fünften Kolonnen in den Machtzentren auf dem ganzen Kontinent.

Kapitel 6

Flügelschlagen

Während meiner Zeit in Paris festigte Putin seine Macht. In den ersten Jahren des neuen Jahrtausends neutralisierte er eine potenzielle Bedrohung – die Oligarchen – und machte sie zu seinen treuen Dienern, vor allem, indem er Michail Chodorkowski, den Reichsten und Mächtigsten von ihnen, unter dem Vorwurf des Betrugs und der Steuerhinterziehung festnehmen, weitgehend enteignen, verurteilen und in ein inhumanes Gefängnis schicken ließ. Der Rest der politisch mächtigen Milliardäre mit Verbindungen zum organisierten Verbrechen verstand die Botschaft und passte sich an. Putin erlaubte ihnen, ihre Geschäfte fortzuführen, im Ausland zu leben – meist in London – und im In- und Ausland politische und gesellschaftliche Macht auszuüben. Im Gegenzug durften sie ihn nicht politisch herausfordern.

Putins Korruption, antidemokratische Impulse und Intoleranz gegenüber abweichenden Meinungen schienen rapide zu wachsen. Seine Kritiker starben immer häufiger eines frühen und gewaltsamen Todes. Am 7. Oktober 2006 wurde eine bekannte Journalistin namens Anna Politkowskaja, die über russische Menschenrechtsverletzungen und Korruption in Tschetschenien geschrieben hatte, im Eingang ihres Wohnblocks erschossen. Zufällig ist der 7. Oktober Putins Geburtstag.

Im selben Jahr war ich zum Leiter der Russland-(Berichts)-Abtei-

lung ernannt worden. Britische Nachrichtendienste haben Russland und die Sowjetunion stets als Priorität betrachtet, mehr noch als unser diplomatischer Dienst. Die Rekrutierung von Quellen und die Beschaffung von Informationen über Russland und die entsprechende Beeinflussung der britischen Politik ist immer eine große Herausforderung und Chance gewesen. Es ist praktisch, als würde man in der englischen Premier League Fußball oder im Super Bowl American Football spielen. Historisch und kulturell ist es fast ein eigener Dienst innerhalb des MI6. Eine Elite. Die Tatsache, dass ich diesen Posten bekleidete, ist schon früher in den Medien und in US-Regierungsberichten ausführlich erwähnt worden, darum kann ich es hier zugeben, aber ich darf nur wenig anderes über meine damalige Arbeit mitteilen. Ein Ereignis bestätigte aber für mich und andere all das, was ich und die Russland-Falken befürchtet hatten.

***

Am Freitag, dem 3. November 2006, hörte ich ein Gerücht, dass ein russischer Überläufer in London namens Sascha behauptete, vergiftet worden zu sein.

«Sascha» war Alexander Litwinenko, ein früherer KGB- und FSB-Offizier, der nach England übergelaufen und ein wichtiger Agent der britischen Gegenspionage war. Als FSB-Mitarbeiter in Russland hatte Litwinenko seinen Chefs – und implizit auch Putin – öffentlich vorgeworfen, Ermordungen und eine Entführung befohlen zu haben. Vorher schon hatte Litwinenko Putin über Korruption im FSB berichtet, was dieser offensichtlich nicht hören wollte, wie Litwinenko später sagte. Später floh er mit seiner Familie aus Russland, weil sie um ihr Leben fürchteten.

Saschas britischer Führungsoffizier hatte ihn im Krankenhaus besucht. Er war am Vortag ins Krankenhaus in Barnet eingewiesen worden, nachdem er einen Tag zuvor krank geworden war. Er übergab sich und hatte bereits heftige Schmerzen.

Zunächst hielten ich und viele meiner Kollegen die Vergiftungsvorwürfe für weit hergeholt. Wenn es um Putin und seine Bereitschaft ging, internationale Normen zu verletzen, war ich vermutlich einer der illusionslosesten Leute, die sich damals in der britischen Regierung mit Russland beschäftigten, aber sicherlich würde doch nicht einmal Putin die Ermordung seiner Gegner auf britischem Boden befehlen. Der bulgarische Geheimdienst hatte 1978 den Dissidenten Georgi Markov auf der Waterloo Bridge ermordet, indem er ihm durch eine modifizierte Schirmspitze eine Giftkugel injizierte. Die Sowjets hatten aber, soweit wir wussten, nie jemanden in Großbritannien ermordet. Putin würde diese Linie nicht überschreiten – oder doch?

Binnen weniger Tage wurde klar, dass Litwinenko wirklich vergiftet worden war, und zwar höchstwahrscheinlich von russischen Agenten, die inzwischen nach Moskau zurückgekehrt waren. Ich war einer der Ersten, die zu diesem Ergebnis kamen.

Litwinenko wurde aus Barnet auf die Intensivstation des University College Hospital in London verlegt. Ärzte und Wissenschaftler versuchten in aller Eile, das Gift in seinem Körper zu identifizieren, um eine Behandlungsmethode zu finden. Seine inneren Organe versagten eines nach dem anderen. Der Vorfall war rasch zu einer nationalen Krise geworden, als die Nachricht durchsickerte, ein KGB-Überläufer sage, er sei vergiftet worden, und werde täglich kränker.

Meine neue Rolle zog mich in die Untersuchung seines Todes und der daraus resultierenden politischen Implikationen hinein.

Die Geheimdienste arbeiteten lautlos, während Scotland Yard eine öffentlichere Untersuchung durchführte. Wir erfuhren rasch, dass Litwinenko sich mit zwei früheren russischen Sicherheitsbeamten, Andrei Lugowoi und Dmitri Kowtun, in der Bar des Millenium Hotel am Grosvenor Square nahe der US-Botschaft in London zum Tee getroffen hatte. Er hielt die beiden Männer für potenziell nützliche Geschäftskontakte und für ungefährlich. Nun war er aber über-

zeugt, von ihnen vergiftet worden zu sein. Kurz nach dem Treffen mit Litwinenko waren beide nach Russland zurückgekehrt.

In dieser Zeit nahm ich an den Krisensitzungen im Cabinet Office teil – dem Forum für Krisenmanagement der britischen Regierung – und hatte mit dem damaligen Labour-Innenminister John Reid und anderen hohen Politikern zu tun. «Chris, ich weiß, das ist für Sie und Ihre Kollegen etwas Persönliches, etwas Menschliches, und nicht bloß eine politische Angelegenheit, und das verstehe ich» sagte Reid nach einer Sitzung zu mir. Reid war nicht nur verständnisvoll – er hatte recht. Für mich war es persönlich. Wir mussten herausbekommen, was Litwinenko zugestoßen war, und die Schuldigen zur Rechenschaft ziehen.

Die britische Regierung erhielt Geheimdienstinformationen, nach denen die Operation tatsächlich vom Kreml befohlen worden war. Wie immer gingen solche Informationen zuerst an Minister und andere Entscheidungsträger. Die Polizei setzte ihre forensische Arbeit fort.

Unterdessen lag Sascha offensichtlich im Sterben, und niemand wusste, was der Grund war. Schließlich schickte man Blut- und Urinproben nach Aldermaston, die geheime staatliche Atomforschungsanlage in Berkshire, wo zufällig mein Schwiegervater sein Berufsleben verbracht hatte. Dort bemerkten Wissenschaftler eine kleine Spitze in dem sehr ungewöhnlichen Strahlungsbild, als sie die Proben untersuchten. Einer der Erfahrensten erkannte sofort, was die Spitze verursachte: Polonium-210. Wenn man es aufnahm, war es tödlich, erklärte er. Diese Erkenntnis war der Schlüssel zur Lösung des Falls.

Bald darauf fanden Ermittler Spuren von Polonium-210 in der Bar des Millenium Hotel und an über 40 anderen Orten. Litwinenkos Frau Marina musste ihre Wohnung sofort verlassen. Der Weg des Polonium-210 passte genau zu den Orten, die Lugowoi und Kowtun besucht hatten.

Es gibt in Russland nur eine Quelle für Polonium-210, die Nuk-

learanlage Avangard. Sie wird vom russischen Staat streng kontrolliert.

Die Puzzleteile kamen zusammen – und sie waren schockierend. Russische Agenten hatte kommerzielle Flüge genommen, in deutschen und britischen Hotels gewohnt und verschiedene andere öffentliche Orte besucht, während sie ein radioaktives Gift transportierten, das aus einer geheimen russischen Atomanlage stammte, ein Gift, das jeden töten konnte, der es zu sich nahm. Sie waren nach Großbritannien gekommen und hatten einen Feind des russischen Präsidenten vergiftet. Vier Monate zuvor hatte Litwinenko im Internet geschrieben, Putin sei pädophil, nachdem der russische Präsident fotografiert wurde, wie er den Bauch eines kleinen Jungen küsste. Litwinenko hatte auch untersucht, ob der Kreml hinter den Bombenanschlägen von 1999 auf Wohnblocks in Moskau und zwei anderen Städten steckte, ein weiteres verbotenes Thema und eine rote Linie für das Regime. Anscheinend hatten Lugowoi und Kowtun auf Befehl hoher russischer Beamter gehandelt und waren nach London gekommen, um einen Kritiker zum Schweigen zu bringen und Rache an einem Verräter zu nehmen.

Verständlicherweise wussten unsere Politiker anfangs nicht, wie sie reagieren sollten. Ich erinnere mich an eine Sitzung mit der damaligen Außenministerin Margaret Beckett. «Ich kann einfach nicht glauben, dass ein ständiges Mitglied des UN-Sicherheitsrats jemanden nach London schickt und radioaktives Gift gegen jemanden benutzt», sagte sie.

Die Fachleute im Raum versuchten sie zu überzeugen.

Ich konnte sehen, dass Minister mit der Nachricht gedanklich rangen. Ich hatte Mitgefühl für ihren Schock, denn auch ich hatte die Idee zuerst verworfen.

Putin war schließlich drei Jahre zuvor, im Juni 2003, auf Staatsbesuch in Großbritannien gewesen, der erste russische Staatschef, der das Land seit über 125 Jahren besuchte. Prinz Charles hieß ihn am Flughafen Heathrow willkommen. Während des Besuchs fuhren

Putin und die Queen gemeinsam in einer Kutsche. Er war ihr Gast im Buckingham-Palast und Ehrengast eines Staatsbanketts. «Wir unterstützen Ihre Anstrengungen, einen modernen, wohlhabenden und dynamischen Staat zu schaffen, und freuen uns darauf, mit Ihnen bei diesen und vielen anderen internationalen Fragen auf der Grundlage unserer gemeinsamen Werte zusammenzuarbeiten», hatte die Queen gesagt.

Mit unserem Wissen über Putin war der Besuch schwer zu verdauen, aber die Regierung hielt ihn für unverzichtbar, um den «Krieg gegen den Terror» nach dem 11. September erfolgreich zu führen. Die USA und Großbritannien wollten eine möglichst breite internationale Koalition schaffen, um die islamistischen Terroristen zu bekämpfen.

Drei Jahre später sagten wir der Außenministerin, die Russen hätten etwas getan, was sie nie zuvor getan hatten – ein Attentat in Großbritannien versucht.

Der Versuch gelang. Am 22. November informierten die Wissenschaftler Litwinenkos Ärzte, was ihren Patienten vergiftet hatte. Am Tag darauf starb er.

***

Die britischen Sicherheitsbehörden und Nachrichtendienste sammelten weiterhin Beweismaterial. Schließlich war es erdrückend. Es wurde Generalstaatsanwalt Ken MacDonald übergeben. 2007 verkündete er, die britische Regierung strebe die Auslieferung Lugowois aus Russland an. Wir alle wussten, dass dies nicht gelingen würde.

Lugowoi ist heute Abgeordneter der Duma, des russischen Unterhauses. Kowtun, sein Jugendfreund und mutmaßlicher Komplize, starb 2022 an Covid. Niemand in England trauerte um ihn.

Am Tag nach dem Tode Litwinenkos sagte ein nationalistischer Duma-Abgeordneter: «Gestern Abend starb Alexander Litwinenko in einem Londoner Krankenhaus. Die verdiente Strafe hat den Ver-

räter getroffen. Ich bin zuversichtlich, dass dieser schreckliche Tod eine ernste Warnung an Verräter aller Art sein wird, wo immer sie auch sein mögen. In Russland wird Verrat nicht vergeben.» Noch am selben Tag bemerkte Putin kryptisch: «Die Leute, die das getan haben, sind nicht Gott, und Herr Litwinenko ist unglücklicherweise nicht Lazarus.»

Die Rache war ordnungsgemäß vollstreckt. Aber warum ermordeten die Russen Litwinenko auf diese komplizierte Art, statt ihn einfach zu erschießen?

Darauf habe ich zwei Antworten, die einander etwas widersprechen. Eine davon, beide oder gar keine könnten zutreffen. Die erste ist, dass die Mörder versuchten, einen Gegner zum Schweigen zu bringen, und zwar ohne entdeckt zu werden. Es war eine Mischung aus Glück und Genie, die den Wissenschaftler in Aldermaston das Gift als Polonium-210 identifizieren ließ. Radioaktive Spuren dieses Elements zerfallen schnell. Den Tätern wäre fast ein unaufgeklärter Mordfall gelungen.

Aber es gibt noch eine Antwort. Die Planer der Operation wussten, dass Lugowoi und Kowtun rasch als Hauptverdächtige der Vergiftung identifiziert werden und dass die Nachricht um die Welt gehen würde. Sie wollten, dass die Ermittlungsbeamten herausfanden, dass es sich bei dem Gift um Polonium-210 handelte, gerade weil es aus einer staatlichen russischen Einrichtung stammte und der Tod Litwinenkos darum ein vom Staat organisierter Mord sein musste. Und die Botschaft an alle Gegner Putins wäre klar: Wir machen vor nichts halt, wir jagen euch, wo immer ihr euch versteckt, und wir benutzen die Macht des Staates, um euch zu töten, auf so schmerzhafte Weise wie möglich.

Wenn man jemanden erschießt, sendet das nicht dieselbe Botschaft.

***

Auf seinem Totenbett formulierte und unterzeichnete Litwinenko eine eigene Botschaft. Der Schluss lautete:

> Während ich hier liege, höre ich deutlich die Flügel des Todesengels schlagen. Vielleicht entkomme ich ihm noch, aber meine Beine sind nicht so schnell, wie ich es gern hätte. Ich glaube also, dass jetzt die Zeit ist, ein oder zwei Dinge zu der Person zu sagen, die für meinen jetzigen Zustand verantwortlich ist.
>
> Sie können mich vielleicht zum Schweigen bringen, aber dieses Schweigen hat einen Preis. Sie haben sich als ebenso barbarisch und skrupellos gezeigt, wie Ihre heftigsten Kritiker es Ihnen vorwerfen.
>
> Sie haben gezeigt, dass Sie keinen Respekt vor Leben, Freiheit oder zivilisierten Werten haben.
>
> Sie haben sich Ihres Amtes als unwürdig erwiesen, unwürdig des Vertrauens zivilisierter Männer und Frauen.
>
> Sie können vielleicht einen Mann zum Schweigen bringen, aber der laute Protest aus der ganzen Welt wird Ihnen, Herr Putin, für den Rest Ihres Lebens in den Ohren schallen. Möge Gott Ihnen vergeben, was Sie nicht nur mir, sondern auch dem geliebten Russland und seinem Volk angetan haben.
>
> Alexander Litwinenko
> 21. November 2006

Dies waren starke prophetische Worte, aber meiner Meinung nach erkannte nicht einmal Sascha Litwinenko auf seinem Sterbebett das Ausmaß der Bedrohung, die Wladimir Putin für den Westen und die globale Stabilität darstellte.

Und dennoch wurde seine Warnung von westlichen Politikern und Unternehmern weitgehend ignoriert. Sie hätten sich von Russland und Putin distanzieren sollen. Das taten sie nicht. Und das trägt zur Erklärung bei, warum wir fast zwei Jahrzehnte später dort stehen, wo wir stehen.

Kapitel 7

Neue Ufer

Der CEO der Bank, bei der ich gerade einen Vortrag über Russland gehalten hatte, nahm mich beiseite. «Ihnen ist ja klar, dass wir Sie nicht beauftragen können», sagte er leise, «aber wenn Sie sich mit Ihren Fähigkeiten selbstständig machen würden, wären Sie damit sehr erfolgreich.»

Der Banker schlug mir also anscheinend vor, ich solle den Staatsdienst verlassen, um eine Firma zu gründen.

Es war das Jahr 2007, und ich hatte gerade einen von vielen Vorträgen vor großen britischen Firmen gehalten, die die Regierung häufig anbietet. Diese Vorträge erfüllen einen wichtigen Zweck für die nationale Sicherheit, indem sie bedeutenden Stützen der britischen Wirtschaft helfen, sich auf Bedrohungen einzustellen und globale Sicherheitsfragen zu verstehen. Der Informations- und Datenfluss läuft in beide Richtungen; Unternehmer geben Informationen weiter, die für die nationale Sicherheit wichtig sein könnten. Das hat für die Regierung einen großen Nutzen, und es bedeutet auch, dass einzelne Nachrichtendienstmitarbeiter und andere Beamte die inneren Abläufe der Privatwirtschaft sehen und Beziehungen zu Entscheidungsträgern herstellen.

Varleys Bemerkung war nicht der erste Anstoß, über eine eigene Firma nachzudenken. Schon 2003 hatte mein Freund und Kollege Chris Burrows das Thema angesprochen, und wir hatten später im-

mer wieder einmal darüber diskutiert. Zu dieser Zeit arbeiteten wir in der Einstellungs- und Ausbildungsabteilung, daher drehten sich unsere Träumereien um die Gründung einer Firma für Personalverwaltung. Chris, der damals mein Vorgesetzter war, und ich arbeiteten hart daran, den Überprüfungsprozess zu verbessern, damit die Regierung die geeignetsten Kandidaten für den Job einstellte. Wir bauten die psychologische Analyse aus, so dass unsere Einstellungsbeamten gleich nach den Gesprächen mit den Kandidaten ihre Persönlichkeit bewerten konnten. Dieser Schnelltest sollte Leute herausfiltern, die etwa zu selbstverliebt, spröde oder dünnhäutig waren. Chris und ich waren der Meinung, wir könnten diese Erkenntnisse auch auf die Welt der allgemeinen Personaleinstellung übertragen.

Diese Gespräche endeten, als Chris 2005 nach Indien versetzt wurde. Als er zwei Jahre später wieder nach England zurückkehrte, setzten wir sie aber fort. Diesmal diskutierten wir die Idee eines Unternehmens für Wirtschaftsrecherchen. Einige unsrer Kollegen hatten den Dienst verlassen und waren Leiter der internen Informationsabteilung bei großen britischen Energieunternehmen und Banken geworden. Ihre Rolle war es, Informationen über potenzielle Geschäftspartner zu sammeln, die Risiken von Geschäften in verschiedenen Rechtssystemen zu analysieren, Kommunikationskanäle in Übersee zu öffnen und auf legale Art Geheimnisse über Regierungen und Konkurrenten herauszubekommen. Und wie wir wussten, verdienten sie viel mehr als wir.

Die Bemerkung des britischen Bankiers ging mir wochenlang nicht aus dem Kopf. Die Auftraggeber sind da draußen, sagte ich zu Chris, und wir könnten weiter kommen, wenn wir unsere eigene Firma gründeten und für verschiedene Kunden arbeiteten, als für ein einziges multinationales Unternehmen wie manche unserer Kollegen. Er sah es genauso.

Ich hatte 22 Jahre lang für die Regierung gearbeitet. Es ist wohl kein großes Geheimnis, dass der Regierungsapparat unglaublich bürokratisch, langsam, übermäßig legalistisch und unterfinanziert

sein kann. Als Chef der Russlandabteilung leitete ich ein Team, das der Regierung – einschließlich des Premierministers – die besten Einblicke in unseren ältesten Rivalen und häufigen Gegner auf der Weltbühne liefern sollte. Trotzdem wurde mir oft von Entscheidungsträgern, die nichts über Nachrichtendienste und kaum etwas über Russland wussten, gesagt, wer zu meinem Team gehören sollte, was sie tun oder nicht tun dürften und worauf wir uns konzentrieren sollten. Geheimdienstmitarbeiter sind traditionell von anderen als Regelbrecher und sogar Piraten angesehen worden – und so sahen sie sich auch selbst. Sie waren die eigenwilligen Kampfflieger, die Entscheidungen über Leben und Tod in Echtzeit treffen mussten, und wenn das manchmal bedeutete, Regeln zu missachten, dann sollte es so sein. Ihre Chefs waren wie tolerante Air Force-Chefs gewesen, die ihre Piloten von vorne führen ließen. Diese Epoche war gerade zu Ende gegangen. Die ständig wachsenden Bereiche des Dienstes waren die Personal- und die Rechtsabteilung. Die Organisation schien viele Damen, Könige und Asse zu besitzen, aber die anderen hatten das Gefühl, an den Rand gedrängt zu werden.

Diese Veränderung war teilweise ein Ergebnis der blamablen Rolle des MI6 im Irakkrieg-Debakel gewesen. Und das war ein weiterer Faktor, der mich davon wegtrieb.

Die Labour-Regierung von Tony Blair hatte die britischen Nachrichtendienste dafür benutzt, eine Rechtfertigung für den Einmarsch im Irak zu bekommen. Ihre politische Neutralität sollte unantastbar sein und muss von der regierenden Partei respektiert werden. Blair und seine Berater forderten den britischen Geheimdienst auf, Beweismaterial zu finden, um ihre politische Position zu unterstützen. Und hochrangige Kollegen im Dienst machten dabei mit. Während sich die Sache entwickelte, erhielt ein alter Freund Befehle von oben sicherzustellen, dass die Informationen einen Krieg mit dem Irak stützten. Mein Freund war vermutlich die am besten informierte Person im MI6 über das, was wirklich dort vorging, und ob Saddam Hussein tatsächlich Massenvernichtungswaffen hergestellt

hatte. Zwei Monate vor Kriegsbeginn sagte er mir, die Begründung für den Krieg sei «totaler Blödsinn». Er und sein Stellvertreter traten von ihren Posten zurück, blieben aber im Staatsdienst.

Angesichts meiner sehr negativen Haltung zum Irak-Krieg war es ironisch, dass Chris Burrows und ich einige Jahre später zu einem Empfang in Tony Blairs Londoner Haus eingeladen wurden, um die Eröffnung des neuen Consulting-Büros seiner Frau Cherie zu feiern. Wegen meiner politischen Neugier durfte ich diese Gelegenheit nicht verpassen. Ich hatte 1997 und 2001 für Blair gestimmt und glaube immer noch, dass er bei den früheren militärischen Interventionen in Ex-Jugoslawien und Sierra Leone und der Bedeutung von Großbritanniens Verhältnis zu Europa recht hatte, obwohl das heute vielleicht nicht mehr gern gehört wird. Während des Empfangs führten Blair und ich ein interessantes Gespräch über die wachsende Cyberbedrohung und darüber, ob der Westen bereit sein solle, seine Cyberfähigkeiten zu entwickeln und mit ihrem offensiven Einsatz zu drohen, um uns vor Angriffen Russlands und Chinas in der «Grauzone» von Konflikten zu schützen. In Anbetracht dessen, was seitdem ans Licht gekommen ist, waren Blairs Interesse und Besorgnis vorausschauend, und wie ich unterstützte er einen harten Kurs. Viele in England, die sich daran erinnern, sehnen sich heute nach dem Gefühl von Optimismus und Veränderung, das Tony Blairs frühe Amtszeit prägte. Mir geht es jedenfalls so.

Wegen des Geheimdienstdebakels mit den irakischen Massenvernichtungswaffen 2003 musste der MI6 sich nach dem Krieg verändern. Als aufgedeckt wurde, dass er der Regierung geholfen hatte, die Tragödie des Irak-Kriegs zu rechtfertigen, führte das zu einer neuen Ära von Aufsicht, Hierarchie, Systemen und Vorsicht. Diese Veränderungen waren angesichts seiner Politisierung durch die Blair-Regierung völlig verständlich, doch für viele, die noch dort arbeiteten, war es nicht mehr die Organisation, in die sie sich einmal verliebt hatten. Es wurde jetzt eine risikoscheue Bürokratie, in der jeder ständig über seine Schulter zu gucken schien.

Außerdem konzentrierte die Organisation sich wegen der damaligen Bedrohung durch den islamistischen Terror auf Terrorismusbekämpfung. 2005 arbeitete ich mehrere Monate im Irak; wir bemühten uns um die politische Integration der Sunniten und versuchten diese Community durch Wahlbeteiligung in den politischen Prozess einzubinden.

In diesen Jahren sah ich, dass Ressourcen von unseren diplomatischen und nachrichtendienstlichen Operationen gegen Russland abgezogen wurden. Und dann erlebte ich es aus der Nähe von 2006 bis 2009.

Putins Macht war in seinen sechs Jahren als Präsident gewachsen, und sein Verhalten wurde immer schlimmer. Die öffentliche Empörung über die Ermordung Litwinenkos schien ihn kein bisschen gemäßigt zu haben. Ganz im Gegenteil, er wirkte dadurch ermutigt. Putin hatte Killer mit einem radioaktiven Gift nach London geschickt, die Mörder waren entkommen, das Opfer war einen schmerzhaften und öffentlichen Tod gestorben, der eine Botschaft an die Welt schickte, was geschah, wenn man Putin verriet, und Putin und Russland hatten die Achseln gezuckt und waren ohne größere Folgen durchgekommen. Es war ein großer Sieg für Putin, zumindest in seinen Augen. Immer stärker glaubte er, Schläge gegen den Westen und gegen seine Feinde führen zu können, ohne einen Preis dafür bezahlen zu müssen.

Es überrascht wenig, dass Russland 2008 in Georgien einmarschierte.

Ich bekam einen Anruf von einer Mitarbeiterin namens Katherine, die im Büro eines sehr hohen Beamten arbeitete, der von mir über die russische Invasion und die sich daraus ergebende politische Lage informiert werden wollte. Ich kannte Katherine vom Sehen und von ihrem guten Ruf, aber wir hatten bislang noch nicht direkt miteinander zu tun gehabt. Ihren Chef kannte ich aber gut von meinem Moskauaufenthalt. Er war ein Russlandspezialist wie ich, und wir hätten auf einer Linie liegen sollen. Zur vereinbarten Zeit kam

ich zu seinem Büro und wurde von Katherine im Vorzimmer empfangen. Sie führte mich direkt zu ihm.

Leider waren Katherines Chef und ich über Russland nicht einer Meinung. Er glaubte, man könne immer noch vernünftig mit Putin reden. Ich sah Putin als Feind Englands und des Westens – und ich war überzeugt, seine Politik und sein Verhalten würden schlimmer werden. Ich war nicht sicher, wie viele Beweise wir dafür noch brauchten nach den Bombenanschlägen von 1999 auf Wohnblocks, von denen wir überzeugt waren, dass sie vom damaligen Ministerpräsidenten Putin befohlen worden waren, einem Mann, der bereit war, 307 seiner Landleute zu töten, um seine Kontrolle über das Land zu sichern; nach seiner Aussage von 2005, das Ende der Sowjetunion sei «die größte geopolitische Katastrophe des 20. Jahrhunderts» gewesen; nach der Verfolgung des Oligarchen Michail Chodorkowski und der Beschlagnahme seiner Öl- und Gasfirma; nach der Erschießung Anna Politkowskajas und anderer Journalisten und Putin-Kritiker; nach dem Attentat auf Litwinenko; nach dem Treffen mit Kanzlerin Angela Merkel zu einem Zeitpunkt, als Deutschland und Russland über Energieversorgung stritten, zu dem Putin seinen schwarzen Labrador mitbrachte, wohl wissend, dass sie Angst vor Hunden hatte; und nun nach dem Angriff auf das pro-westliche Georgien. Ich hatte das Gefühl, der Westen und besonders der britische Geheimdienst hätte seit langem die Einschätzung George W. Bushs von 2001 überwinden müssen: «Ich habe dem Mann in die Augen gesehen. Ich fand ihn sehr aufrichtig und vertrauenswürdig … Ich konnte einen Blick in seine Seele werfen.»

Die Meinung dieses und anderer hoher britischer Beamter über Russland beunruhigte mich aber, und ich hatte das Gefühl, in der Ära von Bill Clintons und George Bushs naivem Wunschdenken stecken geblieben zu sein. Auch Clinton hatte gehofft, Putin werde ein Partner, kein Gegner sein. Als Chef der Russland-Abteilung fühlte ich mich immer weniger fähig, meine Pflicht so zu tun, wie ich sie verstand. Putin war eine epochale Bedrohung, die sich ständig ver-

schärfte, und wir mussten ihn als solche behandeln. All dies drängte mich weiter in eine Zukunft, in der ich mein eigener Chef sein würde.

Ich kannte Chris Burrows seit vielen Jahren. Er war ein talentierter Mann mit großer Sprachbegabung, Menschenkenntnis und emotionaler Intelligenz. Ich glaube, letzteres ist nicht meine starke Seite. Ich bin manchmal etwas zu nüchtern, ich sehe bei Menschen manchmal nur die Oberfläche, ich missdeute sie manchmal. Ein Beispiel, das mich schmerzt und verwirrt: Manche Freundschaften in meinem Leben haben plötzlich geendet, und bis heute bin ich völlig ratlos, warum das geschah. Traurig, aber auch verblüfft. Chris würde wohl genau verstehen, welche Gefühle und Dynamik in solchen Situationen eine Rolle spielen.

Chris war ein großer Netzwerker, was sich als überaus wertvoll erwies, als wir Kunden suchten. Und er hatte viele sehr gut platzierte und verlässliche Kontaktpersonen.

Was ich mitbrachte, waren mein eigenes Netzwerk von Kontaktpersonen, meine breite Russlanderfahrung und eine Neigung zu Unnachgiebigkeit und Entschlossenheit. Ich bin sechs Marathons und 20 Halbmarathons gelaufen und habe 16 Triathlons mitgemacht; der repetitive, konzentrierte und etwas spartanische Aspekt von schweren Aufgaben sagt mir zu. Ich mag Herausforderungen, auch wenn ich weiß, dass sie unangenehm werden.

Ich fand auch Geschmack an Geschäftsentwicklung – der Kunst, neue Mandanten zu finden und zu akquirieren. Ein Teil dieses Interesses rührte daher, die Art von Menschen zu treffen, die Geheimdienstleute in ihrem Beruf natürlicherweise treffen. Viele dieser Begegnungen waren mit Menschen wie dem oben erwähnten britischen Banker. Potenzielle Auftraggeber wie diese waren relativ normal. Andere waren sozusagen weniger orthodox.

***

Einen dieser möglichen Mandanten traf ich in London bei einem Dinner im Juni 2007. Die Begegnung führte nicht zu einem Auftrag, als wir unsere Firma gegründet hatten, war aber eine seltsame Vorausdeutung auf Ereignisse in meinem späteren Leben.

Der Investor Nat Rothschild – der Abkömmling der britischen Bankiersfamilie und nach dem Tod seines Vaters Jacob der 5. Baron Rothschild – lud mich in diesem Sommer zu einem Dinner ein, das er im Annabel's gab, einem privaten Club am Londoner Berkeley Square. Er war ein aktiver Investor mit großem finanziellen und politischen Interesse an der ehemaligen Sowjetunion; wir hatten im April zusammen in Farnham zu Mittag gegessen und über die wirtschaftliche und politische Lage in Russland und seinen Nachbarstaaten diskutiert. Wie schon gesagt, gehörte es zum Beruf von Nachrichtendienstlern und Diplomaten, sich mit bedeutenden Geschäftsleuten zu treffen. Das fiel in diese Kategorie.

Genauso war es mit dem Dinner bei Annabel's – obwohl es etwas glamouröser war. Bei unserem ersten Essen in Farnham aßen Nat und ich in einem bescheidenen Restaurant, umgeben von den ruhigen Vorortbewohnern von Surrey. Das Dinner bei Annabel's fand in einem Souterrainraum statt, an dessen Wänden einige der teuersten Weinflaschen der Welt standen, und unter den Gästen war auch David Cameron, der damalige Führer der Konservativen und spätere Premierminister. Ebenfalls am Tisch saß Strobe Talbott, ehemals US-Vizeaußenminister. Die übrigen Gäste waren Milliardäre und ehemalige Regierungsmitglieder. Das Dinner sollte amerikanischen Mitarbeitern und Spendern von wissenschaftlichen Thinktanks Gelegenheit geben, ihr Wissen über die private Finanzierung politischer Recherche an ihre Kollegen in Europa weiterzugeben, wo eine solche Tradition privater akademischer Wohltätigkeit fehlte.

Beim Essen saß ich zwischen James Wolfensohn, dem früheren Direktor der Weltbank, und der 25-jährigen Ivanka Trump, Tochter des amerikanischen Reality TV-Stars und Geschäftsmanns. Bis dahin wusste ich nur wenig über die Trump-Familie, abgesehen davon,

dass Trump ein recht ungestümer und forscher New Yorker Immobilienentwickler war, den meine amerikanischen Verwandten früher manchmal erwähnt hatten.

Ich nehme an, Nat platzierte mich neben ihr, weil sie und ihre Familie an Geschäften in Russland interessiert waren, wie sie während des Essens erklärte. Sie fragte mich, wie sie dort am besten ihre Schmuckkollektion verkaufen könne, und war sehr an potenziellen Geschäftspartnern in Moskau interessiert. Sie sagte auch, ihre Familie sehe sich Immobilieninvestitionen und -partnerschaften in Russland an, und wollte gern wissen, ob ich potenzielle Partner vorschlagen könne. 2007 war das ein völlig legitimes Interesse – Russland war ein Markt für fast jede internationale Branche –, also sagte ich, ich würde gern helfen. Ich suchte keine möglichen Aufträge für meine künftige Firma, während ich noch ein Staatsgehalt bezog; ich tat einfach, was Staatsbeamte häufig taten, ich half westlichen Unternehmen in Russland. Und damals war Orbis nur eine vage Idee.

Wir tauschten Visitenkarten aus und blieben über E-Mail in Verbindung.

«Lassen Sie mich wissen, ob Sie jemandem begegnen, der ein guter Partner für uns sein könnte», schrieb sie mir im Sommer 2008. Ich sagte es zu. In den folgenden Monaten und Jahren schlug ich gelegentlich potenzielle Geschäftspartner für sie und die Trump Organization in Russland und den anderen GUS-Staaten vor. Nachdem ich den Staatsdienst verlassen und Orbis gegründet hatte, war mein Ziel tatsächlich, in Verbindung mit Ivanka zu bleiben und die Trump Organization zu einem zahlenden Kunden zu machen. Die Firma konnte offenbar tief in die Tasche greifen und wollte in Russland aktiv werden, und diese Kombination machte sie sehr interessant für Orbis.

Es wurde jedoch nichts daraus, und seltsamerweise fand die Trump Organization nie einen russischen Geschäftspartner für ein Immobilienprojekt, wie ich Jahre später erfuhr, trotz Donald Trumps

zahlreicher Reisen nach Russland. Ivanka und ich blieben in Verbindung. Ich traf sie ein paarmal in New York. Am 3. November 2010 besuchte ich sie eine Stunde lang in ihrem Büro im Trump Tower. Wie bei allen Treffen, die zu Geschäften führen konnten, machte ich mir gleich danach Notizen darüber. In meinem Memo vom 8. November wird sie IT genannt:

> Nach einem Gespräch über unsere jeweiligen Lebens- und Karrierewege in den letzten 18 Monaten fragte IT nach Orbis. Ich erklärte unser Geschäftsmodell, unsere Nischen von Arbeit und Expertenwissen, den Wunsch, unsere Kundenbasis in der US-Privatwirtschaft zu verbreitern.
> IT reagierte positiv. Wir redeten lange über Russland, darunter den Tod von LUSCHKOW und den Höhepunkt des CHODORKOWSKI-Prozesses, über den sie bemerkenswert gut informiert war. Sie erwähnte ihr Interesse an PROCHOROW, dem ziemlich nichtsnutzigen Oligarchen, der eine US-Baseballmannschaft gekauft hat. Sie sagte aber, ihr Hunger nach (Investitions-) Risiken reiche nicht bis Russland wegen der ungünstigen politischen und rechtlichen Situation. China sei etwas anderes ... Sie sagte, [die Trump Organization] suche zuverlässige chinesische Partner vor Ort, um Hotel- und andere Immobilienprojekte zu entwickeln.

Ich schreibe in diesem Bericht, dass Ivanka Serena Rakhlin hinzuholte, ihre neue Vizepräsidentin für Strategieplanung und Hotelentwicklung, und sagte, Serena würde künftig unsere Verbindung sein, falls es zu einer Geschäftsverbindung zwischen Orbis und der Trump Organization kommen würde. Ich sagte, wir hätten einen guten Partner in Hongkong, der ihnen bei Kaufprüfungen helfen könne.

Ich notierte auch, dass nach der halben Zeit Donald Trump Jr. mit seiner Frau und seinem Baby hereinkam. Einen Moment hielt ich das Baby im Arm.

Mein Bericht schließt:

> Trotz der deprimierenden Tendenz der Superreichen, Gefallen und kostenlose Informationen von Orbis zu erwarten, glaube ich, dass hieraus etwas werden kann. Die Trump-Projekte in China und anderswo werden groß und prestigereich sein, und das Potenzial für Ableger anderswo und Empfehlungen für andere reiche US-Mandanten und -Firmen sollte groß sein. Wir müssen das sehr sorgfältig mit [dem Orbis-Partner in Hongkong] ausarbeiten und sein Engagement dafür und für uns sicherstellen. Eine vielversprechende Entwicklung.

Zum damaligen Zeitpunkt hätten Chris und ich uns gefreut, die Trump Organization zu unseren Mandanten zu zählen.

Das geschah aber nicht, und schließlich brach der Kontakt zwischen Ivanka und mir ab.

Nichts davon ist für sich besonders wichtig. Doch Trumps Verbündete behaupteten später, ich hätte einen Rachefeldzug gegen ihn geführt. Die Wahrheit ist viel weniger spektakulär: Ich hatte kaum von ihm gehört – und seine Tochter und ich sahen einander als potenziell hilfreich auf geschäftlicher Ebene an und waren eine Weile befreundet. Die viel interessanteren Interaktionen mit Trump und seiner Familie kamen erst später.

***

Das ganze Jahr 2008 über sprachen Chris und ich fast pausenlos über unsere privaten Geschäftspläne. Wir hatten das Gefühl, unserem Land gedient und unsere Pflicht getan zu haben. Ich spürte, dass vielleicht irgendeine Beförderung in Aussicht stand, wenn ich im Dienst blieb, wusste aber auch, dass ich wohl nicht an die Spitze kommen würde. Chris ist sechs Jahre älter als ich, und er hatte das Gefühl, den Gipfel seiner Laufbahn im Staatsdienst erreicht zu haben.

Und offen gesagt, wollten wir eine geschäftliche Chance ergreifen und ein komfortableres Leben für unsere Familien haben. Chris' Partnerin war schwanger. Ich hatte drei Kinder im Schulalter. Laura

hatte gesundheitliche Probleme bekommen, und ich verdiente das Geld allein.

Damals machte eine Frage die Runde im Staatsdienst: Glaubst du, du würdest es in der Privatwirtschaft schaffen? Manche Leute stellten sie ruhig und neugierig, andere als Mischung aus Spott und Herausforderung. Das machte Chris zu schaffen. Ich war ungeduldig. Wir begannen unsere Optionen ernsthaft zu prüfen.

Mein damaliger Schwager Nick war ein erfolgreicher Unternehmer. Er half Chris und mir mit dem Unternehmensplan und einem Gründungsdarlehen. Nick wurde Direktor der neuen Firma und war immer da, wenn Chris und ich Hilfe in grundsätzlichen Dingen brauchten.

Ende 2008 hatten wir das Gefühl, bereit zu sein. Chris und ich sagten: Legen wir los. 2009 reichten wir unseren Rücktritt ein und verbrachten dann mehrere Monate damit, mit dem Cabinet Office zu feilschen, was wir nach unserem Ausscheiden tun dürften und was nicht. Sie wollten Leuten wie uns den Abschied nicht leicht machen, sonst hätte es vielleicht eine Abwanderung von Talenten gegeben. Und ich hege den Verdacht, dass sie aus demselben Grund auch nicht unseren Erfolg herbeisehnten. Der letzte Teil des Puzzles, der seinen Platz fand, war der Name unserer neuen Firma. Wir brauchten mehrere Monate, um uns für «Orbis» zu entscheiden, zum einen, weil es «die Welt» bedeutete und wir einen möglichst weitgesteckten geographischen Rahmen anstrebten, aber auch weil es in den meisten Weltsprachen leicht auszusprechen und zu behalten war. Das ist kommerziell wichtig und schwieriger zu erreichen, als man meint.

Chris und ich behielten aber den frühen Fokus der Firma auf Russland und die ehemaligen Sowjetrepubliken bei, von denen viele nun der GUS angehörten. Ich war ein Experte auf diesem Gebiet. Russland bot damals auch mehr Chancen als jedes andere Land der Welt; jede große britische Firma brauchte Hilfe, um sich in der verwirrenden russischen Geschäftswelt voller Untiefen zurechtzufinden. Außerdem war London voller reicher Russen, die sich in der

Wirtschaft, vor Gericht und in den Klatschspalten der britischen Presse bekämpften. In diesem Bereich würde es Mandanten geben, die unser Fachwissen und unsere Hilfe brauchten.

Wie viele Eltern mittleren Alters hatten Chris, ich und unsere Frauen beschlossen, unsere Kinder außerhalb des teuren und stressigen Londoner Gewühls aufzuziehen. Ich lebte in Farnham (Surrey), Chris knapp 50 Kilometer entfernt in Winchester. Wir wollten die Kosten niedrig halten, und keiner von uns hatte Lust, jeden Morgen nach London zu pendeln. Also lag das erste Büro von Orbis Business Intelligence nicht in einem glamourösen Gebäude im Zentrum von London, sondern in einem gemieteten Büro mit niedriger Decke im dörflichen Zentrum von Farnham.

Wenn Sie dort hereingekommen wären, hätten Sie Chris und mich vielleicht für örtliche Versicherungsmakler gehalten und nicht für ehemalige höhere Geheimdienstmitarbeiter, die zusammen über vier Jahrzehnte lang im Zentrum des Regierungsapparats gearbeitet hatten.

Wir wussten, dass wir ein großes Risiko eingegangen waren. Und wir wussten, dass es von Anfang an funktionieren musste. Wir hatten nur für wenige Monate Kapital. Es gab keine Reserve für Irrtümer oder Verzögerungen.

***

Am 8. September 2009, zwei Wochen nach dem Beginn unseres neuen Lebens als Firmengründer, kam ich nachmittags aus Oxford zurück, wo ich eine Sitzung gehabt hatte. Ich öffnete die Haustür. Das Haus war ungewöhnlich still. Normalerweise wäre Laura zu Hause gewesen. Es lag nicht mal ein Zettel auf dem Küchentisch. Ich versuchte sie anzurufen, und als sie nicht ranging, schrieb ich eine SMS. Sie antwortete nicht, und ich begann unruhig zu werden.

Schließlich rief mich eine von Lauras Freundinnen an. Beim Lunch im Haus einer Freundin war ihr schlecht geworden, und sie

war jetzt im Krankenhaus in Frimley Park. Ihre Freunde hatten sie hingefahren.

Ich raste zum Krankenhaus. Der Arzt erklärte, sie habe eine Sepsis – Blutvergiftung.

Mitte der 2000er Jahre hatte Laura sich irgendwie mit Hepatitis angesteckt. Danach war ihre Gesundheit nie wieder wie früher. Vorige Woche hatte sie etwas gehabt, was wir für Schweinegrippe hielten, aber wir hielten sie danach für genesen.

Ich wusste nicht, was die Blutvergiftung verursacht hatte, aber ihre Widerstandskräfte müssen im Lauf der Jahre und vielleicht durch die gerade zurückliegende Krankheit geschwächt worden sein.

Lauras Zustand verschlechterte sich rasch. Zunächst lag sie in einem normalen Krankenzimmer. Bald darauf stürzte sie jedoch und wurde auf die Intensivstation verlegt. Dann wurde sie ins künstliche Koma versetzt. Am folgenden Montag, dem 14. September, erklärte mir ein Arzt, meine Frau habe eine 50-prozentige Überlebenschance. Am nächsten Tag änderte sich das wieder; nun hieß es, es sei unwahrscheinlich, dass sie überlebe.

Es ist ein schrecklicher Schock, seinen Partner oder seine Partnerin zu verlieren, besonders so jung. Doch ich wusste, dass der Verlust der Mutter für ein Kind noch viel schlimmer ist. Ich hatte drei Kinder, denen diese unvorstellbare Trauer bevorstand. Ich versuchte mir den Schmerz vorzustellen, den sie bald fühlen würden – den schnellen scharfen Stich und dann die Traurigkeit, die sie für den Rest ihres Lebens nicht verlassen würde. Es fiel mir schwer zu begreifen, und ich werde wohl nie ganz ermessen können, was meine geliebten Kinder durchgemacht haben.

Ich musste eine Entscheidung treffen. Sollte ich sie hinbringen, um ihrer Mutter Lebewohl zu sagen, oder waren sie noch zu jung? Würde es Narben hinterlassen, wenn sie sie nicht sahen? Bis heute weiß ich nicht, ob ich das Beste für sie tat, aber ich entschied, die beiden Jüngsten sollten nicht hingehen, doch mein ältester Sohn Matthew, damals 13, würde sich verabschieden wollen. Ich weiß nicht,

was er zu Laura sagte, und ich habe ihn nie gefragt; es war ein privater Moment zwischen einem Sohn und seiner Mutter.

Ich hielt Lauras Hand, als sie starb. Es war gegen drei Uhr nachmittags am 15. September 2009. Sie war 43 Jahre alt.

Die Kinder waren in der Schule. Matthew hatte gewusst, dass Laura sterben könnte. Die anderen beiden wussten von nichts. An diesem Nachmittag regnete es heftig, was den Verkehr behinderte. Die Fahrt vom Krankenhaus nach Hause hätte nur 20 Minuten dauern sollen, doch ich brauchte eine Stunde. Ich saß im Auto, schlich die vertraute Straße nach Farnham entlang, starrte durch die Scheibenwischer und wusste, was vor mir lag.

Ihnen zu sagen, dass ihre Mutter gestorben war, war das Schlimmste, was ich je tun musste.

Kapitel 8

Foulspiel

Ich konnte es mir nicht leisten, nach Lauras Tod zusammenzubrechen. Ich war jetzt ein alleinerziehender Vater mit drei kleinen Kindern. Die Firma zu einem Erfolg zu machen, erschien plötzlich als etwas, das ich für sie tun musste. Es musste das Fundament für ihre Zukunft sein. Wenn ich damals untergegangen wäre, wäre die Firma gescheitert, Chris hätte kämpfen müssen, und ich hätte keinen anderen Weg gehabt, meine Familie zu ernähren. Es war, als wären wir alle Bergsteiger, die in einer Felswand aneinanderhingen.

Einmal hatte ich während der Zeit, als ich Laura im Krankenhaus besuchte und ihr Zustand sich verschlimmerte, mit Chris telefoniert. Auch er war im Krankenhaus. Seine Partnerin Claire war frühzeitig in den Wehen. «Was haben wir verdammt noch mal gemacht?», fragten wir uns und meinten damit, dass wir gerade feste Stellen aufgegeben hatten, die in ein paar Jahren pensionsberechtigt gewesen wären.

Ich musste organisiert und konzentriert bleiben. Anfang Oktober fand Lauras Beerdigung statt. Danach schien der Winter zu beginnen, und es gab Tage, an denen ich ziemlich niedergeschlagen war. Mein Hauptgedanke waren die Kinder, aber ich musste auch die Firma entwickeln.

Orbis Business Intelligence hatte zunächst drei Auftraggeber. Ich musste ihnen das Gefühl geben, einen Gegenwert für ihr Geld zu bekommen.

Einer von ihnen war eine britische Süßwarenfirma. Kurz vor meinem Ausscheiden aus dem Dienst hatte ich vor einer Klasse neuer Mitarbeiter einen Vortrag gehalten, wie es für höhere Beamte üblich ist. Hinterher fragte mich einer der neuen Rekruten in der Bar, was ich vorhätte, wenn ich aus dem Dienst ausschiede. Ich erwähnte Chris' und meine Pläne für Orbis. Der Rekrut sagte, sein Onkel sei Sicherheitschef der Firma, und ich solle mit ihm reden.

Ich traf mich mit seinem Onkel, und es zeigte sich rasch, dass die Firma ein Problem in Russland hatte. Sie besaß dort zwei Fabriken und hatte sich mit dem Gouverneur der Provinz überworfen, in der eine der Fabriken lag. Das war sehr schlecht für das gesamte Russlandgeschäft. Die Firma wollte wissen, was der Gouverneur ihr vorwerfe und wie das Problem zu lösen sei, das ihn gegen sie aufgebracht habe. Ich sagte dem Onkel des neuen Mitarbeiters, wir könnten ihnen helfen. Wir aktivierten unsere Kontakte in Russland, setzten uns bei Leuten ein, die dem Gouverneur nahestanden, und machten die Lage der Firma erträglicher als zuvor.

Der zweite Mandant – der über eine angesehene Anwaltspraxis zu uns kam – war jemand, den meine Kritiker und Feinde heute gern bei jeder Gelegenheit aus dem Schrank holen, um zu illustrieren, dass Orbis angeblich keine Prinzipien hat und Geld von denselben Leuten nimmt, gegen deren Interessen wir zu arbeiten behaupten. Es war Oleg Deripaska, ein russischer Oligarch, der zeitweise der reichste Mann Russlands war. Er steht inzwischen unter amerikanischen und britischen Sanktionen wegen seiner Rolle bei der Unterstützung von Putins Invasion der Ukraine. Viele Jahre lang war Deripaska einer der dem Kreml am nächsten stehenden Oligarchen, obwohl er den Krieg in der Ukraine öffentlich kritisiert hat, und unsere Quellen haben uns immer gesagt, er gehöre zur «Familie» Jelzins und nicht zu Putins innerem Kreis aus Sankt Petersburg.

Wir kamen zu diesem Auftrag durch einen anderen Ex-Kollegen, dessen britischer Mandant einen von Deripaskas Anwälten kannte. Der Oligarch hatte eine wirtschaftliche Auseinandersetzung mit

einem anderen Russen, Michail Cherney, über die Inhaberschaft seiner Aluminiumfirma RUSAL, und sein Anwalt brauchte Informationen. Der Anwalt brauchte jemanden – uns –, um etwas auszugraben, das Deripaskas Position vor Gericht stützte. Cherney behauptete, Deripaska habe ihm die Firma gestohlen, aber nach allen Berichten war Cherney ein brutalerer und zweifelhafterer Charakter als Deripaska. Es gab außerdem einen Haftbefehl von Interpol gegen ihn, was Bände sprach, so dass er nicht länger nach England reisen konnte. Er verkroch sich in Israel, das ihn praktisch beschützte. (Heute ist er israelischer Staatsbürger.)

Damals waren die Zeiten anders. Deripaska plante, seine Firma an die Londoner Börse zu bringen, bevor er es dann 2010 in Hongkong tat. Schon damals war er umstritten – schließlich hatte er die sogenannten Aluminiumkriege im postsowjetischen Russland gewonnen, einen gewalttätigen Kampf um die Kontrolle dieser riesigen Industrie. Das hinderte mächtige und einflussreiche Leute im Westen aber nicht, mit ihm Geschäfte zu machen. Berühmt wurde die Episode im Sommer 2008, als Deripaska und Nat Rothschild, von dem schon die Rede war, den damaligen finanzpolitischen Sprecher der Labour Party George Osborne und den EU-Handelskommissar Peter Mandelson auf Deripaskas Jacht in Korfu einluden. Das Ganze sah nicht so schön aus, aber bezeichnenderweise behielt Mandelson seinen Posten, und Osborne wurde 2010 Finanzminister. Damals machte man sich wenig Gedanken darüber, wie Russlands Oligarchen zu ihrem Reichtum gekommen waren, und auch nicht über den politischen Einfluss, den sie in westlichen Ländern hatten.

Ich begegnete Deripaska nur einmal, 2015 in New York. Chris und ich waren darauf erpicht gewesen, möglichst mit Deripaskas Anwälten statt mit dem Oligarchen selbst zu tun zu haben. 2015 bat mich aber das FBI, mit dem wir damals schon eine lange und enge wirtschaftliche Verbindung hatten, mit ihm zusammenzutreffen. Das FBI wollte Deripaska als Informanten rekrutieren, und ich sollte bei dem Versuch helfen. Mehrere Jahre lang war dem Oligarchen

die Einreise in die USA verweigert worden, weil die US-Regierung ihm Beziehungen zum organisierten Verbrechen vorwarf. Diese Beschränkung hatte seinen Versuchen geschadet, finanzielle Unterstützung von großen US-Banken zu bekommen. Diesmal reiste er mit einem russischen Diplomatenvisum zur UN-Generalversammlung nach New York. Die Amerikaner wollten mal mit ihm reden.

Wir trafen uns im Büro von Deripaskas Holdinggesellschaft EN+ in Manhattan. Wir wussten, dass Deripaska Putin insgeheim verabscheute. Eine zuverlässige Kontaktperson berichtete, in einem Privatgespräch habe zwischen Deripaskas Ansichten über Putin und Russland und meine eigenen «nur ein Zigarettenblättchen gepasst».

Deripaska war in erster Linie Geschäftsmann und nicht interessiert am aggressiven russischen Nationalismus, der Putin motivierte, von dem er wusste, dass er sein Land ins Unglück trieb. Er sagte das gegenüber dem FBI und mir und war bereit, im Gespräch mit den Amerikanern zu bleiben. Er lehnte es aber ab, ein irgendwie vom FBI kontrollierter Agent zu werden. (Natürlich ist es möglich, dass Deripaska etwas vorspielte, als er dem FBI, mir und anderen gegenüber Putin kritisierte, aber ich bezweifle es.)

Am Anfang wusste ich nicht, dass Deripaska 2005 einen politischen Berater aus den USA namens Paul Manafort engagiert hatte, der auch dafür arbeitete, das internationale Ansehen der prorussischen Regierung der Ukraine von Viktor Janukowitsch zu verbessern. Die Partnerschaft bestand jahrelang, und Manafort half dabei, Janukowitsch 2010 zum ukrainischen Präsidenten wählen zu lassen. Später entzweiten sich Deripaska und Manafort, und Deripaska verklagte Manafort und dessen Partner Rick Gates wegen der Unterschlagung von Millionen Dollar. Zwei Jahre später, als der Prozess immer noch lief, wurde Manafort unerwarteterweise der Chef von Trumps Wahlkampfteam. Die Person, die nun Trumps Wahlkampf leitete, besaß enge Beziehungen zu Putins Russland.

***

Unser dritter Anfangsmandant hatte ebenfalls mit Russland zu tun. Mein alter Freund Neil Sherlock war Partner bei KPMG, einer der großen vier Wirtschaftsprüfungsfirmen. Seine frühere Assistentin war mit einem Mann namens Andy Anson verheiratet, der die Firma leitete, die für die Bewerbung des britischen Fußballverbands um die WM 2018 gegründet worden war. Neil war Andy bei einer Party begegnet, und sie hatten diskutiert, wie Englands Kampagne zur Ausrichtung des Turniers vorankomme. Es läuft gut, hatte Andy gesagt, aber wir haben keine Ahnung, was mit der Konkurrenzbewerbung der Russen los ist. Ich weiß, mit wem Sie reden sollten, sagte Neil, Chris Steele.

Es ging um viel. Die britische Bewerbung wurde von der Regierung, Prinz William, David Beckham und vielen anderen Prominenten unterstützt. Eine WM-Ausrichtung würde dem britischen Prestige gewaltig Auftrieb verleihen. Gleichzeitig bewarben sich die USA um die Ausrichtung der WM 2022; ihr Hauptkonkurrent war Katar. Beide Kampagnen liefen gleichzeitig, und die Wahl sollte am selben Tag im Dezember 2010 stattfinden.

Wir begannen uns anzusehen, was die Russen hinter den Kulissen taten, um die Stimmenmehrheit der 22 Mitglieder des FIFA-Komitees zu bekommen, das die Entscheidungen über die Gastgeberländer 2018 und 2022 fällen würde.

Wir engagierten einen sogenannten Sammler oder «Oberagenten», um die nötigen Berichte zu bekommen. Ein Sammler ist ein Subunternehmer, der relevante Quellen in einem Land besitzt und meist ins Zielland oder die Zielländer reist, um sich mit diesen Quellen zu treffen und vielleicht auch neue zu rekrutieren. Die Unterquellen und der Sammler bilden ein sog. Quellennetzwerk. Diese Netzwerke lassen sich für verschiedene Aufträge aktivieren, und je intensiver man Quellennetzwerke nutzt, desto besser funktionieren sie oft. Aber sie halten nicht ewig. Nach meiner Erfahrung haben die Primärquellen – die Sammler – eine Haltbarkeit von etwa zehn Jahren. Danach verändert sich ihr Leben, ihre Quellen versiegen, sie tun

etwas anderes oder werden einfach weniger zuverlässig oder effektiv bei der Informationsbeschaffung. Doch für diesen speziellen Job hatten wir einen ausgezeichneten Sammler – einen Russen.

Diese Person und ihre Quellen berichteten, dass Russland Offizielle besteche, um in jedem Fall zu gewinnen. Putins Oligarchen bestächen Mitglieder des FIFA-Exekutivkomitees, hieß es. Man nehme an, Igor Setschin, damals einer der stellvertretenden Ministerpräsidenten, sei in den Golfstaat Katar gereist, um zu vereinbaren, dass die beiden Länder für die WM-Bewerbung des anderen stimmen würden. Setschin, bis heute einer von Putins engsten Beratern, war eng in die ganze Kampagne involviert, ebenso der damalige Erste Stellvertreter des Ministerpräsidenten, Igor Schuwalow, und der bekannte fußballbesessene Oligarch Roman Abramowitsch.

Am 2. Dezember 2010 traf sich das FIFA-Exekutivkomitee in Zürich zur Abstimmung. In der ersten Runde für die WM 2018 erhielt Russland neun Stimmen. England bekam zwei und schied aus. In der zweiten Runde sicherte sich Russland die Mehrheit mit 13 Stimmen und hatte das vom Kreml so erwünschte Ziel erreicht. In der Wahl für 2022 siegte Katar in der letzten Runde mit 14 zu 8 Stimmen über die USA. Zwei autokratische Ölstaaten hatten westliche Demokratien besiegt, ein Anzeichen für die kommende neue Weltunordnung.

Als die Nachricht von der Abstimmung kam, war ich überraschend wütend. Hier ging es nicht nur darum, welches Land eine Sportveranstaltung abhielt; es war eine internationale Verschwörung im Zentrum eines der am meisten im Scheinwerferlicht stehenden Wohlfühlbereiche der Wirtschaft. Es war ein gigantischer Betrug, bevor das erste Spiel angepfiffen war.

Bei einer Konferenz in Oxford hatte ich 2009 einen FBI-Agenten namens Mike Gaeta kennengelernt. Mike, der mir sympathisch war, leitete im New Yorker FBI-Büro immer noch die Abteilung für organisiertes Verbrechen in Europa und Asien. Wir arbeiteten nicht mehr für Andy Anson und den Fußballverband – die Bewerbung

war gescheitert, also endete der Vertrag –, aber ich wollte die Sache nicht auf sich beruhen lassen. Und wir besaßen noch alle Berichte und Informationen, die wir für die WM-Bewerbung 2018 gesammelt hatten.

Wir standen auch in Verbindung mit dem engagierten Sportjournalisten Andrew Jennings, der Bücher über das Thema schrieb und die Korruption der FIFA wie ein Terrier verfolgte. Später half er dem FBI, nachdem wir den Kontakt hergestellt hatten. Wegen seines unordentlichen Äußeren hatten seine Gegner ihm den Spitznamen «dreckiger Regenmantel» gegeben, doch Jennings war ein mutiger und hartnäckiger Jäger, der das korrupte Wild verfolgte. Er überraschte den damaligen FIFA-Präsidenten Sepp Blatter mehrmals damit, dass er ihm auflauerte und buchstäblich aus dem Gebüsch sprang, um ihm unbequeme Fragen zu stellen.

Als Privatmann hatte ich nicht länger Zugang zu den britischen Sicherheitsdiensten, aber um ehrlich zu sein, haben die Briten bei der Untersuchung komplizierter internationaler Verbrechen nicht dieselben Ressourcen, den rechtlichen Wirkungsbereich und Verfolgungswunsch wie die Amerikaner. Das FBI hat eine lange Tradition der Arbeit an solchen Fällen, zum einen wegen der globalen Dominanz des amerikanischen Banken- und Finanzsystems und zum anderen, weil das FBI bei jeder Transaktion in US-Dollars weltweit zuständig ist. Wenn man irgendwo auf der Welt Geschäfte abwickelt oder Finanzverbrechen begeht, wird man fast zwangsläufig Geld durch das amerikanische Bankensystem leiten. Wenn man dabei Gesetze bricht, bricht man höchstwahrscheinlich auch amerikanisches Bundesrecht, und dadurch wird man zum legitimen Ziel des FBI, egal wo man sich aufhält. Also kontaktierte ich Mike mit Erlaubnis des Mandanten und fragte, ob er über bestimmte Berichte reden wolle, die Orbis über mögliche illegale Aktivitäten in Zusammenhang mit den WM-Bewerbungen gesammelt hatte.

Schon bald konferierten wir regelmäßig mit dem FBI über FIFA-Korruption und die Weltmeisterschaft. Ich übergab ihm die vielen

Berichte, die unser Sammler geliefert hatte. Sie stammten von vertraulichen Quellen in Russland und anderswo; sie enthielten Gespräche von Personen aus der russischen Führung über staatlich finanzierte Korruption, um die WM-Bewerbung 2018 zu gewinnen, und vieles mehr, einschließlich Details über einige Bestechungssummen.

Dies ist vielleicht ein guter Moment, um einen entscheidenden Punkt nachrichtendienstlicher Arbeit zu erwähnen. Zweck der Arbeit ist die Sammlung von möglichst vielen Informationen und ihre Weiterleitung an Entscheidungsträger in Politik oder Wirtschaft – immer mit Vorbehalten und einer Diskussion, wie verlässlich die Informationen wohl sind und woher sie stammen. Sie ist niemals hundertprozentig präzise und wird auch nie so dargestellt. Niemand, der Erfahrung mit Erstellung oder Lektüre solcher Berichte hat, erwartet, dass die Informationen zu mehr als etwa 70 Prozent zutreffen – und das ist schon viel. Solche Berichte werden meist nicht als Beweismittel vor Gericht benutzt. Sie enthalten glaubhafte Informationen, die stimmen können oder auch nicht; und in jedem Fall sind es Informationen, von denen die Sammler glauben, sie sollten an Entscheidungsträger weitergeleitet werden.

Das trifft besonders in Hinsicht auf Russland zu. Zu beweisen, dass beispielsweise Wladimir Putin 2023 den Mord am Söldnerführer Jewgenij Prigoschin anordnete, wäre fast unmöglich. Es gibt kein Stück Papier, das den Mord befiehlt (der natürlich von Putin zumindest abgesegnet wurde). Wahrscheinlich gab es kein explizites Gespräch. Es wäre informell gewesen, vielleicht in einer Sauna. So arbeiten diese Leute. Vor Jahren brachte Ljudmila Matthews mir einen russischen Ausdruck bei: «Alles endet im Wasser.» Mit anderen Worten, alles löst sich spurlos auf und kann geleugnet werden.

Niemand in Russland weiß Bescheid über alles, was vorgeht, nicht einmal Putin. Wenn man als ausländischer Nachrichtendienst alle britischen Regierungsgeheimnisse herausfinden wollte, würde man versuchen, eine Schlüsselfigur wie den Kabinettssekretär oder den

nationalen Sicherheitsberater zu rekrutieren, und wenn das gelingt, hätte man fast alles, was man braucht. In Russland funktioniert das nicht. Hohe Beamte und politische und militärische Führungsfiguren trauen einander nicht. Alle belügen einander ständig. Es ist unmöglich, in Russland ein ganzheitliches Bild zu bekommen, nur fragmentierte Informationen von hoher Qualität. Also sammelt man breit und unermüdlich und liefert Zusammenhänge und Anhaltspunkte für die Entscheidungsträger, für die die Informationen letztlich bestimmt sind.

Diese Entscheidungsträger fallen meist in eine von drei Kategorien.

Die erste ist der Auftraggeber des Berichts – eine Regierungsbehörde oder ein privater Mandant. Dies sind die Leute, die für die Informationssammlung bezahlen.

Die zweite ist die Strafverfolgung. Private Informationssammler leiten manchmal Berichte an Strafverfolgungsbehörden weiter, häufig kostenlos. Doch an diesem Punkt müssen die Ermittler ihre eigenen Untersuchungen beginnen und die Fakten konkretisieren, denn schließlich müssen ihre Informationen zu 99 Prozent zuverlässig sein, um Geschworene und Richter von der Wahrheit einer Sache zu überzeugen.

Die dritte Zielgruppe für solche Berichte ist weniger offiziell – Journalisten, Aktivisten und Politiker, die nicht der Regierung angehören, aber Druck und Einfluss ausüben und Öffentlichkeit herstellen können. Diese Weitergabe geheimer Informationen kann aus vielen Gründen geschehen – Manipulation, eine Gewissenskrise, politische Erbitterung –, aber sie sollte stets einen Warnhinweis enthalten: Die Information ist nicht hundertprozentig zuverlässig, also nehmt sie, baut darauf auf, untermauert sie und lebt mit den Folgen ihrer Veröffentlichung. Wenn wir es für nötig halten, äußern wir Vorbehalte. Wir sagen es beispielsweise einem Mandanten, wenn wir glauben, dass eine Quelle versucht, «gleichzeitig zu beeinflussen und zu informieren».

Im Fall der FIFA-Informationen verstanden die Profis vom FBI genau, dass sie in die zweite Kategorie fielen und die Berichte selbst bestätigen mussten, wenn sie jemanden anklagen wollten. Man kann keine Anklagen auf der Arbeit anderer gründen, letztlich auf Hörensagen.

Wir halfen ihnen mehr, als private Rechercheunternehmen es sonst tun. Ich stellte ihnen einige unserer Quellen vor, aber dann zogen wir uns zurück. Wir hatten unsere moralische Pflicht erfüllt. Wir hatten dem FBI geholfen, und nun war es an ihm, die Kriminaluntersuchung zu führen, wenn es meinte, unsere Hinweise und ihre weitere Arbeit seien zuverlässig genug, um Verurteilungen zu erreichen.

Sie waren unermüdlich. Im Mai 2015 klagte das FBI 14 FIFA-Offizielle und -Mitarbeiter wegen organisierter Kriminalität, Überweisungsbetrug und Geldwäsche an. Die Vorwürfe reichten weit über Russland hinaus, tatsächlich stammten die meisten Zielpersonen der Untersuchung aus Lateinamerika. Daraufhin starteten auch andere Länder Untersuchungen über Korruption im Fußball. Der Skandal weitete sich auf den Nahen Osten, Afrika, die USA und Europa aus. Die schweizerischen Behörden begannen mit einer Untersuchung der Bewerbungsverfahren für 2018 und 2022 (die FIFA-Zentrale liegt in Zürich).

Es fiel auf, dass keine russischen Offiziellen angeklagt wurden. Alle waren nach Russland zurückgekehrt und sind bis heute dort. Der Kreml behauptete, alle Computerdateien zur WM-Austragung 2018 seien nach der erfolgreichen Bewerbung gelöscht worden. Das ist zumindest unwahrscheinlich. Die betreffenden russischen Funktionäre wissen, dass sie bei Reisen ins Ausland höchstwahrscheinlich festgenommen und vor Gericht gestellt würden.

Die amerikanische Untersuchung war eine der weitreichendsten und erfolgreichsten des US-Justizministeriums während Obamas Präsidentschaft. Sie zementierte meinen Glauben an das FBI und offenbar auch seinen an mich.

Das FBI war ein wichtiger Mandant von Orbis geworden. In den

Jahren, nachdem Mike Gaeta und ich unser erstes Gespräch über Korruption im Weltfußball gehabt hatten, hatte Orbis viele Dutzend kostenlose Berichte für das FBI erstellt. 2013 beschlossen wir aber, unser Arrangement zu formalisieren, und erhielten die Erlaubnis der britischen Regierung dafür. Danach wurde unsere Arbeit für das FBI honoriert.

Nur wenige wissen, dass das FBI häufig Dienstleister beschäftigt, um seine Arbeit zu ergänzen. Die Behörde hat ihre Grenzen bei der Informationssammlung, besonders in Übersee. In vieler Hinsicht ist sie eine langsame, schwerfällige, bürokratische und regelverhaftete Organisation – und wie alle Behörden zahlt sie nicht sehr gut. Sie ist auch kein Nachrichtendienst, sondern primär eine Strafverfolgungsbehörde. Ihre Kompetenzen sind beschränkt und ebenso ihre ausländischen Erfahrungen, Fähigkeiten und Ressourcen. Also beauftragte das FBI in den folgenden Jahren wiederholt Orbis mit verschiedenen Projekten. Wir besaßen dort Quellen, wo es nur wenige hatte – besonders in Russland.

Unsere Kommunikation lief meistens über Mike Gaeta, aber manchmal hatten wir auch Kontakt zu anderen FBI-Agenten. Die Londoner Agenten der Behörde kamen zu uns und bezahlten in bar. Es war ein seltsames Arrangement: Die Agenten wussten oft nicht, wofür sie bezahlten, und kamen immer zu zweit, wahrscheinlich weil sie so hohe Summen nicht allein transportieren durften.

Für uns war das FBI ein guter Mandant, der mit unseren Werten übereinstimmte. Obwohl wir nun eine unabhängige Firma führten, stimmten Chris und ich in einem Schlüsselpunkt überein: Wenn wir im Laufe unserer Arbeit für private Mandanten Beweismittel für Fehlverhalten oder kriminelle Aktivitäten fanden, würden wir immer versuchen, diese Informationen an Behörden oder relevante westliche Regierungen wie die amerikanische, britische, französische und deutsche weiterzugeben – meist gesäubert, um unsere Quellen zu schützen. Das macht uns nicht außergewöhnlich tugendhaft. Die meisten Menschen verspüren die Pflicht, ihr Wissen der Polizei mit-

zuteilen, wenn sie Zeugen eines Verbrechens werden. Bei geheimen Informationen ist es meiner Meinung nach nicht viel anders.

Also lieferten wir in diesen Jahren auch zahlreiche Berichte ans US-Außenministerium über Russlands Aktivitäten in der Ukraine, in die es 2014 zum ersten Mal eindrang. Wir schickten sie kostenlos durch meinen Freund Jon Wiener, der damals im Außenministerium arbeitete. Er reichte sie weiter an Victoria Nuland, damals Chefin der Abteilung für Russland und Zentraleurasien.

Diese Berichte wurden von einem privaten Mandanten bezahlt, der aus wirtschaftlichen Gründen regelmäßige Lageberichte und Hintergründe über den Konflikt wollte. Er benutzte die Informationen für Investitionsentscheidungen und stimmte mit uns überein, dass die Berichte der US-Regierung zugänglich gemacht werden sollten, weil sie nützlich sein könnten. Wir meinten, es wäre nicht richtig, wenn Orbis und der Mandant sie für sich behielten. Also schickten wir den Amerikanern Dutzende von Berichten über die Entwicklung des Konflikts in der Ukraine und setzten das bis 2016 fort. Während der ganzen Zeit hatten wir gute Rückmeldungen über Wert und Zuverlässigkeit unserer Russland-Ukraine-Berichte von den Beamten im Außenministerium, die dazu Zugang hatten. Diese Rückmeldungen waren eine Art von Bestätigung unserer Fähigkeiten und des Wahrheitsgehalts unserer Quellen.

***

Wie schon gesagt, machte mir die Geschäftsentwicklung als Unternehmer Spaß, darum traf ich mich 2010 mit Glenn Simpson, einem früheren Investigativreporter des *Wall Street Journal*. Glenn hatte vor kurzem seine feste Stelle aufgegeben und war Mitbegründer einer privaten Investigativfirma in Washington namens SNS Global geworden, die sich später in Fusion GPS umbenannte. Wir besaßen gemeinsame Freunde, die ein Treffen vorgeschlagen hatten, da sie wussten, dass wir einen großen Teil unserer beruflichen Laufbahn

auf unterschiedliche Art mit der Beobachtung des organisierten Verbrechens in Russland und seiner Verbindungen zum russischen Staatsapparat verbracht hatten.

Glenn und ich trafen uns in einem italienischen Restaurant namens Franco's im vornehmen Londoner Stadtteil St James. Wir tauschten Geschichten über Putin, korrupte Oligarchen und russische Mafiosi aus. Ich mochte ihn gleich. Wir fischten in denselben Gewässern, waren aber keine Konkurrenten. Fusion GPS, das von ehemaligen Journalisten gegründet worden war, beschaffte vor allem Material aus offenen Quellen für seine Mandanten in der Wirtschaft. Sie wussten, wie man große Mengen von Dokumenten durchkämmte, besonders amerikanische Gerichtsunterlagen. Orbis war eine Recherche-Firma; wir suchten Menschen, die von Geheimnissen wussten, und überredeten sie, sie uns zu verraten. Fusion GPS saß in den USA, wir in London.

Glenn und ich kamen überein, in Zukunft Wege der Zusammenarbeit zu suchen.

***

Das erste Jahr mit Orbis war anstrengend gewesen. Lauras Tod war für die Kinder schrecklich schwer und wird es immer sein. Doch im Herbst 2010 wuchs mein Gefühl, die Kinder und ich hätten alle unsere Widerstandskraft gezeigt, und ich war auch durch das Wachstum von Orbis ermutigt. Ich begann zu glauben, dass ich jetzt wieder hoffnungsvoll in die Zukunft schauen könne. Ich konnte mich wieder privat mit Freunden treffen, sowohl meinen langjährigen Unifreunden als auch mit hilfreichen Exkollegen und -kolleginnen vom Nachrichtendienst. Eine davon war Katherine, der ich, wie schon erwähnt, ein paar Jahre zuvor zuerst im Staatsdienst begegnet war.

Wir begannen uns ab und zu auf einen Drink und einen Schwatz nach der Arbeit zu treffen. Es ging weiter mit Pizzaessen und entwickelte sich zu einer Romanze. Wir waren beide alleinerziehend –

Katherine hatte eine Tochter aus erster Ehe –, darum ließen wir es ruhig angehen. Im Oktober 2011 machten wir aber einen Kurzurlaub auf Zypern, einem Ort, der mir immer nahegestanden hat und geistig meine zweite Heimat ist. Ich wählte den Moment zu Katherines offensichtlicher Verblüffung, um ihr einen Heiratsantrag zu machen, Zu meiner Überraschung und Freude sagte sie Ja. Vielleicht war es ein bisschen impulsiv von mir, denn man musste natürlich Familienumstände und -gefühle einbeziehen, aber im Herzen wusste ich, dass es richtig war, und ich war glücklich, wieder solche Gefühle und die Aussicht auf ein zukünftiges liebevolles Familienleben zu haben.

Also heirateten wir an einem schönen Spätsommertag in der Pfarrkirche St. Andrew's in Farnham und veranstalteten danach einen Empfang in einem Herrenhaus auf den Hügeln der nahen North Downs. Wir verbrachten die Flitterwochen auf Mauritius, richteten uns dann mit unseren vier Kindern in Farnham ein und begannen ein, wie wir glaubten, ruhiges Leben miteinander aufzubauen.

Teil II

Das Dossier

Kapitel 9

Projekt SNAKE

Einige Jahre später, an einem Wochenende Ende Mai 2016, bekam ich einen Anruf von Glenn Simpson. Wir waren weiterhin in Kontakt geblieben. Bei meinen Besuchen in Washington hatten wir uns regelmäßig getroffen und uns ausgetauscht. Diesmal war es Glenn, der am folgenden Montag auf dem Weg von Edinburgh zurück in die Vereinigten Staaten einen Zwischenstopp in London-Heathrow hatte.

«Was machst du hier?», fragte ich ihn.

«Ich schaue mir Trumps Golfplätze an», erklärte er. «Mein Kunde kommt aus der Politik, hat mit dem Wahlkampf zu tun. Können wir uns vor meinem Flug vielleicht mal zusammensetzen und besprechen, was du da eventuell beitragen könntest?»

Es war ein Feiertagswochenende. Katherine war gerade wieder nach Hause zurückgekehrt, nach zwei unmittelbar aufeinanderfolgenden Arbeitseinsätzen in Hongkong und Australien. Wir waren einfach zu Hause, weil wir uns sechs Monate lang kaum gesehen hatten. Insofern war es nicht der optimale Zeitpunkt für einen Abstecher nach Heathrow. Aber meine Neugier war geweckt – Glenn war einfach nicht der Typ, der meine oder irgendjemandes Zeit unnütz vergeudete.

Im Vorfeld unseres Treffens hatte Orbis für einen privaten Auftraggeber – und in einem juristischen Zusammenhang – Nachfor-

schungen über Paul Manafort angestellt, wobei dessen aufwändiger, teurer Lebensstil im Fokus stand. Davon wusste Glenn.

«Treffen wir uns doch bei Carluccio's im Terminal 5», schlug ich vor.

In den sieben Jahren, seitdem Chris und ich Orbis gegründet hatten, waren wir ein ums andere Mal zu demselben Schluss gelangt: Politik und Business waren so gut wie immer eng miteinander verflochten, vor allem auf den Wachstumsmärkten der sogenannten Schwellenländer – wie beispielsweise Russland. Unsere Kunden waren meist Firmen oder wohlhabende Einzelpersonen, die uns engagierten, um Informationen zu erhalten, von denen sie sich in geschäftlichen oder juristischen Konkurrenz- und Konfliktsituationen einen Vorteil erhofften. Und in den meisten dieser Fälle stellten wir dann früher oder später fest, dass Politiker sich bestechen ließen oder die Geschäftstätigkeit unserer Auftraggeber aus anderen Gründen behinderten. Wir erläuterten ihnen dann die innere Mechanik des jeweiligen Regierungsapparats – zumeist des russischen. Aber unsere Tätigkeit hatte nur sehr selten – vielleicht sogar nie – einen explizit politischen Charakter. Von einem Politiker oder einer politischen Partei waren wir jedenfalls noch nie engagiert worden.

Wie der Zufall es wollte, hatten wir zum damaligen Zeitpunkt ganz besonders viel zu tun. Orbis arbeitete damals gerade an mehreren Gutachten für den deutschen Industriedienstleister Bilfinger. Das war ein äußerst komplexer Auftrag für uns, bei dem wir in mehreren Rechtssystemen tätig werden mussten, dafür aber auch ein beträchtliches Honorar erhalten sollten. Wir standen unter großem Druck, hier gute Arbeit zu leisten. Zur selben Zeit hatte uns aber noch ein weiterer Auftraggeber engagiert, der einen aussichtsreichen Kandidaten auf den damals gerade vakanten Posten des UN-Generalsekretärs vertrat. Durch die Vermittlung einer PR-Agentur hatten wir den Auftrag erhalten, Informationen über das verdeckte Vorgehen Russlands und anderer UN-Mitgliedsstaaten im Vorfeld der Wahl einzuholen. Insbesondere ging es natürlich um die Frage,

was die Stimmabsichten dieser unterschiedlichen Akteure waren. Unsere direkten Auftraggeber hatten es auf Insiderwissen abgesehen, das ihrem Klienten zu einer erfolgreichen Wahl auf diesen wichtigen internationalen Posten verhelfen sollte.

Am Flughafen Heathrow angekommen, parkte ich beim Terminal 5 und ging dann hinüber zu der Filiale von Carluccio's, einer italienischen Restaurantkette. Als ich ankam, war Glenn noch nicht da. Da sein Anschlussflug in die Vereinigten Staaten von einem anderen Terminal startete, stand er unter einem gewissen Zeitdruck, als unsere Unterredung dann begann.

Nachdem wir bestellt hatten, berichtete mir Glenn, dass seine Firma Fusion GPS sich seit mittlerweile acht Monaten intensiv mit der Geschäftstätigkeit von Donald Trump beschäftigte. An die Stelle des ursprünglichen Auftraggebers für diese Recherche war inzwischen ein anderer getreten, der über beträchtliche finanzielle Mittel verfügte. Zur Identität der beiden Auftraggeber machte Glenn keine Angaben – außer dass es sich bei dem neuen Auftraggeber um eine Anwaltskanzlei handelte –, und ich fragte auch nicht danach. Aber mir drängte sich dennoch der Eindruck auf, dass der Auftrag in irgendeinem Zusammenhang mit der Demokratischen Partei und der bevorstehenden US-Präsidentschaftswahl im Herbst 2016 stehen musste. Ich verfolgte die US-Politik nicht im Detail, aber mir war klar, dass Donald Trump die Nominierung als Präsidentschaftskandidat der Republikaner inzwischen so gut wie sicher hatte. Bislang hatte es sich bei seinen Rivalen um republikanische Parteifreunde gehandelt. Jetzt sollte er sich mit einem Demokraten messen.

Wie Glenn mir sagte, hatten die von Fusion angestellten Nachforschungen bereits eine ganze Reihe von Verbindungen zwischen Trump und Russland ans Licht gebracht, darunter auch Kontakte zu mutmaßlichen Vertretern der russischen Mafia. Und er sagte mir, dass Trump viele Male nach Russland gereist sei, erstmals noch zu Sowjetzeiten und offenbar, weil er dort Hotels bauen, eröffnen oder lizenzieren wollte. Keines dieser Projekte war je tatsächlich umge-

setzt worden. Das schien eine ganze Menge Arbeit und Aufwand, mit etlichen Reisen nach Russland über einen Zeitraum von gut zwanzig Jahren hinweg, wenn man bedachte, dass all das anscheinend erfolglos geblieben war – vor allem für einen Mann, dessen eigener Bestseller sich *The Art of the Deal* nannte.

Nur wenige Tage zuvor, am 19. Mai, war Paul Manafort zum Chef von Trumps Wahlkampfteam ernannt worden. Glenn wusste, dass wir bei Orbis für einen privaten Auftraggeber ein Dossier über Manafort angelegt hatten. Deshalb war man bei Fusion darauf gekommen, dass wir womöglich die richtigen Ansprechpartner sein könnten, um weitere Informationen zu Manaforts und Trumps Beziehungen nach Russland auszugraben.

Als Manafort an die Spitze von Trumps Wahlkampagne berufen wurde, war ich fassungslos. Zwei Jahre lang war er wie vom Erdboden verschluckt gewesen, und jetzt tauchte er plötzlich als Wahlkampfmanager eines Kandidaten wieder auf, der eine reelle Chance auf den Einzug ins Weiße Haus hatte! Die ganze Tragweite dieser Entwicklung musste ich mir selbst erst einmal klarmachen: dass da jemand eine der beiden Kampagnen zur Wahl in das mächtigste politische Amt der Welt leitete, der in der Ukraine Millionen gescheffelt hatte, indem er dem Kreml-Günstling Wiktor Janukowitsch zum Wahlsieg verhalf.

Glenn war anfangs eher an Manaforts möglichen Beziehungen nach Russland interessiert als an Trumps – immerhin war bereits bekannt, dass Manafort in der Ukraine für Janukowitsch und andere Vertreter des prorussischen Lagers gearbeitet hatte. Die restlichen Indizien für Trumps Verbindungen zum Putin-Regime waren zum damaligen Zeitpunkt noch etwas weniger stark, wenngleich es eine eindeutige Spur zu einem US-Staatsbürger namens David Geovanis gab, auf den ich später noch einmal zurückkommen werde.

Fusion brauchte jemanden, der in Russland ganz allgemeine Nachforschungen zu Manaforts und Trumps dortigen Geschäftsaktivitäten anstellen konnte. Glenn fragte mich, ob ich Interesse hätte.

Fürs Erste, meinte er, solle ich etwa einen Monat für die Recherche einplanen. Durchaus möglich, dass nichts dabei herauskäme. Könnte ja immerhin sein, meinte Glenn, dass Trump nur zu seinem Privatvergnügen nach Russland gereist sei – und sollte das der Fall sein, würde es wohl niemanden weiter interessieren.

Nein, wandte ich ein, das stimmt nicht ganz. Mit an Sicherheit grenzender Wahrscheinlichkeit hatte der FSB Trumps Hotelzimmer mit Abhörgeräten «verwanzt» – und das könnte dafür gesorgt haben, dass Trump jetzt erpressbar war. Und hieraus ergäben sich natürlich ernste Bedenken mit Blick auf die nationale Sicherheit der Vereinigten Staaten. Im US-Wahlkampf ist es nämlich so: Sobald die beiden großen Parteien ihre Topkandidaten gekürt haben, erhalten diese Sicherheitsbriefings der höchsten Geheimhaltungsstufe. Mir war sofort klar, dass, sollten die Russen etwas gegen Trump in der Hand haben – aus welchem Grund auch immer –, die zuständigen US-Behörden hiervon in Kenntnis gesetzt werden mussten – und zwar, bevor Trump ein solches Sicherheitsbriefing erhielte, nicht erst danach. Bis zum Abschluss der US-Vorwahlen waren es nur noch wenige Tage.

***

Wie der Zufall es wollte, hatte Orbis in den Jahren 2014 bis 2016 noch einen anderen Privatauftrag für einen anderen Kunden bearbeitet, der Glenns Recherche in gewisser Hinsicht perfekt ergänzte. Bei diesem «Projekt CHARLEMAGNE», wie wir es genannt hatten, war es um die mutmaßlich zunehmende Einflussnahme Moskaus auf europäische Wahlen gegangen: Die russische Regierung, so der Vorwurf, unterstütze politisch extreme Kandidaten, um das politische Europa auf diese Weise zu spalten.

Putin hasste und fürchtete die Europäische Union und die NATO, die beiden Bündnisse, von denen die disparaten und oft zerstrittenen Nationen des Kontinents vereint und meist dann doch zusam-

mengehalten werden, in politischer und in militärischer Hinsicht. Wir hatten Anhaltspunkte dafür gefunden, dass der Kreml ein beachtliches Budget – mehrere zehn Millionen US-Dollar – darauf verwendete, in europäischen Wahlkämpfen populistische Kandidaten am linken wie am rechten Rand des politischen Spektrums zu unterstützen, damit diese die bestehende Ordnung aus dem Gleichgewicht brachten. Zu diesen populistischen Kräften zählten auch nationalistische und EU-feindliche Politiker und Parteien in den Ländern Westeuropas. Einen Teil des Geldes verwandte Moskau auf Desinformationskampagnen in den sozialen Medien, die Europa spalten sollten; und der Kreml hatte rechtsextremen Parteien in den europäischen Ländern, insbesondere Le Pens Front National in Frankreich, größere Darlehen gewährt. Das Ziel all dieser Bestrebungen war klar: Die EU sollte zerstört und der geschlossene politische Block, dessen direkter östlicher Nachbar Russland war, zerschlagen werden. Das sollte dann zugleich die EU-Sanktionen beseitigen, die nach der völkerrechtswidrigen Annexion ukrainischen Territoriums durch Russland 2014 in Kraft getreten waren. Der erste Bericht zu Projekt CHARLEMAGNE war unter dem Datum vom 7. April 2016 zu dem Schluss gelangt:

> Insgesamt gelangen wir zu der Einschätzung, dass die für Russland bestehende taktische Notwendigkeit, sich der EU in Sachen Ukraine, Sanktionen und Öffnung des Energiemarktes entgegenzusetzen, zur Formulierung eines eher strategischen Vorstoßes seitens des Kremls und der russischen Geheimdienste geführt hat, um die EU zu schwächen und letztlich sogar ihren Zusammenbruch anzustreben. Im Rahmen der KGB-typischen Vorgehensweise sind hierbei Einflussoperationen unter Verwendung von «Einflussagenten» zu erwarten ... sowie eine verdeckte finanzielle Unterstützung für politische Parteien und Individuen, die Anti-Establishment- bzw. Anti-EU-Positionen vertreten. Nach unserer Einschätzung wird diese Entwicklung wohl mit der Zeit an Ausmaß und Intensität noch zunehmen, sofern

die diversen Krisen der EU sich – wie aktuell anzunehmen – weiter verschärfen.

Unser Auftraggeber bat uns, die Entwicklung weiter zu untersuchen, woraufhin wir Ende Juni 2016 einen zweiten CHARLEMAGNE-Bericht vorlegen konnten. Die Kurzfassung dieses zweiten Reports lautet wie folgt:

– Vorhaben der russischen Führung zur Schwächung der EU wird weiter ausgebaut. Geheim-Etat zur Finanzierung geeigneter subversiver Aktionen in Europa, wobei das Außenministerium sich jetzt im Machtkampf mit dem SWR [russischer Auslandsgeheimdienst] durchgesetzt hat. Stellvertretender Ministerpräsident SCHUWALOW verantwortlich für den Input der russischen Regierung.
– Programm umfasst Angebote von Bestechungsgeldern und Gefälligkeiten an Politiker und Parteien/Bewegungen mit EU-feindlicher Ausrichtung. Teils wissen die Zielpersonen, mit wem sie es zu tun haben, teils erfolgt die Kontaktaufnahme indirekt. Bereits deutliche Erfolge in Tschechien, der Slowakei und Rumänien; aktuelle Bemühungen konzentrieren sich neben Deutschland, Italien und Österreich auch auf Frankreich. «Internationale Investmentbank» (Moskau) nicht einziger, aber wichtigster Finanzkanal hierfür.
– Rückschläge für den Kreml in Bulgarien und in Österreich (knappe Niederlage [Norbert] HOFERS, den die Russen vor der Wahl zum österreichischen Bundespräsidenten [unterstützt] hatten). Brexit ebenfalls auf Kreml-Agenda, aber Überlegungen/Planungen hierzu weniger ausgereift.
– Hauptziel bleibt die innere Spaltung der EU, um perspektivisch EU-Sanktionen gegen Russland aufzuheben. Allerdings PUTIN und Vorsitzender der Präsidialverwaltung IWANOW neuerdings der Ansicht, Zerfall der EU selbst könnte so ebenfalls beschleunigt werden.

Wir schlossen die Arbeit an Projekt CHARLEMAGNE ab und reichten mit der Erlaubnis unseres Auftraggebers Kopien der beiden Berichte an die US-Behörden weiter. Es schien uns sehr wichtig, unseren amerikanischen Verbündeten das ganze Ausmaß der russischen Einflussnahme zur Schwächung ihrer europäischen Partner klarzumachen. Zudem sahen wir mittlerweile (wie ich schon erklärt habe) kein Problem darin, sensible Informationen an das FBI und das US-Außenministerium weiterzugeben, wenn private Auftraggeber die entsprechenden Recherchen finanziert hatten und einer Weitergabe zustimmten.

Der Brexit hatte zwar im Zusammenhang mit Projekt CHARLEMAGNE eine gewisse Rolle gespielt; allerdings gab es keinen zahlenden Kunden, der uns im Vorfeld des britischen Referendums im Juni 2016 speziell auf dieses Thema «angesetzt» hätte. Nach der Gründung unseres auf politische Recherchen spezialisierten «Ablegers» Walsingham Partners im Sommer 2017 jedoch konnten wir reichlich Spendengelder einsammeln, mit denen Recherchen über die russische Einflussnahme in den westlichen Demokratien finanziert werden sollten. Und in diesem Zusammenhang ergab sich dann endlich auch ein klareres Bild vom russischen Vorgehen in Sachen Brexit.

Zwar war die russische Führung bei diesem Thema 2016 alles andere als einer Meinung gewesen: Manche meinten, eine EU-Mitgliedschaft Großbritanniens breche immerhin die deutsche Vorherrschaft auf dem Kontinent. Aber die von uns gewonnenen Informationen wiesen doch darauf hin, dass der russische Militärnachrichtendienst GRU und insbesondere dessen früherer Chef Igor Sergun sich ganz besonders dafür eingesetzt hatten, die britische Wählerschaft in Richtung Brexit zu beeinflussen. Beträchtliche Summen – die Rede war von etwa 2 bis 3 Millionen Pfund Sterling im Jahr – waren darauf verwendet worden, durch verschiedene Aktivitäten die Kampagne der «Brexiteers» zu unterstützen. Einer Quelle zufolge war dieses Geld durch führende russische Banken in das politische System Großbritanniens eingespeist worden. Genauer gesagt, hatte man wohl eine

Rechtslücke in den Bestimmungen zur Offenlegung politischer Spenden ausgenutzt, die damals in Nordirland noch bestand. Seitdem der GRU-Chef Sergun Anfang 2016 unter verdächtigen Umständen gestorben war, hatten diese Zahlungen zunächst aufgehört.

Nach dem Brexit-Referendum jedoch, bei dem der Austritt Großbritanniens aus der Europäischen Union eine knappe Mehrheit der Stimmen erhielt, begann der Kreml sich stärker für diese toxische Thematik zu interessieren: Wie könnte der Brexit genutzt werden, um innerhalb des Vereinigten Königreichs Zwietracht zu säen, auf diese Weise die britische Außenpolitik zu lähmen und ihre Aufmerksamkeit von Russland abzulenken? Wäre es nicht vielleicht auch möglich, Nationalismus und Separatismus in Schottland zu fördern, wo – und dies spielt für Moskau natürlich eine entscheidende Rolle – die britischen Atomstreitkräfte ihren U-Boot-Stützpunkt haben?

Die Russen begriffen außerdem, wie nützlich der Opportunist Boris Johnson in dieser Hinsicht war, denn von seiner vorgespiegelten Franzosenfeindlichkeit einmal abgesehen, war Johnson, für den viele in Schottland nur Verachtung übrighatten, der beste Werbeträger für die separatistische Scottish National Party.

Einen großen Teil unserer Erkenntnisse ließen wir dem britischen Ausschuss für nachrichtendienstliche Aufklärung und Sicherheit zukommen, als dieser in den Jahren 2018/19 an einem eigenen Bericht über Russland arbeitete; der damalige Vorsitzende des Ausschusses sprach uns seine Dankbarkeit aus.

Weder Orbis noch die Schwesterfirma Walsingham haben sich mit Blick auf den Brexit jemals ideologisch positioniert. Die russische Einflussnahme auf den Brexit-Streit war das Einzige, das uns interessierte. Die einzelnen Orbis-Mitarbeiter, ja sogar die Mitglieder unserer Familien hatten beim Brexit-Referendum teils so, teils so abgestimmt. Meine eigene Ansicht war jedoch, dass es sich beim EU-Austritt Großbritanniens um die schlimmste Wunde handelte, die das Land sich in Friedenszeiten je zugefügt hatte – und dass

Russland durch beträchtliche Geldzahlungen zum «stillen Teilhaber» des Brexits geworden war. Dieser Überzeugung bin ich auch heute noch.

***

«Ich selbst kann nicht nach Russland fahren», sagte ich Glenn im Mai 2016. «Aber wir haben dort gute Quellen. Und über die russische Diaspora im Westen gibt es auch ziemlich solide Gelegenheiten, entsprechende Informanten aufzubauen.»

Dass Glenn neue Informationen zur russischen Beeinflussung der amerikanischen Präsidentschaftswahl erhalten wollte, sprach mich – als eine Art Fortsetzung von Projekt CHARLEMAGNE – unmittelbar an. Außerdem schien sofort klar, dass für die Vereinigten Staaten einiges auf dem Spiel stand; Glenns Schilderung der Verbindungen zwischen Trump und Russland, die Fusion bereits aufgedeckt hatte, ließ hieran kaum noch Zweifel. Damals erschien es wenig wahrscheinlich, dass Trump sich am Wahltag gegen Hillary Clinton würde durchsetzen können. Aufgrund des spezifischen Charakters der US-Politik mit ihrer Spaltung in zwei annähernd gleich starke Blöcke hatte jedoch jeder der beiden Spitzenkandidaten eine realistische Chance auf den Wahlsieg. Wenn der Kreml etliche zehn Millionen Dollar ausgab, um Wahlen in Frankreich, Italien, Großbritannien und Deutschland zu beeinflussen – und in der Türkei, die sich als strategisch wichtiges NATO-Mitglied schon lange um einen EU-Beitritt bemüht –, dann musste Putin doch wenigstens darüber nachgedacht haben, sich auch in die US-Präsidentschaftswahl einzumischen.

Wir zahlten unser Essen und reichten einander zum Abschied die Hand. Dann machte Glenn sich auf, um den Flieger nach Washington nicht zu verpassen.

***

Auf der Heimfahrt vom Flughafen begann ich bereits, mir einen ersten Zugang zu diesem neuen Projekt zu überlegen. Ich sah darin ehrlich gesagt nicht viel mehr als eine mittelprächtige Chance, etwas Geld zu verdienen. Ich dachte, wir würden vielleicht Informationen über ein paar zwielichtige Deals ausgraben, die Trump mit russischen Geschäftspartnern abgeschlossen hatte, und das wäre dann auch schon alles. Außerdem sollte der Fokus des Projekts ja nicht auf Trump allein liegen, sondern gleichermaßen auf Paul Manafort. Viele der Namen, die uns bei Orbis – und dem Rest der Welt – schon bald geläufig sein würden, hatte keiner aus unserem Team je zuvor gehört. Ich denke an Leute wie Carter Page, Michael Cohen und Michael Flynn.

Als ich wieder zu Hause in Farnham angekommen war, besprach ich das Projekt mit Katherine. Ich erzähle ihr nicht von jeder Anfrage, die wir bekommen, aber von dieser wollte ich ihr doch berichten. Es gab dafür einen guten Grund: Sie war als Regierungsbeamtin eine «Dienerin der Krone». Und zufälligerweise passte ihr damaliger Aufgabenbereich perfekt zu der Angelegenheit, mit deren Ausforschung mich Glenn beauftragt hatte: Katherine arbeitete eng mit der US-Botschaft und der amerikanischen Regierung zusammen.

Um sie auf ihrem vertraulichen Posten nicht zu kompromittieren, bekam Katherine nie die Details der Orbis-Projekte zu Gesicht. Aber sie erwartete von mir, dass ich sie warnte, falls eines meiner Arbeitsvorhaben ihr womöglich auf die Füße fallen könnte. In diese Kategorie gehörte Glenns Anfrage ganz bestimmt. Und tatsächlich sollte sie auf Katherines Leben und Karriere noch gewaltige Auswirkungen haben.

***

Am Tag nach meinem Essen mit Glenn fand im Orbis-Büro in London unser wöchentliches Team-Meeting statt. Ich berichtete meinen Kollegen, dass wir womöglich ein neues Projekt an Land gezogen

hatten. Wir nennen so etwas eine «Proberunde»: Als Nächstes würden wir Fusion GPS – und deren noch immer anonymem Auftraggeber – anbieten, eine einleitende Recherche durchzuführen, um erste Informationen zum Gegenstand zu gewinnen. Wenn dabei nichts herauskäme, würden wir dem Interessenten raten, es hierbei zu belassen. Wenn wir allerdings doch etwas Interessantes herausfänden, würde sich schnell zeigen, ob der potenzielle Auftraggeber das nötige Interesse – und Budget – für eine weitergehende Recherche hatte.

Orbis arbeitet auf Projektbasis, von einem ersten Gespräch über einen Projektentwurf und dessen Abnahme durch den Kunden bis zur Lieferung der Ergebnisse. Manchmal bleibt es bei dem einen Auftrag, der honoriert wird, sobald die Ergebnisse vorliegen. In anderen Fällen arbeiten wir aber auch auf Vorschussbasis, wenn das geplante Projekt sich über mehrere Monate erstrecken wird, wie es vor allem in unserer unterstützenden Tätigkeit für Anwaltskanzleien in Gerichtsverfahren vorkommt.

In dem vorliegenden Fall arbeiteten wir keinen detaillierten Entwurf aus, weil die Anfrage des Interessenten ziemlich einfach gehalten war. Ich schrieb Glenn also eine E-Mail und teilte ihm mit, dass wir uns die Sache gern ansehen würden und für die «Proberunde» etwa einen Monat brauchen würden. Unser Anfangshonorar würde 30 000 Dollar betragen, was damals so ziemlich den Gepflogenheiten in unserer Branche entsprach (und jedenfalls kein «Wucherpreis» war, wie später fälschlicherweise behauptet wurde).

Glenn ließ den Auftraggeber unsere Konditionen absegnen, und noch im Lauf derselben Woche bekamen wir grünes Licht.

Schon als Glenn mir seine Idee für ein Rechercheprojekt skizziert hatte, war mir fast sofort klar gewesen, wen ich als leitenden Kopf unseres Informationsbeschaffungs-Teams einsetzen würde: Igor Dantschenko.

***

Igor Dantschenko war ein russischer Rechtsanwalt, Wissenschaftler und Polit-Analyst, der in den Vereinigten Staaten lebte. Als Experte für den russischen Energiemarkt war er außerdem ein gefragter, überaus leistungsstarker Spezialist für die Informationsbeschaffung. Ich hatte ihn 2010 kennengelernt; den Kontakt hatte Fiona Hill hergestellt, eine britisch-amerikanische Russlandexpertin, die als Beraterin für George W. Bush und Barack Obama gearbeitet hatte (und die später auch für Donald Trump arbeiten sollte). Fiona war damals schon an der Brookings Institution, einem einflussreichen Thinktank in Washington, tätig. Als sie mir von Igor erzählte, war sie des Lobes voll und meinte, dass er doch eigentlich ein hervorragender Kooperationspartner für Orbis wäre. Ich hatte Fiona einige Jahre zuvor kennengelernt; und Katherine kannte sie sogar noch länger, weil sie beide in den 1980er-Jahren an der Universität St. Andrews in Schottland studiert hatten und sich dort über den Weg gelaufen waren.

Igor machte seinen Job wirklich gut. Im Jahr 2006 hatten er und ein Brookings-Kollege namens Clifford Gaddy nachgewiesen, dass Wladimir Putins Doktorarbeit über die russische Energiepolitik einen hohen Anteil von Plagiaten enthielt. Damit hatte sich Igor im Kreml natürlich keine Freunde gemacht, aber die Wut des Putin-Umfelds auf ihn war mit der Zeit abgeflaut. In der Danksagung ihres 2013 erschienenen Buchs *Mr. Putin* hatte Fiona auch Igor erwähnt. Sie bezeichnet ihn dort ihn als jemanden, der über eine «bemerkenswerte Fähigkeit [verfügte], Quellen und Material ausfindig zu machen, die andere Rechercheure als schlechthin unzugänglich einstuften»; auch habe er «uns eine Fülle von Informationen über und Einblicke in das Leben, die Karriere und Beziehungen Wladimir Putins in Sankt Petersburg verschafft». Das war schon ein ordentliches Arbeitszeugnis.

Nur um eines ganz klarzumachen: Igor war kein verdeckter Ermittler, der unter falschem Namen nach Russland einreisen sollte. Er war ein russischer Staatsbürger, der – wie viele andere Russen

auch – im Ausland lebte und regelmäßig in seine Heimat reiste. Er besaß eine Wohnung in Sankt Petersburg, hatte Familienangehörige in Russland und reiste frei und offen im ganzen Land herum. Und das meiste, was er für uns (oder für andere Auftraggeber) erledigte, war absolut routinemäßig und erforderte kaum je Geheimhaltung oder Täuschung: die Überprüfung potenzieller Geschäftspartner oder Rivalen; die Aktivierung seines Netzwerks aus Freunden und Kooperationspartnern, um Insiderwissen über eine bestimmte Firma, einen bestimmten Manager oder Politiker zu erfragen; die Beschaffung von Dokumenten, um das organisatorische oder psychische «Innenleben» einer Institution oder Person zu erhellen, über die seine Auftraggeber gern besser Bescheid wissen wollten. Wenn Igor jemals von der russischen Polizei oder dem FSB oder einem Grenzbeamten angehalten wurde, dann konnte er ganz offen und ehrlich sagen, was er gerade tat: Ich führe gerade eine Recherche für einen namhaften Klienten aus dem westlichen Ausland durch (beispielsweise), der darüber nachdenkt, hier in Russland ein Joint Venture zu gründen oder ein Unternehmen zu kaufen – ganz ehrlich, Hand aufs Herz. Vor aller Augen war er bestens verborgen, ja man hatte ihn sogar als Referenten zu einem Seminar in den Kreml eingeladen! Nach allem, was die russische Führung über Igor wusste, war er lediglich ein angesehener Wissenschaftler und Analyst, der eine ganze Menge über Wirtschaft, Energie und Politik in Russland wusste.

Abgesehen davon, handelte es sich bei Putins Russland in den 2010er-Jahren zwar um ein zunehmend autoritär regiertes Land; doch so restriktiv und paranoid wie heute war es damals noch lange nicht.

Als wir ihm den Arbeitsauftrag von Fusion GPS übermittelten, war Igor schon mit vier anderen Orbis-Projekten beschäftigt. Wir zahlten ihm eine Honorarpauschale, weil er zuverlässig war: Seine Recherchen in anderen Zusammenhängen hatten der Überprüfung standgehalten.

Igor arbeitete damals auch noch für andere Auftraggeber, nicht nur für Orbis. Schließlich war er ein Freiberufler und konnte seine Analytiker-Dienste allen anbieten, die daran interessiert waren. Die mitunter konkurrierenden Anforderungen und Interessen seiner Auftraggeber jonglierte er gekonnt und effizient.

Ich instruierte Igor über das Projekt für Fusion, das wir mittlerweile «Projekt SNAKE» getauft hatten. (Wie in Geheimdienstkreisen üblich, erhalten alle Projekte bei Orbis einen Codenamen, der bei der schriftlichen Verwendung in Großbuchstaben geschrieben wird). SNAKE war in diesem Fall ein etwas verspielter Codename, der uns für Trump passend erschien. Wir nahmen nämlich, wie viele andere auch, Trump nicht ganz für voll. Er erschien uns als eine mehr oder minder komische, jedenfalls kurzlebige Anomalie der Geschichte, über die sich die ganze Welt auch dann noch wundern würde, wenn Hillary Clinton ihn bei der Präsidentschaftswahl haushoch geschlagen hatte.

Igor und ich kamen überein, dass seine Honorarpauschale auch dieses neue Projekt abdecken würde. Ich verriet ihm nicht, wer unser Auftraggeber war; das tat ich in den seltensten Fällen. Und tatsächlich stand auch hinter einem anderen Auftrag, den Igor gerade bearbeitete – es ging um Informationen über mutmaßliche Doping-Aktivitäten im russischen Sport –, ein Kunde, dessen Identität Igor nicht unbedingt kennen sollte: das FBI. Diese Art von Geheimhaltung gegenüber den Rechercheuren ist in unserer Branche üblich. Und entsprechend wussten Igors nachgeordnete Quellen – die Leute, von denen er seine Informationen bezog – dann genauso wenig. Sogar ich selbst wusste zu diesem Zeitpunkt noch nicht, wer unser eigentlicher Auftraggeber war – wenn ich auch, wie gesagt, so meine Vermutungen hatte.

***

Es herrschte Funkstille, wie immer, wenn Igor in Russland arbeitete. Er rief uns nicht an, er schrieb keine E-Mails – und wir meldeten uns auch nicht bei ihm. Die meisten seiner Aufträge bislang waren risikoarm gewesen. Dieses politisch etwas brisantere Vorhaben jedoch, Projekt SNAKE, war potenziell heikler, problematischer. Es schien also ratsam, möglichst wenig Aufsehen damit zu erregen – auch für den Fall, dass Manafort und Trump in Russland mächtige Freunde besaßen. Igor würde also seine üblichen Kontaktleute zu Gesprächen treffen und sie, nach einer gewissen Aufwärmphase, geschickt danach aushorchen, ob sie irgendetwas über Manafort oder Trump gehört hatten.

Igor teilte mir mit, dass er um den 18. oder 19. Juni in London sein würde. Ich erwiderte: «Alles klar, melde dich einfach bei uns, wenn du hier angekommen bist.» Kurz darauf verließ er die Vereinigten Staaten in Richtung Russland und brach den Kontakt fürs Erste ab.

Wenn ein Informationsbeschaffer in einem feindlichen Territorium wie Russland aktiv ist, muss man geduldig sein. Ab und an fragte ich mich, wie Igor wohl vorankommen mochte; aber wir hatten jede Menge Arbeit zu bewältigen, und so dachte ich nicht zu viel darüber nach. Irgendwann Ende Juni klingelte dann tatsächlich das Telefon, und Igor war am Apparat. Er war in London eingetroffen.

«Ich habe einiges gefunden», sagte er. «Kann ich im Büro vorbeikommen?»

Am späten Vormittag kam Igor in unserem Büro im Londoner Stadtteil Victoria an. Wir hatten dort zwei Räume gemietet; Igor und ich gingen in den kleineren der beiden, der regelmäßig auf Wanzen abgesucht wurde. Das war unser abhörsicherer Schutzraum. Wir nahmen am Besprechungstisch Platz. Ich holte meinen Notizblock heraus. Und dann begann Igor seinen Bericht, in demselben ruhigen und bedachten Tonfall, den ich von ihm schon kannte.

«Da ist ganz schön heißes Zeug dabei, Chris.»

Kapitel 10

Company Intelligence Report 2016 / 080

Also, das ist schon ziemlich starker Tobak, oder?»
Igor nickte.

Während seines Berichts hatte ich mir detaillierte Notizen gemacht. Igors Vorgehensweise war es, sich selbst einigermaßen kryptische Aufzeichnungen als Gedächtnisstütze anzulegen. So notierte er Initialen, Daten, Ortsangaben und Dollarzeichen und malte dann Pfeile dazwischen, die einzelne Elemente miteinander verbanden. Es war eine Art Geheimcode, den nur er verstand. Manchmal diktierte er auch Audio-Notizen in sein Handy oder nahm ganze Gespräche mit seinen Quellen auf, oft in russischer Sprache.

Was er zu berichten hatte, war beunruhigend. Der Kreml hatte, so seine Gewährsleute, Donald Trump über Jahre hinweg unterstützt und aufgebaut, in der Hoffnung, dass Trumps wachsender Einfluss zu Spannungen und Zerwürfnissen in der westlichen Allianz beitragen und innere Konflikte in der amerikanischen Politik und Bevölkerung auslösen würde. Außerdem hatte man Trump günstige Immobilien-Deals in Moskau angeboten, die dieser aber aus irgendeinem Grund ausgeschlagen hatte. Laut Igors Quellen hatte Trumps Wahlkampfteam vom Kreml Informationen über Trumps politische Rivalen angenommen. Auch hatte Igor erfahren, dass die russischen Geheimdienste bei früheren Russland-Besuchen Hillary Clintons deren Privatgespräche abgehört und aufgezeichnet hatte und dass

der Kreml diese Aufzeichnungen einsetzen könnte, um Clinton zu schwächen – auch wenn der Inhalt der Aufzeichnungen wohl vergleichsweise harmlos war.

Igors wichtigster Fund jedoch, das stand außer Frage, drehte sich um die Möglichkeit, dass der Kreml im Besitz von extrem kompromittierendem Material über Donald Trump war.

Unsere Besprechung nahm den halben Tag in Anspruch. Wir besprachen auch, so wie immer, wer Igors Quellen waren. Viele von ihnen waren mir schon von früheren Projekten her bekannt, die Igor im Auftrag unserer Kunden (darunter einer der größten Öl- und Gaskonzerne weltweit) bearbeitet hatte. Stets überprüften wir diese Quellen noch einmal selbst, stellten nach Möglichkeit sicher, dass es diese Personen wirklich gab und sie auch diejenigen waren, als die Igor sie uns vorgestellt hatte. Dieses Vorgehen bedeutete nicht etwa, dass wir Igor nicht vertraut hätten; es war schlicht das Standardverfahren in der geheimdienstlichen Informationsbeschaffung – so hatte man es uns beigebracht. Noch heute gehen wir mit ausnahmslos allen unseren Informationsbeschaffern und deren nachgeordneten Quellen genau so vor. Einer von Igors Gewährsleuten beispielsweise hatte sich mit einem meiner Orbis-Kollegen zu einem Gespräch getroffen, um sich Rat zur Anmeldung seines Sohnes in einer britischen Sprachschule zu holen. Diesen Mann kannten wir also persönlich.

Bald nachdem Igor unser Büro verlassen hatte, nahm ich den Hörer zur Hand und rief bei Glenn an. Am Telefon sagte ich ihm nicht, was Igor herausgefunden hatte. «Das wirst du dir so schnell wie möglich ansehen wollen», meinte ich nur. «Es ist groß. Und kontrovers. Wie sollen wir dir's zukommen lassen?»

Wir kamen überein, dass ich das Material auf einen USB-Stick ziehen und per Kurier nach Washington schicken würde. Ein E-Mail-Versand, selbst wenn er verschlüsselt war, erschien uns einfach nicht sicher genug. Der Inhalt von Igors Bericht kam in diesem Telefonat mit keinem Wort zur Sprache. Auch wenn es kontraintuitiv war:

FedEx erschien uns gerade deshalb als sicher, weil es so alltäglich war und wenig anfällig für Cyberangriffe.

An jenem Abend fuhr ich nach Hause und erzählte Katherine, was Igor da aus Russland mitgebracht hatte.

Katherine hörte erst einmal zu, bevor sie mir ihre Einschätzung gab. Ihr Rat war eindeutig: Lass die peinlichsten Stellen raus! Chris Burrows sagte genau dasselbe, als ich ihm von Igors Ergebnissen berichtete. «Das würde ich rauslassen, wenn ich du wäre», meinte er.

Ich sah das anders. Ich war der folgenden Auffassung (und bin es noch immer): Wenn man erst einmal anfängt, an seinen Dossiers mit sensiblen Informationen die scharfen Ecken und Kanten abzuschleifen, Dinge wegzulassen, die vielleicht peinlich oder schwierig oder sogar widersprüchlich sind – weil bestimmte Aussagen dem widersprechen, was man aus anderen Quellen zu wissen meint –; wenn man seine Ergebnisse also auf diese Weise glättet, dann macht man seinen Job nicht richtig und wird unseriös. Wie bereits erwähnt: Im nachrichtendienstlichen Bereich gilt ein Report schon dann als potenziell wertvolle Quelle, wenn er nur zu 70 Prozent der Wahrheit entspricht. Ein solcher Bericht ist nicht für die Öffentlichkeit bestimmt; er ist auch im Normalfall nicht dafür gedacht, als Beweismaterial vor Gericht zu dienen – nicht zuletzt, weil dann die Enttarnung vertraulicher Quellen drohte, von Leuten, denen entweder gar nicht bewusst war, dass ihre Aussagen für die geheimdienstliche Nachrichtenbeschaffung verwendet wurden, oder die ihre Kenntnisse nur unter der Bedingung geteilt hatten, dass sie anonym bleiben würden. Die beste Verwendung von auf diese Weise gewonnenen Informationen ist oftmals prophylaktisch. Man verwendet sie nicht, um jemanden vor Gericht zu zerren, sondern man bittet die Zielperson um ein Gespräch, legt ihr dann dar, was man über ihre jüngsten Machenschaften so herausgefunden hat, und gibt ihr den guten Rat, zu ihrem eigenen Besten umgehend damit aufzuhören. Oder man lässt ihren Chef – natürlich ganz im Vertrauen – wissen,

dass es vielleicht ratsam wäre, das Beschäftigungsverhältnis der betreffenden Person noch einmal ganz grundsätzlich zu überdenken. Es gibt da gewisse Bedenken, wird man dann beispielsweise erklären, und wenn Sie diese Person weiterhin beschäftigen, könnten Sie schon bald ein ernsthaftes Problem haben – nicht zuletzt, weil Sie jetzt ja wissen, dass die Regierung ihre Bedenken hat, und wenn Sie nun davon gewusst, aber nicht gehandelt hätten, dann könnte die Sache für Sie umso schlimmer enden. «Informationen» im nachrichtendienstlichen Sinne sind, im Grunde genommen, nichts anderes als vertrauliche Kenntnisse, von denen nur ausgewählte Personen erfahren sollen, um auf dieser Grundlage bessere Entscheidungen in geschäftlichen oder politischen Zusammenhängen zu fällen.

Und dann war da noch die Frage, wie zuverlässig Igors Informationen waren und ob sie belastbar genug waren, um sie in vollem Umfang an Fusion weiterzugeben. Ich habe ja bereits erwähnt, dass Igor über Jahre einer der verlässlichsten und produktivsten Informationsbeschaffer war, die Orbis in Russland besaß. Während dieser Zeit hatte er uns Informationen geliefert, die von einigen der weltweit führenden Unternehmen genutzt wurden. Außerdem wusste ich ja, wer Igors Gewährsleute waren. Und trotz aller Schwierigkeiten bei der unparteiischen Verifizierung solcher Aussagen konnte ich ja nicht ausschließen, dass das, was Igor mir mitteilte, tatsächlich zutraf.

Aber es gab noch einen anderen Grund, aus dem ich das Material im vollen Umfang an Glenn und seinen Auftraggeber weitergeben wollte: Von dem Augenblick an, in dem Igor mit der Präsentation seiner Ergebnisse begonnen hatte, war mir klar gewesen, dass plötzlich – und überraschenderweise – sehr viel auf dem Spiel stand. Im Juni 2016 glaubten nur sehr wenige, dass Donald Trump gegen Hillary Clinton eine echte Chance hatte, denn Clinton lag in allen Wahlumfragen deutlich vorn. Allerdings ist es in einer US-Präsidentschaftswahl schlechterdings unmöglich, einen Kandidaten der Republikaner oder Demokraten mit Gewissheit abzuschreiben, ganz

egal wie unwahrscheinlich ein Wahlsieg für den schwächeren Wettbewerber auch erscheinen mag. Noch im selben Monat zeigte sich die bisweilen schockierende Unzuverlässigkeit der üblichen Wahlumfragen. Die wenigsten glaubten in Großbritannien, dass tatsächlich eine Mehrheit der Wahlberechtigten für den Austritt ihres Landes aus der Europäischen Union stimmen könnte: In den Umfragen sprach sich eine klare Mehrheit für den Verbleib in der EU aus, aber der Brexit wurde schließlich doch beschlossen, mit 52 zu 48 Prozent der abgegebenen Stimmen.

Anders gesagt, stellten Igors Erkenntnisse also die Möglichkeit in den Raum, dass der gefährlichste und verbissenste Gegner des Westens, Wladimir Putin, imstande sein könnte, einen oder vielleicht sogar beide Spitzenkandidaten der US-Präsidentschaftswahl zu erpressen.

Wenn das zutraf – was Trump immer vehement bestritten hat –, dann deuteten unsere Informationen auf den folgenden möglichen Ausgang hin: Sollte er tatsächlich gewählt werden, dann würde Donald Trump sich vielleicht eines Tages mit der Drohung (oder angedeuteten Drohung) Putins konfrontiert sehen, extrem kompromittierendes Material über ihn zu veröffentlichen – es sei denn, Trump willigte ein, Putin in einer Sache (oder auch wiederholt) zu Diensten zu sein. Ich war der Auffassung und bin es noch immer, dass es moralisch falsch gewesen wäre, diese Informationen für uns zu behalten.

Was Igor uns da mitteilte, war eine genauere Prüfung auf jeden Fall wert. Aber ich hatte auch den Eindruck, dass dieses *kompromat* – der ursprünglich russische Begriff bezeichnet «kompromittierendes Material», das zur Erpressung dient – nur ein Detail in einer wesentlich größeren Story war. Russland versuchte, die US-Präsidentschaftswahl dahingehend zu beeinflussen, dass Hillary Clinton geschwächt und Donald Trump gestärkt wurde, und Trumps Leute arbeiteten hierbei mutmaßlich Hand in Hand mit den Russen.

Ich arbeitete das alles schriftlich aus, verfasste einen Bericht, der

später unter dem Titel «Company Intelligence Report 2016 / 080» allgemeine Bekanntheit erlangte – und von Millionen Menschen gelesen wurde. Es war der erste Arbeitsbericht zu Projekt SNAKE.

***

Bevor wir weiter fortfahren, sollte ich auf eine Sache in aller Deutlichkeit hinweisen: Donald Trump hat die Anschuldigungen, die in dem oben erwähnten, landläufig als «Steele-Report» bezeichneten Bericht gegen ihn erhoben werden – und die nun auch in dem vorliegenden Buch enthalten sind –, wiederholt und nachdrücklich bestritten. Das vielleicht deutlichste Beispiel für dieses Dementi findet sich in einer beeideten Zeugenaussage, die Trump im Rahmen des von ihm angestrengten Gerichtsverfahrens gegen Orbis und mich selbst abgegeben hat (bei dem Verfahren ging es um den Inhalt unseres Dossiers):

> «Immer wieder hat Mister Steele namens der beklagten Partei [Orbis Business Intelligence Limited] geäußert, keine der in dem besagten Dossier enthaltenen Behauptungen über mich sei bislang ‹widerlegt› worden. Diese Behauptungen sind gänzlich unwahr. Ich versichere, dass ich zu keinem Zeitpunkt:
>
> a. mich an perversen Sexualpraktiken beteiligt habe, wie etwa der Bezahlung von Prostituierten, um mit ihnen sogenannte «Golden Showers» in der Präsidentensuite eines Moskauer Hotels zu praktizieren.
> b. der russischen Regierung ausreichend Material gegeben habe, um mich zu erpressen.
> c. an russische Beamte oder Funktionäre Bestechungsgelder gezahlt habe, um meine Geschäftsinteressen zu befördern.
> d. an «Sexpartys» teilgenommen habe, als ich mich in Sankt Petersburg aufhielt.

e. dafür gesorgt oder auch nur geduldet habe, dass Zeugen durch Zwang oder Bestechung zum Schweigen gebracht wurden.»

Echos dieses umfassenden Dementi finden sich auch in anderen öffentlichen Äußerungen, in denen Trump zum Angriff gegen den Ursprung der Vorwürfe überging: «[Eine] Gruppe von Gegnern … hat den Scheiß zusammengestellt.» Und bei einer Pressekonferenz im Januar 2017 hat er die Vorwürfe sogar noch umfassender bestritten: «Das sind alles Fake News. Das Zeug ist gefälscht. Das ist alles nicht passiert.»

Außerdem sollte ich hier noch einmal unterstreichen, wie heikel und wenig eindeutig die Quellenlage ist, auf der dieses Buch beruht – das liegt in der Natur der Sache und gilt umso mehr, wenn es um Vorgänge und Geschehnisse geht, die sich in Russland abgespielt haben. Wie es bei der Auswertung von nachrichtendienstlichem Rohmaterial nun einmal ist – und genau das war ja über Jahrzehnte mein Job als Geheimdienstmitarbeiter: Man muss zu einem begründeten Urteil über die Glaubwürdigkeit seines Quellenmaterials gelangen, obwohl man genau weiß, dass vieles davon unbestätigt ist, aus zweiter Hand stammt oder mit irgendwelchen Hintergedanken in die Welt gesetzt wurde und genau deshalb nicht die *ganze* Wahrheit enthält. Noch einmal also ganz deutlich: Ich konnte und kann bis heute nicht ganz sicher sein, ob jeder der Reports in allen Details der Wahrheit entspricht.

Allerdings würde ich nachrichtendienstliches Quellenmaterial niemals veröffentlichen oder an Kunden, westliche Regierungen oder Behörden weitergeben, wenn ich nicht hinreichend überzeugt davon wäre, dass meine Gewährsperson in Sachen Zugang zu den betreffenden Informationen, Motivation und Konsistenz beziehungsweise «Stimmigkeit» der Aussagen in einem größeren Kontext verlässlich ist. Von ganz besonderer Bedeutung ist in diesem Zusammenhang die Frage, wie gut wir unsere Gewährspersonen – beziehungsweise deren nachgeordnete Informanten – schon kennen und

wie lange, gut und verlässlich wir mit ihnen bei anderen Projekten zusammengearbeitet haben. Falls eine neue Quelle oder Sekundärquelle erstmals für uns arbeitet oder wir den Eindruck haben, dass wir nicht nur informiert, sondern auch manipuliert werden sollen, dann werden wir unsere Kunden beziehungsweise Auftraggeber deutlich auf diese Besonderheit hinweisen, entweder im Schlussteil unseres schriftlichen Berichts oder in einem mündlichen Briefing. Im Fall des Trump-Russland-Dossiers haben wir die hauptsächliche Gewährsperson (den «Sammler») und auch die meisten seiner Informanten als bewährt und aufgrund ihrer bisher guten Arbeit als vertrauenswürdig eingeschätzt. Wo wir es mit neuen, uns noch nicht bekannten Informanten zu tun hatten, haben wir deutlich darauf hingewiesen.

***

Aus zwei Gründen werde ich in diesem Buch nicht direkt aus dem Memorandum von damals zitieren. Erstens hat Donald Trump zweimal versucht, uns dieses Dokuments wegen vor Gericht zu zerren. Zwar ist er beide Male gescheitert, aber wir haben dennoch keine Lust auf ein weiteres sinnloses und zeitraubendes Gerichtsverfahren. Der zweite Grund ist, dass alle, die das Memo lesen möchten, es ohne Probleme im Internet finden können. Es gibt keinen Grund, weshalb der Text in diesem Buch Platz wegnehmen sollte.

Mit Blick auf den weiteren Kontext der Spionageabwehr sind später noch mehrere relevante Sachverhalte bekannt geworden. Von dem ersten berichtete uns eine unerwartete Quelle, die mit der ursprünglichen Recherche nichts zu tun hatte: ein britischer Geschäftskunde von Orbis. Er erzählte uns, dass er auf seinen Geschäftsreisen nach Moskau früher immer im dortigen Ritz-Carlton übernachtet habe, dies jetzt aber nicht mehr tue und – nach mehreren Vorfällen in dem Hotel – auch seinen Mitarbeitern und Kollegen davon abgeraten habe. Bei einer Gelegenheit war beispielsweise

eine ganz in Leder gekleidete Frau mit einer Peitsche zu ihm in den Aufzug gestiegen. Er hatte angenommen, dass sie auf dem Weg zum Hotelzimmer eines Kunden sei. Jedenfalls war das keine Situation, in der sich ein führender Manager aus dem westlichen Ausland in Moskau fotografieren lassen wollte; unser Kunde war sogar besorgt gewesen, dass er selbst auf diese Weise in die Falle gelockt werden sollte.

Mehrere unserer Quellen hatten auch den großen Einfluss hervorgehoben, den der russisch-aserbaidschanische Immobilien-Tycoon Aras Agalarow auf Trumps Beziehungen zu Russland und seine Reisen dorthin gehabt habe.

Agalarow, von dem wir noch nie zuvor etwas gehört hatten, war 2013 der Veranstalter des Miss-Universe-Wettbewerbs in Moskau gewesen und hatte dem späteren US-Präsidenten 14 Millionen Dollar für die Nutzung der Markenrechte gezahlt.

Trumps damaliger Sicherheitschef Keith Schiller sagte später unter Eid vor dem Kongress aus, dass ein russischer Teilnehmer an einem in Moskau gehaltenen Meeting über den Miss-Universe-Wettbewerb Trump direkt im Anschluss an die Besprechung gesagt habe, er könne «fünf Frauen [in Trumps Hotelzimmer] schicken». Nach Aussage Schillers war Agalarow bei diesem Meeting dabei gewesen.

Wie später in einem weithin übersehenen Abschnitt des Mueller-Reports nachgezeichnet wurde, hatte ein russisch-georgischer Mitarbeiter Agalarows namens Giorgi Rtschkiladse im Oktober 2016 mehrere Textnachrichten mit Trumps damaligem Anwalt und Gefolgsmann Michael Cohen gewechselt. In dem Report heißt es:

> Am 30. Oktober 2016 erhielt Michael Cohen eine SMS von dem russischen Geschäftsmann Giorgi Rtschkiladse, in der es hieß: «Habe den Fluss von Bändern aus Russland gestoppt, aber bin mir nicht sicher, ob es noch was anderes gibt. Nur damit Sie Bescheid wissen ...» ... Rtschkiladse hat angegeben, mit «Bändern» seien kompromittie-

> rende Aufnahmen von Trump gemeint, die sich gerüchteweise im Besitz von Personen aus dem Umfeld des russischen Immobilienkonzerns Crocus Group befinden sollen; das Unternehmen ist an der Ausrichtung des Miss-Universe-Wettbewerbs 2013 in Russland beteiligt gewesen. ... Cohen sagte, er habe mit Trump über dieses Problem gesprochen, nachdem er die Textnachrichten von Rtschkiladse erhalten hatte ... Rtschkiladse gab an, man habe ihm gesagt, die Aufnahmen seien gefälscht; das hat er Cohen gegenüber aber nicht geäußert.

Außerdem behauptete Trump später gegenüber dem damaligen FBI-Direktor James Comey, er habe im Zusammenhang mit dem Miss-Universe-Wettbewerb 2013 nicht im Moskauer Ritz-Carlton-Hotel übernachtet. Dies entsprach nicht der Wahrheit; das haben andere Zeugen unter Eid ausgesagt.

Ein weiterer Datenpunkt kam im Juli 2021 im Londoner *Guardian* ans Licht. Drei erfahrene Journalisten – Luke Harding, Julian Borger und Dan Sabbagh – berichteten dort von der Existenz eines offenbar aus dem Kreml durchgesickerten Dokuments, in dem eine Sitzung des Sicherheitsrates der Russischen Föderation beschrieben wird. Bei dieser Gelegenheit gab Putin sein Einverständnis für «eine nachrichtendienstliche Geheimoperation, um den ‹psychisch labilen› Donald Trump bei der Präsidentschaftswahl 2016 zu unterstützen.»

Weiter heißt es in dem *Guardian*-Artikel:

> [In dem Dokument] enthalten ist außerdem eine offenbare Bestätigung dafür, dass der Kreml *kompromat* – potenziell kompromittierendes Material – über den späteren Präsidenten besitzt; dieses wurde, wie es in dem Dokument heißt, bei Trumps früheren, «inoffiziellen Besuchen auf dem Gebiet der Russischen Föderation» gesammelt.
>
> In dem Papier ist die Rede von «gewissen Vorkommnissen», die sich während Trumps Aufenthalten in Moskau ereignet hätten. Die Mit-

glieder des [russischen] Sicherheitsrates fänden Details in Anhang 5, Absatz 5, heißt es in dem Dokument. Es ist unklar, was dieser Anhang enthielt.

Ich weiß nicht, woher die Journalisten des *Guardian* ihre Informationen erhielten. Aber ich kenne Luke Harding gut und teile die verbreitete Auffassung, dass es sich bei ihm um einen der verlässlichsten und kenntnisreichsten Journalisten handelt, die sich mit Putins Russland beschäftigen. Die fraglichen Dokumente habe ich zwar gesehen, habe sie jedoch nie besessen. Trump bestreitet nicht nur, dass ihr Inhalt der Wahrheit entspricht, sondern hat in Großbritannien auch ein Gerichtsverfahren angestrengt, mit der Ankündigung, er werde seinen Standpunkt zweifelsfrei beweisen. Dazu kam es nie, weil der Prozess wegen Zeitüberschreitung eingestellt wurde.

Ergibt unser heutiger Kenntnisstand in Summe also den berühmten «rauchenden Colt»? Nein, das tut es nicht. Aber es steht auch nicht gegen unsere ursprüngliche Einschätzung, dass die Aussagen unserer Gewährsleute dringenden Anlass zu einer genaueren Überprüfung gaben.

***

Am 20. Juni 2016 schickten wir Glenn den USB-Stick per Kurier.

Großbritannien befand sich zu jener Zeit in einer Phase politischer Spannungen und Turbulenzen. Das Referendum über den britischen Verbleib in oder Austritt aus der Europäischen Union stand kurz bevor. Und es gab Meldungen, denen zufolge Russland sich in die Brexit-Kampagne einmische und alles in seiner Macht Stehende tue, um eine der großen Demokratien des Westens so zu beeinflussen, dass das Ergebnis des Referendums dem Kreml nutzte. Ein EU-Austritt Großbritanniens würde ein Bündnis schwächen, das – direkt vor Putins Haustür angesiedelt – dafür sorgte, dass die bisweilen zerstrittenen europäischen Partner sich zusammenrauften und

in den wesentlichen Fragen am selben Strang zogen. Niemand hatte uns beauftragt, die mögliche Einmischung des Kremls in das Referendum zu untersuchen, aber ich hatte Entsprechendes von russischen Kontaktleuten gehört und spürte damals auch, dass etwas im Busch war. Und was ich gerade von Igor über die Pläne des Kremls zur Spaltung der amerikanischen Politik und Gesellschaft erfahren hatte, ließ mich hoffen, dass meine früheren Kollegen bei den britischen Geheimdiensten alles Erdenkliche taten, um eine mögliche Bedrohung durch russische Einflussnahmen auf das Brexit-Referendum auszuforschen und zu unterbinden. Und auch Desinformation zur Spaltung der britischen Gesellschaft im Vorfeld des Referendums schien mir eine ernste Gefahr zu sein, die es aufzudecken galt.

Am 23. Juni überquerte unser FedEx-Päckchen den Atlantik, während die britische Bevölkerung an die Urnen strömte. Das Ergebnis des Referendums wurde in den frühen Morgenstunden des 24. Juni bekanntgegeben. Eine knappe Mehrheit der Wahlberechtigten hatte sich dafür ausgesprochen, die EU zu verlassen. In der russischen Duma vernahm man Beifallsrufe.

Wie der Zufall es wollte, war der 24. Juni 2016 auch mein 52. Geburtstag. Das Ergebnis des Referendums nahm ich mit Ernüchterung zur Kenntnis. Ich war leidenschaftlich davon überzeugt – und bin es noch immer –, dass Großbritannien in der EU sicherer aufgehoben wäre und wirtschaftlich besser dastünde und dass Putin den Austritt einer der größten und stärksten Nationen des Kontinents aus dem europäischen Staatenbündnis als einen absoluten Triumph verbuchen dürfte.

Katherine hatte uns einen Tisch im Gartenrestaurant der Royal Horticultural Society in Wisley reserviert, inmitten eines wunderbar gepflegten Parks von fast 100 Hektar Fläche. Die Fahrt von unserem Haus dorthin dauerte etwa 25 Minuten. Unterwegs hörten wir im Autoradio die Rücktrittsrede des Premierministers David Cameron, die schier endlos wiederholt wurde. Es war ein dramatischer – fast

schon traumatischer – Tag. Aber das Mittagessen in einem derart reizvollen Restaurant, mit dem ganzen Panorama von Wisley um uns herum, würde hoffentlich eine gewisse Beruhigung bringen.

Doch dann war der Überraschungs-Lunch zu meinem Geburtstag doch nicht so erholsam wie erhofft. Mein Handy stand nicht still. Am Apparat war ein höchst beunruhigter Glenn, denn die Sendung mit dem USB-Stick war im Washingtoner Büro von Fusion GPS noch nicht eingetroffen. Der FedEx-Fahrer hatte die Adresse nicht gefunden. Ob ich nicht vielleicht dabei helfen könne, das Päckchen aufzuspüren? Schließlich tauchte es doch noch auf, und das Fusion-Team konnte es auf der nächstgelegenen Poststelle in der K Street abholen.

Dann rief Glenn noch einmal an. Wir waren noch immer am Essen. Er hatte die Sendung jetzt erhalten und den Inhalt gelesen. Ich musste vom Tisch aufstehen und nach draußen gehen, damit niemand das Gespräch mithören konnte. Katherine ließ ich drinnen allein sitzen, mitten in dem Geburtstagsessen, das sie so liebevoll für mich geplant hatte. Draußen fand ich ein geschütztes Plätzchen.

«Herrgott, was sollen wir damit nur machen?», fragte Glenn.

«Weiterarbeiten, das werden wir machen – oder sollten wir jedenfalls», meinte ich. «Du musst das deinem Kunden zeigen, sieh erst mal, was der sagt.»

Glenn brauchte noch etwas Zeit, um zu verdauen, was ich ihm da aufgetischt hatte. Wir vereinbarten, uns bald wieder zu sprechen.

***

Nach dem Lunch machten Katherine und ich einen Spaziergang durch den Park. Wir sprachen über den Report. Ich denke, weder ihr noch mir war bewusst, welche Wirkung er letztlich haben würde. Eines aber wussten wir: Es gab noch jemand anderen außer Glenn und seinem Auftraggeber, der, wie ich meinte, meinen Bericht zu Gesicht bekommen sollte. Schon bei meinem Gespräch mit Igor in

unserem Büro war mir der Gedanke gekommen, dass ich eigentlich verpflichtet war, derartige Informationen an das FBI weiterzugeben. Wenn Wladimir Putin über irgendein Druckmittel verfügte, das er zur Erpressung eines der beiden Menschen einsetzen konnte, die um den Einzug ins Weiße Haus konkurrierten, dann mussten die US-Strafverfolgungsbehörden hiervon in Kenntnis gesetzt werden. Sicher – Glenn und sein Kunde besaßen diese Informationen und hatten dafür bezahlt; aber das war Politik. Hier ging es nun um eine Frage der nationalen Sicherheit – zunächst für die Vereinigten Staaten, aber im weiteren Sinne auch für Großbritannien.

Logisch erschien mir das zwingend: Wenn man zusah, wie im Nachbarhaus eingebrochen wurde – rief man dann die Polizei oder hielt man seinen Mund? Ich denke, die meisten von uns würden sofort zum Telefonhörer greifen. Und dass dies die Art ist, wie wir handeln sollten, ist sicher allen klar. Angenommen also, man erführe etwas, das potenziell weitreichende Konsequenzen für die Zukunft der Demokratie hätte – was würde man dann tun? Die meisten von uns würden wohl Alarm schlagen. Jedenfalls hoffe ich das.

***

Vielleicht wäre es gut, an dieser Stelle noch einmal Revue passieren zu lassen, wie lange die einzelnen Teile der US-Regierung – gefühlt – brauchten, bis sie die grundlegende Einsicht akzeptiert hatten, dass Russland sich in das demokratische System der Vereinigten Staaten einmischen und Donald Trump zum Einzug in das Weiße Haus verhelfen wollte. Barack Obama behauptet zwar, er habe Putin im September 2016 persönlich gesagt, dieser solle «es sein lassen»; aber erst nachdem Trump die Wahl im November desselben Jahres gewonnen hatte – und nur wenige Tage vor seiner Amtseinführung –, machten sich die wichtigsten Vertreter der US-Nachrichtendienste geschlossen die Auffassung zu eigen, dass der Kreml versucht hatte, die Wahl zugunsten Trumps zu beeinflussen. Und erst am 18. April 2019 – also

fast drei Jahre nach unserem ursprünglichen Bericht – wurde die geschwärzte Fassung des Mueller-Reports öffentlich gemacht. Der erste Satz im zweiten Absatz dieses Textes lautet: «Die russische Regierung mischte sich 2016 tiefgreifend und systematisch in den Präsidentschaftswahlkampf ein.» Ich hätte unmöglich ahnen können, wie träge die US-Regierung auf die russische Bedrohung der amerikanischen Demokratie reagieren würde – aber im Sommer 2016 verspürte ich eine dringende Notwendigkeit, das FBI zu alarmieren.

Bevor ich jedoch die von Igor gesammelten Informationen an das FBI weiterreichen konnte, musste ich zunächst Glenn um seine Erlaubnis bitten. Igors Rechercheergebnisse waren nicht mein geistiges Eigentum, sondern gehörten dem Auftraggeber von Fusion GPS, wer auch immer das sein mochte.

Ein paar Tage darauf rief ich Glenn an. Er wusste, dass wir bei früheren Gelegenheiten für das FBI gearbeitet hatten. «Wir können doch nicht mit dem FBI als Kunden zusammenarbeiten und dann auf dieser Sache hier hocken bleiben, ohne ihnen davon zu erzählen», sagte ich zu ihm.

«Nun ja, vielleicht … vielleicht auch nicht», meinte er.

«Wir müssen das machen, Glenn!»

Am Tag darauf sprachen wir noch eingehender darüber, und schließlich willigte Glenn ein.

So viel also zu der Verschwörungstheorie der amerikanischen Rechten, mit der Trumps Gefolgsleute später hausieren gehen sollten, das Wahlkampfteam Hillary Clintons hätte mich gebeten – oder gar angewiesen! –, unsere vertraulichen Informationen über Trump an das FBI weiterzugeben, um Unruhe zu stiften und der Kandidatin im Wahlkampf einen Vorteil zu verschaffen. Vielmehr war es unsere eigene, völlig freie und unabhängige Entscheidung, diese Informationen weiterzureichen, die ausschließlich auf einem Gefühl der Loyalität zu unseren amerikanischen Verbündeten beruhte. Es war ganz einfach die beste Vorgehensweise – ein Beispiel von best practice, wie ich es schon unzählige Male in die Wege geleitet hatte. Und

in unserer Situation als gelernte Nachrichtendienstler, die mit dem FBI schon lange als zahlendem Kunden zusammengearbeitet hatten, fiel uns die Entscheidung besonders leicht, einfach den Hörer in die Hand zu nehmen.

Ich wusste auch schon, wen ich beim FBI kontaktieren würde: Mike Gaeta.

Kapitel 11

Alarm schlagen

Ich schrieb Mike Gaeta eine SMS. «Hier ist was Wichtiges im Gang. Ich glaube, du solltest so schnell wie möglich mal in London vorbeikommen.» Mike arbeitete damals in der Rechtsabteilung der amerikanischen Botschaft in Rom.

Kurz darauf hatte ich ihn am Telefon. Ich verriet ihm noch nicht, was wir da zusammengetragen hatten. Er wusste aber, dass ich weder seine Zeit und Ressourcen noch die des FBI unnütz vergeuden würde und dass es sich um eine potenziell wichtige Sache handeln musste. Als FBI-Agent mit Einsatzort Rom brauchte er eine Genehmigung der Washingtoner Zentrale, um seinen Posten zu verlassen und nach London zu reisen, aber aufgrund der langjährigen, noch immer bestehenden guten Zusammenarbeit zwischen Orbis und dem FBI bekam er problemlos grünes Licht und machte sich schon bald auf den Weg.

Im Juli kam Mike nach London. In unseren Büroräumen traf er sich mit Chris Burrows und mir. Wir setzten ihn über die Rechercheergebnisse von Projekt SNAKE ins Bild.

Er war völlig perplex. Wir wüssten, sagten wir ihm, dass ihm diese Sache gehörige politische und andere Probleme bereiten würde; aber angesichts der Implikationen des Reports für die Spionageabwehr in Richtung Russland seien wir zu der Auffassung gelangt, dass er diese Unterlagen so bald als möglich erhalten sollte.

Mike sagte uns zu, dass er die Unterlagen einem kleinen Kreis von leitenden Mitarbeitern und Analysten im FBI-Hauptquartier zugänglich machen würde. Er versprach uns, sein Möglichstes zu tun, um unsere Quellen und weiteren Tätigkeiten in dieser Sache zu schützen. Wir sagten ihm, dass Glenn bei Fusion GPS derjenige gewesen sei, der die Recherche in Gang gesetzt hatte, und dass wir vermuteten, der eigentliche Auftraggeber komme aus dem Umfeld von Hillary Clinton und ihrem Wahlkampfteam.

Ich druckte ein Exemplar des Berichts für Mike aus. «Nimm das mit», sagte ich. Er verstaute den Ausdruck in seiner Aktentasche und verließ unser Büro.

***

Wie wir später erfahren sollten, erhielt das FBI im Juli 2016 noch zwei weitere beunruhigende Berichte. Am 5. Juli hielt ein außenpolitischer Berater aus Trumps Team namens Carter Page einen Vortrag an der Moskauer New Economic School, der von den bekannten politischen Positionen der Republikanischen und Demokratischen Parteien der USA sowie von der offiziellen Linie der US-Regierung deutlich abwich. Page kritisierte den Westen für «unnötig beibehaltene Tendenzen aus der Zeit des Kalten Krieges». Seine ganze Rede war gespickt mit mehr oder weniger offenkundigen Sympathiebekundungen an die Adresse von Putins Russland; er schien dem Kreml gegenüber signalisieren zu wollen, dass ein Präsident Trump den Russen gegenüber sehr viel entgegenkommender sein würde als eine Präsidentin Clinton. Dem FBI war das nicht entgangen.

Im selben Monat wandte sich die australische Regierung an das FBI mit dem Hinweis, dass sich im Mai 2016 der australische Botschafter in London, Alexander Downer, bei einem Drink mit einem anderen außenpolitischen Berater Trumps, George Papadopoulos, unterhalten habe. Bei dieser Gelegenheit habe Papadopoulos behauptet, Russland sei im Besitz kompromittierender Informationen

über Hillary Clinton. (Russland verfügte zum damaligen Zeitpunkt tatsächlich über Tausende von E-Mails, die Clinton gestohlen worden waren.)

Wir setzten unterdessen unsere Recherchen zum Thema «Trump, Russland und die US-Präsidentschaftswahl» fort. Fusion hatte mit Orbis fürs Erste einen Vertrag über sechs Wochen geschlossen, und von dieser vereinbarten Recherchezeit war noch etwas übrig. Igor kehrte in die Vereinigten Staaten zurück. Auch dort hatte er seine Quellen – russische Staatsbürger mit Wohnsitz in den USA, die mehr wussten. Also machte er Termine mit ihnen aus, um im persönlichen Gespräch weitere relevante Informationen ans Licht zu bringen.

Den Druck, in dieser Sache unbedingt am Ball zu bleiben, empfanden wir jetzt immer stärker. Der Wahlparteitag der Demokraten sollte am 25. Juli beginnen. Am 22. Juli veröffentlichte WikiLeaks Tausende von E-Mails, die russische Hacker mit Verbindungen in den Kreml vom Server des Democratic National Committee (DNC), dem nationalen Organisationsgremium der Demokratischen Partei, gestohlen und an die Whistleblower-Website weitergegeben hatten. Diese E-Mails brachten Clinton und ihr Wahlkampfteam in eine ziemlich peinliche Lage.

Mittlerweile war uns, unseren Kollegen bei Fusion und auch vielen Journalisten klar, dass Russland versuchte, die Wahl zugunsten Trumps zu beeinflussen. Vor dem Hackerangriff auf den DNC-Server hatten wir einen starken Verdacht gehabt – hinterher hatten wir die Gewissheit. Sogar Donald Trump selbst schien zu akzeptieren – wenn auch nur vorübergehend –, dass der Angriff auf das Konto der Russen ging. Am 27. Juli tat er etwas, das kein amerikanischer Präsidentschaftskandidat vor ihm jemals getan hatte: Er rief einen außenpolitischen Gegenspieler der Vereinigten Staaten öffentlich dazu auf, einen weiteren Cyberangriff auf seine Kontrahentin Hillary Clinton durchzuführen.

«Russland, wenn ihr zuhört, ich hoffe, ihr findet die 30 000 E-Mails,

die verschwunden sind», sagte Trump bei einer Pressekonferenz und spielte damit auf E-Mails an, die das FBI auf Clintons privatem Server nicht mehr hatte auffinden können. «Ich denke, dafür werdet ihr von unserer Presse mächtig belohnt werden.» Als ich davon erfuhr, konnte ich es kaum glauben: Verabredung zum Komplott – vor den Augen und Ohren der Öffentlichkeit!

Später am selben Tag sprach ich mit Glenn. Bis zur US-Präsidentschaftswahl waren es nicht mehr ganz drei Monate. Vom FBI hatte ich nichts Weiteres mehr gehört, nachdem ich drei Wochen zuvor Mike Gaeta unseren ersten Report übergeben hatte. Wir hatten zu diesem Zeitpunkt keine Ahnung davon, dass Gaeta, der nicht wusste, an wen er unseren Bericht in der FBI-Zentrale adressieren sollte, ihn stattdessen an das Regionalbüro in New York geschickt hatte, wo er im August und September 2016 sechs entscheidende Wochen lang in einem Sicherheitsschrank verstaubte. Es ist außerdem möglich, dass ein FBI-Agent namens Charles McGonigal Zugriff auf den Report hatte, als er Anfang Oktober 2016 in die New Yorker Zweigstelle versetzt wurde, wo er die Leitung der Spionageabwehr-Abteilung übernehmen sollte. Im Jahr 2023 wurde McGonigal wegen Geldwäsche, der Verletzung von US-Sanktionen und Falschaussagen gegenüber dem FBI rechtskräftig verurteilt. Er hatte Geldzahlungen von keinem Geringeren als Oleg Deripaska angenommen, für den er einen von seinen Oligarchen-Rivalen ausspionieren sollte, sowie außerdem, in einem zweiten, hiervon unabhängigen Fall, von einem früheren albanischen Geheimdienstmitarbeiter. McGonigal war nicht die Art von Person, die man freiwillig an sensible Dokumente wie unser Russland-Dossier heranlassen würde. Es wäre nützlich – und historisch aufschlussreich – zu wissen, ob er sich Zugriff darauf verschafft hatte.

Bei Glenn und mir nahm die Nervosität zu, als die Nachrichten über Verbindungen zwischen Trumps Wahlkampfteam und Moskau begannen, sich zu überschlagen. Gewiss würde das FBI jetzt bald etwas unternehmen? Ich entschied irgendwann, dass ich nicht wei-

ter dasitzen und Däumchen drehen konnte. Als der frisch gekürte Präsidentschaftskandidat der Republikaner sollte Trump demnächst an dem traditionellen Sicherheitsbriefing der höchsten Geheimhaltungsstufe teilnehmen, das die Kandidaten der beiden großen Parteien im Endspurt vor der Wahl von Vertretern der US-Sicherheits- und -Geheimdienstorgane erhalten. Während Igor seine Arbeit wieder in Russland fortsetzte, flog ich kurzentschlossen über den Atlantik. Ich hatte das Gefühl, selbst nach Washington reisen zu müssen, um sicherzustellen, dass die Botschaft angekommen und auch verstanden worden war. Und falls notwendig, konnten wir sie dann immer noch an andere Stellen weiterleiten.

***

So flog ich also Ende Juli 2016 zusammen mit einem Orbis-Kollegen nach Washington. Wir kamen dort am frühen Nachmittag an und checkten in unser Hotel im Stadtzentrum ein. Es sollte ein Kurztrip auf zwei Tage werden.

Igor berichtete, dass sowohl der Kreml als auch Trumps Mitarbeiter durch die jetzt immer häufiger aufgedeckten Fälle von versuchter Wahlbeeinflussung durch Moskau stark beunruhigt seien. Die Russen seien, wie ich in einem Bericht für Fusion unter dem Datum vom 30. Juli schrieb, «darauf aus, die Situation zu beruhigen, um die ‹glaubhafte Bestreitbarkeit› ihrer bestehenden/laufenden Pro-TRUMP- und Anti-CLINTON-Operationen nicht zu verlieren. Deshalb [ist es] unwahrscheinlich, dass die offensiven Züge in unmittelbarer Zukunft an Intensität zunehmen werden.» Dennoch blieb ich äußerst beunruhigt darüber, dass das FBI und die amerikanische Regierung das ganze Ausmaß der russischen Versuche, die Wahl zu unterwandern, gar nicht zu begreifen schienen. Putin hatte lediglich auf «Pause» gedrückt.

Am Samstagmorgen trafen wir uns zum Frühstück mit Bruce Ohr, einem alten Freund und Kontaktmann zu amerikanischen

Regierungsstellen, der mittlerweile im US-Justizministerium tätig war. Genauer gesagt, arbeitete Bruce in leitender Funktion in der Strafverfolgungsabteilung des Ministeriums. An den früheren Bemühungen, Deripaska aufzubauen und eine vertrauliche Beziehung zwischen der US-Regierung und ihm sowie anderen russischen Oligarchen anzuknüpfen, war auch Bruce beteiligt gewesen. Wir kannten einander schon seit Jahren, und ich war vollkommen überzeugt von seiner persönlichen Integrität.

Ich hatte Bruce keinerlei Vorwarnung darüber gegeben, was ich mit ihm besprechen wollte. Beim Frühstück mit ihm und seiner Frau Nellie, einer Russland-Expertin, die in der Vergangenheit für diverse US-Geheimdienststellen gearbeitet hatte (und die inzwischen als Beraterin für Fusion tätig war, was ich aber nicht wusste), berichtete ich die Highlights von Igors bisherigen Entdeckungen. In seiner Aussage vor einem Untersuchungsausschuss des amerikanischen Kongresses fasste Bruce diese Informationen später so zusammen: Die Russen hätten «Trump vollkommen in der Hand» gehabt. Ich berichtete Bruce und Nellie, dass ich unsere ersten beiden Reports an Mike Gaeta weitergegeben hatte, den Bruce kannte.

Bruce wirkte erschüttert. Er sagte nicht, was er mit den Informationen anfangen wollte, die ich ihm gegeben hatte. Aber immerhin hatte ich jetzt das FBI und einen leitenden Mitarbeiter im Justizministerium darauf hingewiesen, dass die Russen womöglich darauf hinarbeiteten, Trump den Wahlsieg zu sichern. Jetzt müsste die Nachricht doch langsam nach oben durchdringen.

Wie wir später erfahren sollten, gab Bruce den Hinweis binnen Tagen nach unserem gemeinsamen Frühstück an mehrere hochrangige Beamte beim FBI weiter, darunter auch an den damaligen Vizepräsidenten der Behörde, Andrew McCabe.

***

Gegen sechs Uhr abends nahmen wir, ein Orbis-Kollege und ich, ein Taxi zu einer Kirche im Zentrum von Washington. Glenn hatte mir gesagt, dass sein Auftraggeber mich treffen wolle. Wir hatten Anweisung, Glenn bei der Kirche zu treffen; dann betraten wir drei zusammen ein nahegelegenes Gebäude – durch die Hintertür. Wie ich dann erkannte, befanden wir uns in den Büroräumen von Perkins Coie, einer Anwaltskanzlei.

In der Kanzlei trafen wir uns mit einem Anwalt namens Mike Sussmann und nahmen gemeinsam in einem Sitzungszimmer Platz. Sussmann quetschte mich regelrecht aus, machte zugleich aber einen sehr vorsichtigen Eindruck; unter anderem stellte er mir etliche Fragen zu der Recherchetätigkeit von Orbis und unseren Arbeitsmethoden. In gewissen Abständen stand er auf und verließ den Raum. In diesen Pausen besprach er sich wohl, wie Glenn und ich vermuteten, mit seinem Chef, dem Rechtsanwalt Marc Elias, über den ich später erfahren sollte, dass er der Chefjurist von Hillary Clintons Wahlkampagne sowie der eigentliche Auftraggeber unserer Kollegen bei Fusion GPS war. Ich hatte den starken Eindruck, dass die Leute von Perkins Coie mir im eigenen Interesse auf den Zahn fühlen wollten, um einschätzen zu können, ob ich verlässlich und professionell wirkte. Interessanterweise stellte Sussmann mir keinerlei Fragen zum Inhalt unserer Reports.

***

Das FBI hatte nun mehrere Gründe zur Besorgnis über die möglichen Verbindungen Russlands zu Trump sowie die russischen Bestrebungen, sich in den demokratischen Prozess der amerikanischen Präsidentschaftswahl einzumischen. Das FBI wusste über Carter Pages Reise nach Moskau Bescheid; es verfügte über Alexander Downers Wiedergabe der Äußerungen von George Papadopoulos; der Hackerangriff auf den DNC-Server war inzwischen bekannt geworden; auch Paul Manafort und der Ex-General Michael Flynn, der

ebenfalls zu Trumps Beraterstab gehörte, standen auf der FBI-Liste von Leuten mit womöglich dubiosen Kontakten nach Russland; und schließlich lagen dem FBI-Mitarbeiter Mike Gaeta unsere ersten beiden Berichte vor, und einige Mitglieder der absoluten Führungsspitze der Behörde hatten deren Inhalt inzwischen zur Kenntnis genommen.

In aller Stille – und ohne dass ich oder Fusion etwas davon gewusst hätten – hatte der FBI-Direktor James Comey eine streng geheime Untersuchung zu den mutmaßlichen Beziehungen Trumps nach Russland in Gang gesetzt. Am 31. Juli taufte ein FBI-Agent aus der zuständigen Arbeitsgruppe diese Ermittlungen auf den Codenamen «Crossfire Hurricane».

***

Unser sechster Bericht, der am 5. August fertig war, beschrieb ein Zerwürfnis zwischen Putins führenden Gefolgsleuten. Der Stabschef des russischen Präsidenten, Sergej Iwanow, war dem Vernehmen nach empört über die Aufdeckung der Kampagne zur Beeinflussung der US-Wahl und glaubte, diese sei zu weit gegangen. Putins Sprecher Dmitri Peskow war der führende Kopf hinter dieser Kampagne gewesen, wie wir berichten konnten, und hatte nun «die Hosen voll», weil er befürchtete, zum Sündenbock für das daraus entstandene PR-Debakel der russischen Regierung gemacht zu werden. Unser Gewährsmann für diese Information sagte voraus, dass Peskow sich jetzt «erst einmal verkriechen» werde.

Seine Befürchtungen hätte sich Peskow sparen können. Unsere Quelle hatte zwar recht, was das Zerwürfnis anging. Aber am 12. August war es nicht Peskow, sondern Iwanow, der von Putin degradiert wurde. Die Lektion hieraus schien mir klar: Putins Mitarbeiter mochten sich angesichts der medialen Enthüllungen über Russlands Einmischung in den US-Wahlkampf die Haare gerauft haben – aber Putin selbst war das alles relativ egal. Peskow, der Stratege hinter

der Kampagne, behielt seinen Job. Iwanow, der Kritiker, war zum Sonderbeauftragten für Transport und Umwelt herabgesetzt worden. Putin hatte ihn auf die Ersatzbank verbannt. Die Botschaft des russischen Präsidenten war klar: Wir bleiben bei unserem Plan.

Unermüdlich sammelte Igor weitere Informationen.

***

Immer wieder berichteten uns unsere Quellen in der nächsten Zeit, dass der Kreml seine Beeinflussungskampagne unvermindert fortsetze. In einem Bericht vom 10. August konnte ich festhalten, dass Iwanow einem engen Mitarbeiter Anfang des Monats Folgendes gesagt habe, «... dass das Zielpublikum für derartige Operationen [nämlich die Verbreitung von Gerüchten und Falschinformationen] die gut ausgebildete junge Generation in Amerika sei, und [Iwanow] äußerte die Einschätzung, dass noch immer eine Chance bestehe, diese Zielgruppe zur Stimmabgabe für den republikanischen Kandidaten Donald TRUMP zu bewegen, als Protestwahl gegen das Washingtoner Establishment (in Gestalt der demokratischen Kandidatin Hillary CLINTON). Hiervon erhoffte man sich, dass selbst nach einem Wahlsieg der Kandidatin CLINTON diese so sehr mit der Aussöhnung der zerstrittenen Parteien im Inneren beschäftigt wäre, dass ihr für eine effektive Außenpolitik gegen die russischen Interessen die Kraft fehlen würde.»

Mit anderen Worten glaubte Iwanow – wie wahrscheinlich auch sein Boss, Putin –, dass Russland in den verbleibenden Wochen bis zur US-Wahl eigentlich nur gewinnen konnte, ganz egal wie der Wahlsieger am Ende hieß.

Mit jedem neuen Puzzlestück an sensibler Information, das wir bekamen, wuchs meine Besorgnis, dass alle Bemühungen zur Alarmierung der amerikanischen Strafverfolgungsbehörden und politischen Entscheidungsträger vergebens gewesen sein könnten. Hielt irgendjemand unsere Funde absichtlich unter der Decke? Oder wa-

ren sie auf dem innerbehördlichen Dienstweg einfach noch nicht bis an die Spitze gelangt? Weder Fusion noch Orbis erhofften sich für ihr Engagement eine Gegenleistung; wir wollten schlicht sicherstellen, dass die US-Regierung über diese Vorgänge informiert war und auch begriff, was dabei auf dem Spiel stand.

***

Bei einem zweiten Besuch in Washington im September traf ich mich erneut mit Bruce Ohr zum Frühstück; diesmal waren wir zu zweit.

Ich brachte Bruce auf den neuesten Stand. Er hörte mir aufmerksam zu und erwähnte seinerseits mit keinem Wort die laufende FBI-Untersuchung. Zum damaligen Zeitpunkt waren, wie wir später erfahren sollten, fast alle Entscheidungsträger in Barack Obamas engstem Umfeld über die Besorgnis der Geheimdienste angesichts der russischen Einflussnahme-Kampagne und die daraus resultierenden «Crossfire Hurricane»-Ermittlungen unterrichtet worden. Jetzt wog Obama seine Handlungsoptionen ab.

Ich war mir mit Glenn einig, dass wir unsere Bemühungen noch einmal verstärken mussten, um eine ordentliche Untersuchung des Problemkomplexes «Trump–Russland» in Gang zu bringen. Er schlug vor, dass wir einer ausgewählten Gruppe von Journalisten zumindest in groben Zügen und ganz im Vertrauen darlegen sollten, was Orbis da aufgedeckt hatte.

Glenn buchte ein Zimmer im Tabard Inn, einem charmanten kleinen Hotel im Stadtzentrum von Washington – doch weit genug entfernt vom angestammten Revier der Lobbyisten rund um die K Street. Er telefonierte mit einigen der landesweit bestvernetzten Journalisten aus den Ressorts nationale Sicherheit und Innenpolitik, und wir vereinbarten mit jedem von ihnen einen Termin, zu dem wir uns in dem Hotel zu einem Gespräch treffen wollten.

Unsere Absicht bei diesen Gesprächen war nicht etwa, unsere

Dossiers zum Abdruck freizugeben (oder sie den Journalisten auch nur zu zeigen). Dafür war der Wahltermin inzwischen schon zu nah herangerückt, und die Presseleute hätten keine ausreichende Zeit mehr gehabt, um eigene Recherchen anzustellen und unsere Angaben hinreichend zu erhärten, bevor der 8. November vor der Tür stand. Aber was die Journalisten ganz sicher nicht machen würden, da waren Glenn und ich uns sicher: die Informationen, die sie von uns erhalten hatten, vier Jahre lang in der Schublade verschwinden lassen (wie es das FBI womöglich tun würde), sollte Trump wider Erwarten doch einen Wahlsieg erringen. Wir mussten eine Saat für die Zukunft ausbringen.

Zu den Journalisten, die wir einluden, gehörten Michael Isikoff von *Yahoo News*, Jane Mayer vom *New Yorker* (die später für ihre Zeitschrift ein Profil über mich schrieb), David Sanger und Eric Lichtblau von der *New York Times*, Tom Hamburger von der *Washington Post* und Matt Mosk von *ABC News*. Mit ihnen allen hatten wir etwa einstündige Gespräche vereinbart, mit ausreichend Luft dazwischen, damit sie einander nicht in der Lobby begegnen konnten. Und dann erklärten wir ihnen in groben Zügen, was wir über die russische Einflussnahme auf die bevorstehende Präsidentschaftswahl herausgefunden hatten.

Alle unsere Gesprächspartner erklärten sich bereit, meine Identität geheim zu halten. Wenn ich in ihrer Berichterstattung auftauchte, dann nur als «ein früherer Mitarbeiter eines westlichen Nachrichtendienstes». Wir gaben keinen unserer Berichte an sie weiter, ja wir zeigten sie ihnen noch nicht einmal. Das Ziel dieses Vorgehens war eindeutig und allen klar: Wir möchten euch vor diesen Dingen warnen, die wir herausgefunden haben, aber wir können euch weder sagen, wer unsere Quellen sind, noch können wir euch unsere Dossiers zur Verfügung stellen.

Der einzige Nachrichtenanbieter, der nach diesen Gesprächen eine entsprechende Meldung brachte, war *Yahoo News*. Der Artikel, der am 23. September veröffentlicht wurde, rückte Carter Page in

den Mittelpunkt: «Mitarbeiter der US-Nachrichtendienste versuchen herauszufinden, ob ein amerikanischer Geschäftsmann, den Donald Trump als einen seiner außenpolitischen Berater benannt hat, in einen privaten Austausch mit führenden Vertretern der russischen Regierung getreten ist – bis hin zu Gesprächen über eine mögliche Aufhebung der US-Sanktionen gegen Russland, sollte der republikanische Präsidentschaftskandidat die Wahl gewinnen. Dies berichten mehrere Quellen aus gut informierten Kreisen.» So begann der Text, den Michael Isikoff verfasst hatte. Ich tauchte darin als «ein bestens unterrichteter Experte aus westlichen Geheimdienstkreisen» auf. Der Artikel schlug nur kleine Wellen und war inmitten der Flut von Berichterstattung so kurz vor der Präsidentschaftswahl schon bald wieder vergessen. Jetzt waren es nur noch sechs Wochen bis zum Wahltag.

Zusätzlich zu diesen Pressebriefings holte ich unmittelbar vor dem Wahltermin am 8. November noch den Rat eines Mentors von mir ein: Sir Andrew Wood, der 1995 bis 2000 als britischer Botschafter in Moskau akkreditiert gewesen war. Ich setzte auf seine Klugheit und Erfahrung und berichtete ihm, was wir herausgefunden hatten. Andrew nahm die Berichte ernst und regte an, dass wir sie Strobe Talbott zeigten, dem vormaligen Vize-Außenminister der Vereinigten Staaten und als Russlandkenner gewissermaßen unser amerikanisches Pendant. Anfang November konnten wir Andrews Vorschlag in die Tat umsetzen. Strobe besprach die Sache umgehend mit dem amtierenden US-Außenminister John Kerry und dessen Abteilungsleiterin für europäische und eurasische Fragen, Victoria Nuland.

Doch schienen diese hochrangigen Vertreter der US-Regierung, deren Pflicht es doch eigentlich war, die amerikanische Demokratie zu beschützen, nach meiner Wahrnehmung kaum daran interessiert, in dieser Angelegenheit aktiv zu werden.

Kapitel 12

Das FBI will reden

Ende September rief mich Mike Gaeta an. Das FBI wollte reden. Und dieses Mal würden wir bei unserem Gespräch nicht nur zu zweit sein. Ganz offenbar war da etwas in Bewegung geraten.

Ob ich nach Rom kommen könne?

Mike erklärte, dass das schneller und einfacher wäre, als wenn wir uns allesamt in Washington oder London träfen. Ich willigte ein, buchte einen Flug für den 2. Oktober und fand mich schon wenig später im Herzen der Ewigen Stadt wieder. Eigentlich hätte ich gern Chris Burrows zur Unterstützung mitgenommen, aber er konnte mich aufgrund einer anderen Arbeitsverpflichtung leider nicht begleiten. Die Konsequenz war, dass ich mich in Rom ziemlich in der Unterzahl befand und außerdem keinen Zeugen für unser Gespräch hatte.

Man wies mich an, zu einer Adresse in der Nähe des Kolosseums zu kommen. Im Jargon der Schlapphüte gesprochen, handelte es sich um ein «OCP-Objekt» – Operational Clandestine Premises, eine konspirative Wohnung. In einer Gesprächsnotiz über das Treffen, die ich am 5. Oktober schrieb, heißt es: «Man hatte mich gebeten, eigenständig zu dem Haus zu kommen (im Taxi von meinem Hotel aus). An der Tür empfing mich ein junger Mann, der mich nach oben brachte (aber offenbar nicht zum Team gehörte) und dabei keinerlei Fragen stellte.»

Der junge Mann lieferte mich in einem fensterlosen Besprechungszimmer ab. Nach meiner Einschätzung handelte es sich um einen abhörsicheren Raum, der für derartige Zwecke eingerichtet worden war.

Zu unserem Treffen waren drei leitende Mitarbeiter der FBI-Abteilung «Spionageabwehr Russland» aus Washington eingeflogen. Wir nahmen Platz und begannen ein Gespräch, das dreieinhalb Stunden dauern sollte.

Zwei der FBI-Agenten stellten die meisten Fragen. Die anderen hörten zu, sahen zu, machten sich Notizen. In meinem Memo schrieb ich:

> FBI hat unsere Recherche (zu Trump/Russland) offenbar sehr ernst genommen; ermittelt jetzt mit Hochdruck [...]. Dies hat sie in eine sehr schwierige Lage gebracht.

Um es noch einmal zu betonen: Das FBI teilte mir in Rom mit, dass sie tatsächlich eigene Ermittlungen in dieser Sache aufgenommen hatten. Das war schon einmal positiv zu bewerten.

Sie teilten mir im Vertrauen mit, welche Anhaltspunkte sich gegen den Trump-Berater George Papadopoulos ergeben hatten, und skizzierten ihre Ermittlungstaktik bei der Suche nach weiteren Verbindungen zwischen Trumps Wahlkampfteam und Russland sowie nach dem Ausmaß der russischen Einflussnahme im Wahlkampf. Sie sagten mir, dass sie genug Beweismaterial gegen Carter Page zusammentragen wollten, damit dieser dann kooperationsbereit sei und bei der Beweisbeschaffung gegen ein wichtigeres Ziel, nämlich Paul Manafort, helfen werde.

Ich war erleichtert. Das FBI nahm die Sache jetzt zweifellos ernst, war am Ball und verfolgte bereits eigene Spuren. Die Agenten suchten, wie ich meinte, größtenteils in den richtigen Ecken – vor allem, was Manafort anging. Von dem Augenblick an, in dem mir Igor erstmals seine Ergebnisse präsentierte, hatte ich dem FBI vermitteln

wollen, was da im Gang war und dass sie unbedingt Ermittlungen aufnehmen mussten. Für unsere eigene Arbeit brauchten wir keine externe Bestätigung – schon seit Jahren hatten wir in und über Russland recherchiert, hatten sensible Informationen zusammengetragen, die sich so gut wie immer als verlässlich erwiesen hatten –, aber es war doch ermutigend zu wissen, dass Orbis und das FBI unabhängig voneinander Bestandteile derselben Story aufdeckten: Russland versuchte, über den Ausgang einer US-Präsidentschaftswahl zu entscheiden. In meinem Memo schrieb ich:

> Die zentrale Bitte für unser weiteres Vorgehen, die sich aus dem Gespräch ergab, war, dass wir [Dantschenko] bitten sollen, für Carter PAGEs mutmaßliche Geheimtreffen im Juli vergangenen Jahres in Moskau bei seinen beiden Gewährsleuten hieb- und stichfeste Nachweise einzuholen. Ich betonte, wie schwierig und potenziell gefährlich es sein würde, diese Bitte an ihn/sie weiterzuleiten und ihn/sie die Nachforschungen vor Ort anstellen zu lassen, aber wir vereinbarten, dass wir darüber reden würden. ...
> Ein alles in allem gutes Treffen mit dem FBI-Team, wenn es auch etwas gespenstisch war. Zentral war die Angabe der FBI-Leute, sie hätten Informationen auch aus anderen Quellen, insbesondere von einer Quelle in London, die [Trumps] Außenpolitik-Berater POPADOPALOUS [sic!] mit Aussagen zitiert, die eng mit unseren eigenen Informationen übereinstimmen. Sie wollen Carter PAGE festnageln, weil er das schwächste Glied der Kette ist. Das soll zu gegebener Zeit in einer Vernehmung geschehen, um ihn zum Seitenwechsel zu bringen. Sie haben auch Interesse an einer möglichen Ermittlung gegen MANAFORT, mussten aber zugeben, dass sie hier von einer Anklageerhebung noch weit entfernt sind. Ihr Problem wird sein, dass ihnen vor der Wahl die Zeit davonläuft, und wenn [Trump] gewinnt, werden sie gezwungen sein, sich zurückzuziehen. Wenn er verliert, werden sie vermutlich auf ihn losgehen.

Ein weiteres positives Ergebnis unseres Gesprächs war, dass wir uns keine Sorgen bezüglich unserer eigenen Sicherheit und Anonymität oder der unserer Quellen machen mussten:

> Sie waren bestrebt, uns zu unserer eigenen Sicherheit zu garantieren, dass unsere Recherchen, Quellen und Rolle in diesem Verfahren von ihnen unter Verschluss gehalten würden, sollte [Trump] die Präsidentschaftswahl gewinnen. Der Direktor des FBI wird für eine Amtszeit von zehn Jahren eingesetzt und kann vom Präsidenten nicht einfach aus dem Amt entfernt werden.

In diesem letzten Punkt freilich sollten sich die FBI-Agenten, mit denen ich gesprochen hatte, als bestenfalls naiv herausstellen. Bei weniger wohlwollender Betrachtung könnte man auch sagen, dass sie mich einfach belogen hatten. James Comey sollte auf seinem Posten gerade einmal die ersten Monate von Donald Trumps Amtszeit überstehen – der Präsident darf den FBI-Direktor nämlich sehr wohl aus seinem Amt entfernen –, und die Anonymität unserer Quellen sowie von Orbis selbst sollte gerade einmal drei weitere Monate lang halten. Zum Zeitpunkt unseres Gesprächs jedoch gaben die Versprechungen der FBI-Leute mir ein trügerisches Gefühl von Sicherheit. Am Ende war ich selbst der Naivling in dieser Runde, nicht die Mitarbeiter des FBI.

Ich war also erleichtert, dass das FBI an dem Fall arbeitete – aber der Ton, in dem unser Gespräch geführt wurde, hatte meine Erleichterung doch ein wenig gedämpft. Ich war, das hatten die FBI-Leute mir deutlich zu verstehen gegeben, in ihre Ermittlungen hineingestolpert – und deshalb war es jetzt an ihnen, die Sache zu übernehmen, und wir sollten nicht nur beiseitetreten, sondern unsere Quellen dem FBI überlassen, damit die Bundespolizisten aus Washington die Ermittlungen von hier an weiter leiten und organisieren konnten. Das erschien jedoch nicht realistisch.

Ich erklärte, dass wir unsere Informationen aus Wohlwollen mit

dem FBI geteilt hätten; aber wir würden ganz sicher nicht unseren Auftraggeber davonjagen und stattdessen für das FBI arbeiten! Die Agenten sagten mir, dass ich «über unsere Interaktion mit ihnen auf keinen Fall mit unserem anderen Klienten sprechen» solle. In meinem Memo heißt es dazu:

> Ich habe dies von vornherein als einen möglichen, schwer zu lösenden Interessenkonflikt ausgemacht. Das akzeptierten sie, bestanden aber darauf, dass wir es trotzdem versuchen sollten, weil der Fall und die damit zusammenhängenden Probleme zu wichtig seien, als dass irgendjemand die Sache einfach fallen lassen könnte. Und während sie uns zugestanden, dass wir unserem anderen Auftraggebern gegenüber loyal und vertraglich gebunden blieben, waren sie sehr deutlich in ihrer Forderung, dass wir unsere Informationen auf keinen Fall an irgendeine andere US-Regierungsbehörde weiterreichen sollten (insbesondere nicht an das Außenministerium oder die CIA) und auch nicht an potenzielle neue Auftraggeber ... Das FBI fragte, ob wir die Informationen an unsere ehemaligen Kollegen beim britischen Geheimdienst oder irgendeine andere britische Regierungsbehörde weitergegeben hätten. Ich antwortete, dass wir dies bislang nicht getan hätten, dass sich das jedoch aufgrund unserer verbleibenden Informationspflichten an den SIS [MI6, britischer Auslandsgeheimdienst] ändern könne, sollte [Trump] gewählt werden. Sollte dieser Fall eintreten, würden wir uns an den Premierminister wenden, vermittelt durch Charles FARR vom JIC [Joint Intelligence Committee], den wir beide kannten. Wir wollten uns nicht auf den Außenminister Boris JOHNSON verlassen, dessen Urteilsvermögen wir als schwach einschätzten, von seiner Neigung zur Indiskretion und zwielichtigen Kontakten in russische Emigrantenkreise ganz abgesehen.

Diese Antwort kam nicht gut an. Aber wir waren Profis, und wir zogen alle am selben Strang, also sagte ich ihnen, dass wir ihre Arbeit

selbstverständlich auch weiterhin gern unterstützen würden. Wir stellten unsere Meinungsverschiedenheiten in einigen Punkten fürs Erste zurück, und ich berichtete ihnen von unseren Gewährsleuten, die ich allerdings nicht namentlich nannte – genauso wenig wie den Hauptverantwortlichen unserer Rechercheoperation.

Die FBI-Agenten fragten, ob unser leitender Informationsbeschaffer bei seinem nächsten Aufenthalt in Russland gewisse spezifische Recherchеansätze verfolgen könne. Ich antwortete, dass ich ihn momentan nicht fragen könne, da er sich gerade dort im Einsatz befinde – und wir hätten eine Vereinbarung, dass wir ihn niemals zu erreichen versuchten, während er sich in Russland befand. Die FBI-Leute drängten, ich solle unbedingt weitere Informationen aus Russland beschaffen.

> FBI trat in Sachen Recherche ziemlich aggressiv auf, ganz anders als unser anderer Kunde, der mit Blick auf [Dantschenkos] gegenwärtige Aktivitäten in der RF [Russischen Föderation] zur Vorsicht gemahnt hat. [Das FBI dagegen] fordert, dass wir dort weiterhin aktiv detailliertere Informationen verfolgen sollen, obwohl sie (wie wir auch schon) bemerkt haben, dass in Moskau seit dem Wahlparteitag der Demokraten und den veröffentlichten E-Mail-Hacks in dieser Hinsicht die Schotten dicht gemacht werden.

Weder Fusion noch Perkins Coie kannten zum damaligen Zeitpunkt Igors Identität. Aber ich begriff, dass das FBI früher oder später ohnehin herausfinden würde, wer er war; die Ein- und Ausreisedaten allein würden die Fahnder auf seine Spur bringen. Und ich hatte meinen FBI-Kontaktmann Mike einmal gefragt, ob die US-Regierung jemandem, der für uns arbeitete, beim Erlangen einer Greencard helfen könnte. Daraus musste das FBI natürlich schließen, dass unser Datensammler seinen Wohnsitz höchstwahrscheinlich in den Vereinigten Staaten hatte, jedoch kein US-Staatsbürger oder Greencard-Inhaber war.

Ich sagte ihnen, dass wir normalerweise nicht mit unseren Quellen kommunizierten, solange diese sich im Einsatzland befanden – aus naheliegenden Sicherheitsgründen. Allerdings: Einen Kommunikationsweg könnten wir unter Umständen doch nutzen. Ich wagte den Versuch, aber Igor holte die Nachricht bei seinem aktuellen Aufenthalt in Russland nicht ab.

Gegen Ende des Gesprächs stellten die aus Washington angereisten FBI-Agenten mir noch eine weitere entscheidende Frage: Ob unsere Gewährsleute bereit wären, Russland zu verlassen, um in den Vereinigten Staaten als Zeugen auszusagen? «Wir haben ein Budget von über einer Million Dollar», sagte einer der Agenten.

«Ehrlich gesagt, nein», antwortete ich. «Erstens müssten sie alle ihre Familien zurücklassen. Zweitens sind das alles arrivierte, hochstehende Leute – deshalb sind sie ja so gute Quellen. Das sind weder Dissidenten noch Oppositionelle. Sie sind in das System bestens integriert, verdienen gutes Geld, sind beruflich erfolgreich. Das Letzte, was sie tun würden, wäre, das alles wegzuwerfen für eine Aussage vor dem Kongress oder wo auch immer. Fragen kann ich; aber die Antwort wird Nein sein, da bin ich mir fast sicher.»

Und außerdem: Eine Million Dollar reicht noch nicht einmal aus, um zwei Leuten in einer vergleichbaren Situation ein neues Leben in den Vereinigten Staaten zu verschaffen – das ist die schlichte Wahrheit. Eine solche Summe wäre in zwei oder drei Jahren aufgebraucht. Trump und seine MAGA-Schergen sind später endlos darauf herumgeritten, dass es ein «Eine-Million-Dollar-Angebot» gegeben habe, um – wie sie meinten – unserem Dossier eine Beglaubigung zu verschaffen. Sie behaupteten dann weiter, ich hätte dieses Angebot abgelehnt, weil ich – nach ihrer Darstellung – ohnehin gewusst hätte, dass unsere Angaben nicht zu belegen seien. Das alles ist grundfalsch. Das Angebot dieser Geldzahlung wurde unseren Gewährsleuten, den Quellen unseres Dossiers, gemacht, nicht mir.

Ich fand es ehrlich gesagt etwas schäbig vom FBI, sich Überläufer mit einem solchen Sparbudget kaufen zu wollen, aber noch einmal:

Es ging hier um die Sache. Es stand zu viel auf dem Spiel, um sich über Details zu echauffieren. Deshalb ließ ich ihnen ihre Knausrigkeit durchgehen. Meinen Report vom 5. Oktober schloss ich mit diesen Worten:

> Ihr ursprüngliches Angebot, [Dantschenkos] Gewährsleuten in Russland große Geldsummen zu zahlen, um über [die Verbindung Trump]-Kreml usw. auszusagen, war naiv und unrealistisch, was ich ihnen auch gesagt habe. Sie waren dann später in der Lage, umzuschwenken und sich stattdessen die Rekrutierungsmöglichkeiten von führenden Persönlichkeiten außerhalb des Landes anzusehen, einschließlich des russischen Geheimdienstnetzes in den Vereinigten Staaten. Das war wesentlich realistischer, sinnvoller und sicherer.

Mit anderen Worten hatte ich dem FBI vorgeschlagen, dass sie doch vielleicht besser ihre eigenen Quellen aufbauen sollten.

***

Eine Bemerkung der FBI-Agenten ließ mir das Blut in den Adern gefrieren: Sie sagten, dass sie ihre Ermittlungen in dieser Sache wahrscheinlich würden einstellen müssen, sollte Trump gewählt werden. Und deshalb sei es von entscheidender Bedeutung, dass diese Arbeit so schnell wie möglich getan werde. «Gegen einen amtierenden Präsidenten können wir keine Spionageabwehr-Untersuchung führen», meinten sie. Sie schienen bereits auf die Möglichkeit gefasst, dass Trump tatsächlich Präsident werden könnte und sie dann mindestens vier Jahre lang untätig dasitzen müssten – und das, obwohl sie wussten, was sie wussten.

Ich sollte hier wirklich deutlich machen, dass die FBI-Leute mich zu keinem Zeitpunkt gefragt haben, ob ich über unsere Trump-Russland-Recherche mit Journalisten gesprochen hätte, wie es die republikanischen Senatoren Charles Grassley und Lindsey Graham

später suggeriert haben – die dann weiter behaupteten, dass ich die Agenten in meiner Antwort angelogen hätte. Grassley und Graham machten diese Angaben in einer Strafanzeige gegen mich, die sie 2018 beim US-Justizministerium einreichten – wobei es sich natürlich um einen erbärmlichen politischen Winkelzug handelte, der zu nichts führte.

Und wenn die Aussage der Agenten, dass sie gegen einen amtierenden Präsidenten Trump nicht würden ermitteln können, mich schon sehr beunruhigt hatte, so war ein anderer Punkt, den sie ansprachen, genauso bedenklich: Sie sagten, dass sie große Probleme haben würden, selbst die vor der Wahl noch aufgedeckten Informationen öffentlich zu machen, weil der «Hatch Act», ein Bundesgesetz zur Regelung politischer Betätigung, es Angestellten der Bundesregierung untersagte, in den 90 Tagen vor einer Wahl irgendetwas zu unternehmen, was den Ausgang dieser Wahl beeinflussen könnte.

«Aber das hier ist doch nicht nullachtfünfzehn!», meinte ich. «Hier geht es um einen mutmaßlichen Fall für die Spionageabwehr, um die Einmischung einer feindlichen Macht!»

Am Ende boten sie mir für unser Gespräch 15 000 Dollar plus Reisekosten an. In meinem Memo schrieb ich:

> Das FBI-Team, dessen Leiter an der Enttarnung des russischen FBI-Doppelagenten [Robert] HANSSEN mitgearbeitet hatte, war bereit, uns jede nötige Summe zu zahlen, um ihre Ziele zu erreichen. Für die Recherche zu Trump/Russland bis dato sowie unser Treffen und meine entstandenen Kosten wollten sie $ 15 000 zahlen. Den Betrag sollten wir bar in London erhalten, wo sie uns jedoch lieber nicht treffen wollten, wegen der dort nötigen Freigaben und der Geheimdienst-Bürokratie.

Jemand anderes vom FBI, sagten sie, würde irgendwann demnächst in unserem Büro vorbeikommen und eine Tasche voller Bargeld abliefern, wie es in der Vergangenheit schon oft geschehen war.

Ich schlug ein und merkte noch an, dass sie uns für andere Projektarbeit ohnehin noch 30 000 Dollar schuldeten.

Wir haben von dem Geld keinen Cent gesehen. Das FBI schuldet uns unser Honorar bis zum heutigen Tag. Informationssammler und Gewährsleute hatten ernste Risiken auf sich genommen, um den Inhalt unseres Dossiers zusammenzutragen, für Projekte, die mit der Trump-Russland-Affäre überhaupt nichts zu tun hatten. Das Verhältnis zwischen Orbis und dem FBI sollte schon bald sehr kompliziert werden, aber nicht in einem guten Sinne.

Kapitel 13

Comey, der Kämpfer

Auf dem Rückflug nach London beschlich mich ein mulmiges Gefühl. Die FBI-Leute hatten mir klar gesagt, dass sie, ganz egal was sie zwischen jetzt und dem Wahltag am 8. November aufdeckten, diese Funde nicht publik machen würden. Und falls Trump bei der Wahl triumphierte, könnte es sein, dass sie ihre Erkenntnisse über Jahre unter Verschluss halten müssten, so dass ein Mann, der – nach dem aktuellen Stand der Ermittlungen – durchaus anfällig sein könnte für Erpressungsversuche durch Amerikas größten Rivalen, ungehindert so weitermachen konnte.

Ich beschloss, vor der Wahl im November noch einmal nach Washington zurückzukehren. Mitte Oktober flog ich mit einem Orbis-Kollegen über den Atlantik, und wir trafen uns mit Isikoff, Tom Hamburger von der *Washington Post* und Steven Lee Myers von der *New York Times*. Mein Ziel war es, dass sie ihre investigative Arbeit mithilfe unseres Beweismaterials intensivierten. Ich war immer beunruhigter darüber, dass uns nur noch wenige Wochen von der Wahl trennten und die amerikanischen Wähler schon bald an die Urnen gehen würden, ohne die Wahrheit über den republikanischen Präsidentschaftskandidaten zu kennen.

***

Und dann hörte ich, als ich an einem Freitagnachmittag Ende Oktober 2016 gerade von einer Besorgung nach Hause fuhr, im Autoradio diese Nachricht: James Comey hatte gerade öffentlich bekannt gegeben, dass das FBI seine Ermittlungen zu Hillary Clintons verschwundenen E-Mails wieder aufnehmen werde.

«Im Verlauf anderweitiger Nachforschungen», schrieb Comey an jenem 28. Oktober in einer Mitteilung an führende Kongressabgeordnete, «hat das FBI von der Existenz von E-Mails erfahren, die für die Ermittlungen relevant zu sein scheinen. Das Ermittlungsteam hat mich gestern davon in Kenntnis gesetzt, und ich habe zugestimmt, dass das FBI angemessene Schritte unternehmen soll, die den Ermittlern gestatten, diese E-Mails zu prüfen, um festzustellen, ob sie als geheim eingestufte Informationen enthalten, und ihre Bedeutung für unsere Ermittlungen abzuschätzen.»

Im letzten Absatz seiner Mitteilung bemerkte Comey: «Ich kann noch nicht absehen, wie lange wir brauchen werden, um diese zusätzliche Arbeit abzuschließen.» In gerade einmal elf Tagen würde das amerikanische Volk seinen nächsten Präsidenten oder seine nächste Präsidentin wählen.

Ich war wie vor den Kopf gestoßen. Was war mit dem Wahlwerbeverbot aus dem «Hatch Act»? Die FBI-Leute hatten mir doch in Rom erklärt, dass sie über ihre Ermittlungen wegen Trumps Wahlkampf und der möglichen Verbindungen nach Moskau nichts öffentlich machen dürften, weil das wiederum als versuchte Wahlbeeinflussung gesehen werden konnte. Und jetzt kam der Direktor des FBI daher, nur Tage vor der Wahl, und kündigte neue Ermittlungen gegen Hillary Clinton an! Ich konnte einfach nicht begreifen, was Comey da getan hatte. Comey war ein eingetragener Republikaner. Versuchte er etwa wissentlich, Trump bei der Wahl einen Vorteil zu verschaffen?

Ich war wütend. Im Lauf der nächsten Tage sprach ich mit Glenn und mit Chris Burrows darüber, wie wir nun weiter vorgehen sollten. Wir hatten dem FBI vertraut. Jetzt hatten wir den Eindruck, dass

dieses Vertrauen fehl am Platz gewesen war. Diese Leute wussten über Trump all das, was wir auch wussten – und sogar noch mehr –, und dennoch hatte der FBI-Direktor eine Entscheidung getroffen, die es auf den ersten Blick nur noch wahrscheinlicher machte, dass Trump gewählt werden würde. Über «Crossfire Hurricane» hatte Comey in der Öffentlichkeit kein Wort verloren. Weshalb wurde hier mit zweierlei Maß gemessen?

Comey sollte seine Entscheidung später rechtfertigen. Er habe sie sich nicht leicht gemacht, sagte er. Er sei davon ausgegangen, dass Clinton die Wahl gewinnen werde, und wenn hinterher herausgekommen wäre, dass er, Comey, die Wiederaufnahme der Ermittlungen zu Clintons E-Mails in der Öffentlichkeit verschwiegen hatte, wäre ihm wohl der Vorwurf gemacht worden, auf diese Weise zu Clintons Wahlsieg beigetragen zu haben.

Was immer Comeys tatsächliche Motivation gewesen sein mag: Er hatte einen furchtbaren Fehler begangen. Orbis und Fusion GPS begriffen das sofort. Und daher wandten sich Glenn und sein Geschäftspartner Peter Fritsch an mich mit der Bitte, mit ihnen zusammen einen letzten Versuch zu unternehmen, um die alarmierenden Funde unserer Recherche noch vor der Wahl an die Öffentlichkeit zu bringen. Glenn wandte sich an einen Journalisten namens David Corn, der viel Erfahrung mit der Berichterstattung über Geheimdienstangelegenheiten hatte und für das linksliberale Magazin *Mother Jones* schrieb.

Und so telefonierten also am 31. Oktober Glenn, David Corn und ich über Skype miteinander. Noch am selben Tag veröffentlichte *Mother Jones* einen Artikel mit der Schlagzeile: «Ex-Spion spielte dem FBI Informationen über mutmaßliche russische Operation zu, sich Donald Trump gefügig zu machen».

Am nächsten Tag rief Mike Gaeta mich an. Es war kein sehr einfaches Gespräch. Er hegte einen Groll gegen mich, weil ich unsere Weitergabe von Informationen an das FBI über mögliche Verbindungen zwischen Donald Trump und Russland öffentlich gemacht

hatte; das sollte doch vertraulich bleiben, hielt Mike mir vor. Dein Boss, erwiderte ich, hat etwas viel Schlimmeres getan – er hat den «Hatch Act» gebrochen!

Damit schien die Beziehung zwischen Orbis und dem FBI beendet zu sein. Wie ich später herausfand, strich das FBI mich offiziell von ihrer «CHS-Liste» – ich war nun keine *confidential human source* mehr, keine «vertrauliche menschliche Quelle». Nicht, dass ich mich selbst je so gesehen hätte. Es waren ja unsere Kollegen von Orbis gewesen, die den direkten Kontakt zum FBI hatten, nicht ich selbst und persönlich. Chris Burrows und die anderen Orbis-Mitarbeiter hatten im Lauf der Jahre regelmäßige Arbeitskontakte zu Mike und seinen FBI-Kollegen, Kontakte, die vollkommen unabhängig von meiner Person bestanden.

Der Bruch mit dem FBI war seinen Preis wert, dachte ich. Aber dann geschah – wieder einmal – nicht sehr viel. Die Meldung von *Mother Jones* fand im Nachrichtenzyklus ein gewisses Echo. Aber ein Artikel in dem Online-Magazin *Slate* über einen Computerserver im Trump Tower, der mutmaßlich so eingerichtet war, dass eine ständige Verbindung zu einem Server bei der Putin-treuen Alfa Bank bestand, erregte mehr Aufsehen. Doch schon bald darauf brachte die *New York Times* eine Story, die angeblich auf Informationen aus dem FBI beruhte und unter der Schlagzeile «FBI findet bei Überprüfung Donald Trumps keine eindeutige Verbindung nach Russland» die vorherige Berichterstattung von *Slate* und *Mother Jones* kurzerhand zurückwies.

Dieser Artikel, den wir schon bald spöttisch als die «Halloween-Sonderausgabe» bezeichneten, schien auf Falschinformationen zu beruhen, die der *New York Times* wissentlich zugespielt wurden, womöglich von leitenden Mitarbeitern des FBI. Andere Nachrichtenmedien folgten dem Beispiel der *New York Times* und fuhren dafür ihre eigenen Recherchen in der Sache zurück. Irgendjemand schien hier zugunsten Trumps in den Wahlkampf einzugreifen – schon wieder.

Inzwischen war die Zeit abgelaufen. Der 8. November war da. Es gab nichts, was wir noch hätten tun können. Und außerdem würde Hillary Clinton ja sowieso gewinnen.

Kapitel 14

Es läuft schief

Ich blieb lange wach, um die ersten Hochrechnungen zur US-Wahl im Fernsehen zu verfolgen. Gegen vier Uhr morgens klingelte das Telefon. Es war Glenn. «Es läuft schief – kann sein, dass wir hier verschwinden müssen», sagte er. Damit meinte er, dass er selbst und Peter und ihre Kollegen und deren Familien unter Umständen das Land würden verlassen müssen. Das war nicht der ruhige, bedachte Glenn Simpson, den ich seit sechs Jahren kannte. Er klang zutiefst beunruhigt.

Als klar geworden war, dass der Wahlsieger Trump heißen würde, legte ich mich in unserem Gästezimmer schlafen, weil ich derart aufgewühlt war von dem, was gerade geschehen war, und ich Katherine nicht aufwecken wollte. Und, um ganz ehrlich zu sein, hatte ich Angst – Angst um die Demokratie, Angst um die Vereinigten Staaten und die Welt im Ganzen, aber auch um Freunde, die in den Staaten lebten, ja sogar um unsere Mitarbeiter bei Orbis. Wir hatten noch nicht einmal mehr einen guten Draht zum FBI. Wir hatten versucht, sie – und die gesamte Öffentlichkeit – vor Trump und Russland zu warnen, und wir waren gescheitert. Wie lange würde es dauern, bis Trump selbst von unseren Nachforschungen erfuhr – und von uns? Wie würde er reagieren?

«Es wird ein absolutes Chaos geben», dachte ich. Chris Burrows und ich sagten dem Orbis-Team, sie sollten sich einen Tag frei neh-

men. Sie alle hatten an unserem Russland-Auftrag mitgearbeitet, und sie alle brauchten einen Tag, um sich von dem Schock des Wahlergebnisses zu erholen. Besser als die meisten verstanden sie, was Trumps Wahlsieg für das weltweite Machtgefüge bedeutete. Der Autokratie, wie Putin sie vertrat, war ein gewaltiger Triumph gelungen.

«Soeben hat Hillary Clinton ihre Wahlniederlage in der amerikanischen Präsidentschaftswahl eingeräumt, vor wenigen Sekunden hat Trump seine Rede als designierter Präsident der Vereinigen Staaten von Amerika begonnen, und ich gratuliere Ihnen allen!», rief Wjatscheslaw Nikonow, ein putintreuer Abgeordneter der Duma, an diesem Tag im Sitzungssaal seinen Abgeordnetenkollegen zu. Der letzte Teil des Satzes war kaum zu verstehen, weil er im Freudenjubel unterging.

***

Am nächsten Tag setzte ich mich mit Chris zusammen, um zu besprechen, was wir nun tun sollten. Wir waren beide der Meinung, dass wir jetzt eine neue Verpflichtung hatten: Wir mussten die britische Regierung alarmieren, weil die Wahl Donald Trumps eine direkte Bedrohung für die nationalen Interessen des Vereinigten Königreichs bedeuten konnte. Die Vereinigten Staaten sind der wichtigste Verbündete Großbritanniens, und das Ausmaß der Kooperation und des Austausches von oftmals sensiblen Informationen zwischen den Geheimdiensten der beiden Länder ist immens. Wenn Trump kompromittiert war, dann musste die britische Regierung das wissen.

Ich wandte mich an Charles Farr – später Sir Charles –, einen früheren Kollegen von mir und Chris aus unserer Zeit im Dienst Ihrer Majestät, der mittlerweile Vorsitzender des Joint Intelligence Committee war. Dieses «Gemeinsame nachrichtendienstliche Komitee» ist eine britische Regierungsbehörde, welche die diversen Ressorts

und Dienste aus diesem Bereich koordiniert, ihnen Aufträge erteilt und die gesammelten Informationen sichtet, ordnet und einstuft.

Charles bat mich, ihn in seinem Haus in Wimbledon, im Südwesten Londons, zu besuchen. Am 15. November nahm ich also zuerst den Zug, dann ein Taxi zu seiner Wohnadresse, wo ich ihm bei einem Bier eine mündliche Zusammenfassung unserer bisherigen Kenntnisse gab. Später verfasste Charles eine eigene Zusammenfassung der Sachlage, für die er meinen mündlichen Bericht mit weiteren Materialien ergänzte, die ich ihm auf Papier überlassen hatte. Dieses Dokument ließ er den Top-Entscheidern in der britischen Regierung zukommen, darunter hochrangige Beamte und Minister.

Mit Blick auf die unmittelbare Zukunft musste sich die britische Regierung im Grunde für eine von zwei möglichen Vorgehensweisen entscheiden: Entweder handelte man auf der Grundlage der von uns bereitgestellten Informationen, fing an, in Washington Fragen zu stellen und eigene Nachforschungen aufzunehmen, wobei die Hinweise, die ich Charles gegeben hatte, ein Ausgangspunkt sein konnten; oder man konnte den Bericht in der Schublade verschwinden lassen und es so vermeiden, den frisch gewählten US-Präsidenten vor den Kopf zu stoßen. Die britische Premierministerin Theresa May entschied sich offenkundig für die zweite Option, obwohl sie uns persönlich kannte und in der Vergangenheit von mir selbst Briefings über Russland erhalten hatte.

Sie schreckte zweifellos davor zurück, den mächtigsten Verbündeten Großbritanniens zu verärgern. Das war, nach meinem Dafürhalten, ein feiges und grundfalsches Verhalten. Man kann ein enges Verhältnis zu den Vereinigten Staaten haben – schön und gut. Aber wenn dieses Verhältnis so eng wird, dass die eigene nationale Sicherheit dadurch aufs Spiel gesetzt wird, ist eine Grenze überschritten. Trump selbst war außerstande, den Russen gegenüber auch nur irgendwelche Geheimnisse zu bewahren. Im Mai 2017 gab er dem russischen Botschafter in Washington, Sergei Kisljak, und dem russischen Außenminister Sergei Lawrow, der sich zu einem Besuch in

Washington aufhielt, streng geheime Unterlagen weiter, die den Vereinigten Staaten dem Vernehmen nach von einem befreundeten Nachrichtendienst zur Verfügung gestellt worden waren. Darin ging es wohl um eine Person, die als «Maulwurf» der Israelis im Inneren der Terrororganisation «Islamischer Staat» (IS) tätig war. Unsere Quellen sind der Überzeugung, dass die Russen daraufhin Iran informierten, der wiederum dem IS einen Hinweis gab – und die israelische Kontaktperson wurde umgebracht.

Und in jüngerer Vergangenheit befanden sich – um diesen Punkt noch einmal zu unterstreichen – unter den Geheimdokumenten, die Trump, offenbar ohne jede Autorisierung, am Ende seiner Amtszeit auf sein Anwesen Mar-a-Lago mitgenommen hat, auch streng vertrauliche Unterlagen über die Royal Navy, die britische Kriegsmarine, die wohl zu den am strengsten gehüteten «Geschäftsgeheimnissen» der britischen Regierung zählen dürften. Dieses Vorgehen Trumps haben mir über jeden Zweifel erhabene Gewährsleute zuverlässig geschildert. Unklar bleibt (mir jedenfalls), warum Trump derartige Dokumente hätte behalten wollen – und was inzwischen aus ihnen geworden ist.

Doch selbst damals, Anfang 2017, war mir eine Sache schmerzlich klar: Wir konnten diesen Leuten nicht mehr vertrauen, und erst recht konnten wir ihnen nicht unsere sensibelsten Staatsgeheimnisse anvertrauen. Beunruhigenderweise war meine Kontaktaufnahme mit Charles Farr offenbar nicht die erste Gelegenheit gewesen war, zu der die britische Regierung von den möglichen Verbindungen zwischen Trumps Wahlkampfteam und dem Kreml gehört hatte. Wie Charles mir berichtete, hatte die australische Regierung ihr britisches Pendant im Jahr 2016 über das beunruhigende Londoner Treffen Alexander Downers mit George Papadopoulos informiert.

Ich bin kein Politiker, ich treffe keine politischen Entscheidungen und habe das auch noch nie gemusst. Aber ich habe einen großen Teil meines Berufslebens in unmittelbarer Nähe dieser Entscheiderinnen und Entscheider verbracht, weshalb ich großes Verständnis

für die Schwierigkeiten habe, die es mit sich bringt, alle möglichen, oft widerstreitenden Interessen oder Handlungsoptionen zu wägen und letztlich unter einen Hut zu bringen. Aber was ich hier mit ansehen musste, war etwas ganz anderes: bestenfalls ein Nichtwahrhabenwollen, schlimmstenfalls Verantwortungslosigkeit. Die britische Regierung hatte sich entschieden, so zu tun, als wäre Trump ein designierter US-Präsident wie jeder andere auch, als hätten ihm in seiner erfolgreichen Wahlkampagne nicht die Russen unter die Arme gegriffen und als würden er und sein Team verantwortungsvoll mit den sensibelsten, lebenswichtigsten Informationen umgehen, die in Regierungskreisen zu haben sind. Wie wir später sehen sollten, konnten sie das nicht.

***

Offiziell endete die Geschäftsbeziehung zwischen Orbis und der Kanzlei Perkins Coie – dem Auftraggeber unserer Kollegen von Fusion GPS –, sobald Donald Trump zum Wahlsieger erklärt worden war. Da es kein Wahlkampfteam von Hillary Clinton mehr gab, hörten auch die Zahlungen auf.

Wir stellten nach dem 8. November noch einen ganzen Report fertig und einen weiteren zumindest in Teilen; dann hörten wir auf, aktiv Informationen zu diesem Themenkomplex zu sammeln.

In gewisser Hinsicht war jetzt alles vorbei. Trump hatte gewonnen. Wir sollten seinen möglichen Verbindungen nach Russland nicht mehr nachspüren. Aber andererseits stand, ganz im Gegenteil, mehr auf dem Spiel als je zuvor. So erschien es mir jedenfalls. Bald würde Trumps Amtseinführung stattfinden. Ich bezweifelte, dass sich das noch irgendwie verhindern ließe, aber ich hätte mich nicht mehr im Spiegel ansehen können, wenn ich nicht wenigstens weiterhin versucht hätte, die Informationen aus unseren Berichten in die richtigen Hände zu spielen – in die Hände der Leute, die daraufhin auch handeln konnten.

Eines Tages Ende November kam mein Freund und Mentor Sir Andrew Wood, dem ich zuvor schon im Vertrauen von unserem Dossier erzählt hatte, in unserem Büro vorbei und sagte, dass er binnen kurzem zur jährlichen Sicherheitskonferenz im kanadischen Halifax reisen werde. «Ich glaube, John McCain wird auch dort sein. Möchtest du, dass ich ihm irgendetwas ausrichte?», fragte Sir Andrew mich. Ich kannte McCain nicht persönlich, wusste aber, dass er allgemein als eine «ehrliche Haut» und echter amerikanischer Patriot geschätzt wurde. Senator McCain, einer der prominenteren Republikaner, amtierte damals als Vorsitzender des Armed Services Committee, des Verteidigungsausschusses im US-Senat. Diese Stellung erlaubte es ihm, direkt und offiziell in Kontakt zu dem FBI-Direktor Comey zu treten. Ich wusste, dass McCain in Sachen Russland ein «Falke» war, genau wie ich selbst. Er verstand genau, welch große Bedrohung von Putin ausging. Er hatte schon immer offen seine Meinung gesagt, wenn es ums Prinzip ging, ganz egal welche politischen Schwierigkeiten er sich damit einhandelte. Und er war – und blieb noch immer – einer der schärfsten Kritiker Donald Trumps.

Also sagte ich Sir Andrew, dass ich es sehr begrüßen würde, wenn er mit McCain über unsere Recherche-Ergebnisse sprechen könne.

«Okay, ich werde es versuchen», war seine Antwort.

Bei der Konferenz führte Sir Andrew ein diskretes Gespräch mit einem persönlichen Mitarbeiter von Senator McCain namens David Kramer, einem Russlandexperten, der einen leitenden Posten im Außenministerium innegehabt hatte, als George W. Bush Präsident gewesen war. Wood erzählte Kramer, den er persönlich kannte, was unser Dossier enthielt, und beschrieb mich als einen erfahrenen Geheimdienstmann, Russlandexperten und zuverlässigen Hinweisgeber. Kramer organisierte für Sir Andrew ein Treffen mit McCain in einem Besprechungsraum. «Das muss weiter untersucht werden», meinte McCain und bat Kramer, nach Großbritannien zu reisen, um sich mit mir zu treffen.

Am 28. November holte ich Kramer am Flughafen Heathrow ab –

mit einer zusammengerollten Ausgabe der *Financial Times* unter dem Arm als klassisches Erkennungszeichen – und fuhr mit ihm zum Haus meiner Familie in Surrey. Er duschte kurz, dann setzten wir uns ins Wohnzimmer, wo ich ihm erklärte, was in unserem Dossier stand und woher die Informationen kamen. «Glenn Simpson bei Fusion GPS kann Ihnen ein Exemplar zur Verfügung stellen», sagte ich ihm. Dann fuhr ich mit ihm zu dem Pub The Mill im nahegelegenen Elstead, wo wir Fish and Chips aßen – und anschließend direkt zurück nach Heathrow.

Als er wieder in Washington war, stattete Kramer dem Büro von Fusion einen Besuch ab. Glenn gab ihm einen Ausdruck der Orbis-Berichte, der für Senator McCain bestimmt war. McCain las das Dossier, legte es in seinen Safe, nahm den Hörer in die Hand und rief im Büro des FBI-Direktors Comey an, um einen Gesprächstermin zu vereinbaren. Am 7. Dezember war noch ein Termin frei, das Treffen sollte in der FBI-Zentrale stattfinden.

McCain sprach mit einem Freund – und damals noch Verbündeten –, dem gleichfalls republikanischen Senator Lindsey Graham. «Gib Comey ein Exemplar von diesem Bericht», hat Graham seinem Freund offenbar geraten. Der Senator aus South Carolina nahm unsere Informationen nämlich ebenfalls ernst (ganz egal was er in der Zwischenzeit öffentlich über mich und unsere Arbeit gesagt hat – aus offensichtlich parteipolitischen Gründen).

In London bemühte ich mich inzwischen zusammen mit Chris Burrows, die britische Regierung noch auf einem anderen Weg zu warnen, dass von dem potenziell kompromittierten US-Präsidenten, der da kurz vor der Amtseinführung stand, eine Gefahr für uns alle ausgehen könnte. Wir vereinbarten ein Treffen mit einem früheren Kollegen aus unserer Zeit in Staatsdiensten, Sir Richard Dearlove, der 1999 bis 2004 den britischen Auslandsgeheimdienst MI6 geleitet hatte. Wir trafen uns im Garrick Club im Londoner Zentrum. Sir Richard, wiewohl im Ruhestand, war noch immer bestens vernetzt, und wir setzten darauf, dass er unsere Erkenntnisse in der britischen

Geheimdienst-Community und in weiteren Regierungskreisen verbreiten würde.

Wir gaben Sir Richard eine mündliche Zusammenfassung der Informationen zu Trump und Russland, und er fragte uns nach unseren Quellen. Auf unsere Erläuterung hin meinte er, dass die Sache glaubwürdig scheine. Und dass sie zu einem gewissen Verdacht passe, den er mit Blick auf mögliche Verbindungen zwischen Russland und einigen Mitgliedern von Trumps Wahlkampfteam ohnehin bereits gehegt habe. Besonders beunruhigt hatte ihn Trumps Wahl seines Nationalen Sicherheitsberaters in spe, Michael Flynn. Dieser unterhielt nämlich einen engen persönlichen Kontakt zu einer russisch-britischen Nachwuchsforscherin namens Swetlana Lochowa. Flynn hatte sie bei einem Besuch an der Universität Cambridge im Jahr 2014 kennengelernt; er war damals Direktor des amerikanischen Militärnachrichtendienstes Defense Intelligence Agency. Sir Richard war zu jener Zeit Rektor des Pembroke College der Universität gewesen und hatte den Umgang von Flynn mit Lochowa bedenklich gefunden, zumal diese angegeben hatte, sie habe ungewöhnlich weitreichenden Zugriff auf das Archiv des russischen Militärnachrichtendienstes GRU.

Folglich hatten mir jetzt sowohl Sir Richard als auch Charles Farr bestätigt, dass in britischen Regierungskreisen schon zuvor Zweifel an der Vertrauenswürdigkeit von Trumps Wahlkampfteam aufgekommen waren. Aber dennoch kamen aus der Downing Street nur die üblichen warmen Worte für einen neu ins Amt kommenden US-Präsidenten.

Am 7. Dezember traf McCain sich mit Comey und händigte diesem ein Exemplar unseres Dossiers aus. Er habe seine Pflicht getan, sagte McCain später. Jetzt war es an dem FBI-Direktor, über das weitere Vorgehen zu entscheiden.

***

Die Neuigkeit von dem Dossier sprach sich in Washington herum. Verschiedentlich hatten Personen – unberechtigterweise – Kopien davon angefertigt und diese weitergegeben. Von Fusion gingen offenbar Exemplare an die *New York Times* und an Bruce Ohr im Justizministerium, der seinen Ausdruck wiederum an das FBI weiterreichte. Ohne unsere Zustimmung sprach David Kramer mit Celeste Wallander, einer Expertin für Russland und sicherheitspolitische Fragen, die als persönliche Beraterin Barack Obamas tätig war. Und er sprach mit Victoria Nuland, der zuständigen Abteilungsleiterin im US-Außenministerium. Eine Zusammenfassung des Dossiers lieferte Kramer sowohl an den Republikaner Paul Ryan, den amtierenden Sprecher des Repräsentantenhauses, als auch an Adam Kinzinger, einen weiteren republikanischen Kongressabgeordneten. Außerdem war ein Reporter von *BuzzFeed News*, Ken Bensinger, an Fusion herangetreten. Auch mit Bensinger, den ich von früherer Ermittlungsarbeit über die FIFA her kannte, hatte Kramer gesprochen.

Doch leider beließ Kramer es nicht bei einem Gespräch mit Bensinger. McCains Mitarbeiter hatte auf eigene Faust entschieden, dass die Weltöffentlichkeit über den Inhalt des Dossiers informiert werden müsse – und zwar sofort. Die Mühlen des FBI mahlen langsam, und es war keineswegs ausgemacht, dass es die Ergebnisse seiner Ermittlungen zu etwaigen Verbindungen zwischen Trump und Russland jemals öffentlich machen würde.

Also lud Kramer Ende Dezember 2016 Bensinger zu einem Treffen in den Räumlichkeiten des McCain Institute ein, nicht weit vom Sitz des US-Außenministeriums. Es war kurz vor Silvester, und die Mitarbeiter befanden sich alle im Weihnachtsurlaub. Das Büro war menschenleer. Kramer sollte später aussagen, dass er die Orbis-Berichte auf einem Tisch ausgelegt habe, damit Bensinger sie dort lesen konnte; dann habe er den Raum für 20 bis 30 Minuten verlassen, um ein Telefonat zu führen und auf die Toilette zu gehen. Sprich: Er ließ die Berichte absichtlich dort liegen, weil er wusste, dass Bensinger sie höchstwahrscheinlich mit seinem Handy abfotografieren

würde. Und tatsächlich: Etwa zwei Wochen später brachte *BuzzFeed* genau diese Fotos.

Chris, Glenn, Peter Fritsch und ich waren alle sehr dafür, dass den zuständigen Entscheidern in den Regierungen Großbritanniens und der Vereinigten Staaten die Informationen aus unserem Dossier bekannt gemacht würden. Und wir hatten wiederholt versucht, Journalisten durch die Ergebnisse unserer Recherchen zu eigenen Nachforschungen zu animieren. Eines hatten wir aber stets vermieden: Wir hatten es nie darauf angelegt, das Dossier selbst zu veröffentlichen, und hatten allen unseren vertraulichen Gesprächspartnern gegenüber darauf bestanden, dass unsere eigene Rolle nicht öffentlich gemacht würde.

Als Kramer das Dossier durchstach, tat er dies mit den besten Absichten – aus, wie er meinte, guten Gründen: Sein Land schien ihm in ernster Gefahr, und damit hatte er ja auch recht. Aber er brach damit unsere Vereinbarung, dass er das Dossier niemand anderem als John McCain weitergeben sollte, und er missbrauchte unser Vertrauen. Zudem hat er mir ins Gesicht gelogen, als ich ihn nach der Veröffentlichung des Dossiers zur Rede stellte. Erst Jahre später, als man mir die Niederschrift einer beeideten Aussage zeigte, zu der Kramer gezwungen wurde, habe ich herausgefunden, dass tatsächlich er die undichte Stelle gewesen war.

Wie ich aus zuverlässiger Quelle erfahren habe, bereut er seine Entscheidung. Aus der Distanz, über Mittelsleute, habe ich seine weiteren Aktivitäten im Lauf der nächsten Jahre mitverfolgt und wünsche ihm alles Gute. Aber seine Entscheidung, unsere Berichte einem Journalisten zu überlassen – der noch dazu für ein so reißerisches Onlineportal wie *BuzzFeed* arbeitete, und nicht für ein seriöseres Blatt wie die *New York Times* oder die *Washington Post* –, verstieß nicht nur gegen unsere Abmachung, sondern war ein Fehler. Sie hat mir selbst und vielen anderen eine Unmenge an Beeinträchtigungen, Stress und finanziellen Nöten beschert. Selbst heute, mehr als sieben Jahre später, haben wir noch immer unter den Folgen zu

leiden, da mehrere Gerichtsverfahren, die auf die Veröffentlichung des Dossiers zurückgehen, noch immer anhängig sind.

Am folgenreichsten war jedoch, dass die Russen den veröffentlichten Dokumenten entscheidende Hinweise auf die Identität von mehreren unserer Gewährsleute entnehmen konnten. Einige von ihnen wurden deshalb später enttarnt, was üble Folgen für sie hatte.

Mir war nicht bewusst, dass Bensinger nun im Besitz des Dossiers war. Und ich wusste nicht, dass ich selbst die letzten paar Tage meiner Anonymität erlebte, nach einer dreißigjährigen Karriere im Schatten, wo Diskretion die Grundlage meiner ganzen Identität und Lebensweise gewesen war.

Kapitel 15

«Kannst du nach der Katze sehen?»

Am späten Abend des 10. Januar 2017, um kurz nach zehn, hielt ich mich im Obergeschoss unseres Hauses in Farnham auf, als Katherine mich von unten rief. Es klang dringend.

«Komm runter, komm schnell runter», rief sie laut, fast brüllte sie.

Ich eilte hinunter in die Küche. Da stand Katherine und starrte auf das Fernsehgerät in der Ecke, wo *CNN* lief.

Gerade moderierte der *CNN*-Anchorman Jake Tapper eine exklusive Sondermeldung an.

«Wie *CNN* erfahren hat», setzte Tapper an, «informierten führende Vertreter der amerikanischen Geheimdienste den designierten Präsidenten Donald Trump und den amtierenden Präsidenten Barack Obama über angebliche russische Bemühungen, Trump zu kompromittieren. Diese Unterrichtung fand letzte Woche statt. Sie war Teil des geheimen Sicherheitsbriefings über russische Versuche der Einflussnahme bei der Präsidentschaftswahl im vergangenen November.»

Dann eröffnete Tapper eine Gesprächsrunde mit seinen Kollegen Jim Sciutto, Evan Perez und dem legendären Watergate-Reporter Carl Bernstein, die alle gemeinsam die Details ihres Scoops zum Thema nationale Sicherheit erörterten.

Berichten zufolge hatten die Chefs der US-Dienste Obama und Trump ein «Dossier» von nachrichtendienstlichem Rohmaterial vor-

gelegt, wie die *CNN*-Moderatoren erklärten, zusammengestellt von einem «ehemaligen britischen Geheimdienstmitarbeiter» und jetzt als Anhang dem Lagebericht über die russische Wahlbeeinflussung 2016 angefügt, den die Amerikaner selbst zusammengestellt hatten. Dieser Lagebericht war zu dem Schluss gelangt, dass «der russische Präsident Wladimir Putin 2016 ... mit sehr hoher Wahrscheinlichkeit ... eine Kampagne zur Beeinflussung der amerikanischen Präsidentschaftswahl angeordnet hat. Ziel Russlands war es, das allgemeine Vertrauen in die demokratischen Verfahren in unserem Land zu untergraben und den Ruf der früheren Außenministerin und Präsidentschaftskandidatin Clinton zu beschädigen, um so ihre ‹Wählbarkeit› bzw. ihre mögliche Präsidentschaft zu beeinträchtigen. Wir gelangten außerdem zu der Einschätzung, dass Putin und die russische Regierung eine deutliche Präferenz für den designierten Präsidenten Trump entwickelt hatten.»

In der Woche zuvor hatte Carl Bernstein versucht, mit mir in Kontakt zu treten, zuerst über Peter Fritsch und Fusion GPS; dann hatte er direkt bei uns im Büro angerufen. Bernstein würde nicht einfach lockerlassen, das war mir klar. Zusammen mit Bob Woodward hatte er hartnäckig immer weiter recherchiert und ein Geflecht von Skandalen aufgedeckt, die schließlich zum Rücktritt des US-Präsidenten Richard Nixon im Jahr 1974 führten. Ich hatte mich mental also schon darauf vorbereitet, dass meine Identität irgendwann demnächst öffentlich gemacht werden könnte.

«Die Anschuldigungen wurden in einer Zusammenfassung von zwei Seiten Länge erhoben», sagte Sciutto. «Die Memos, auf denen sie beruhen, wurden von einem früheren Mitarbeiter des britischen Geheimdienstes verfasst, den US-Geheimdienstvertreter aufgrund seiner bisherigen Tätigkeit als vertrauenswürdig einstufen. Das FBI prüft nun die Stichhaltigkeit der Vorwürfe, die vorwiegend auf Informationen aus russischen Quellen beruhen. Viele wichtige Details mit Bezug zu Herrn Trump hat das FBI bislang aber nicht bestätigen können.»

Es war zutiefst beunruhigend. Mein ganzes Berufsleben lang hatte ich mich möglichst bedeckt gehalten, hatte dreißig Jahre lang sogar unter absoluter Geheimhaltung gearbeitet. Und jetzt wurde meine Arbeit auf dem bekanntesten TV-Nachrichtensender der Welt kommentiert – von einem der legendärsten Journalisten überhaupt, Carl Bernstein. Sie wussten, wer ich war, hatten meinen Namen aber in der *CNN*-Übertragung nicht genannt und hatten auch nicht aus dem Dossier zitiert. Es fühlte sich an, als stünde ich an der bröckelnden Abbruchkante einer gewaltigen Klippe: Noch war mein Name nicht gefallen, aber Bernstein vor allem beschrieb meine Arbeit und den Ablauf der Ereignisse sehr präzise.

Die Informationen, sagte er nämlich, «stammen von einem ehemaligen Agenten des britischen MI6, der von einem politischen Rechercheunternehmen in Washington angeheuert wurde – Oppositionsforschung, diese Richtung –, die haben Donald Trump ausgeforscht, und zwar im Auftrag von demokratischen und republikanischen Kandidaten, die sich aber gegen Trump positioniert hatten. Die haben sich Trumps Geschäftskontakte angesehen. Dabei sind ihnen ein paar fragwürdige Sachen mit Bezug zu Russland aufgefallen, über Trumps Geschäfte in Russland. Also haben sie ihrerseits diesen früheren MI6-Mann als Rechercheur engagiert. Der hat dann aus seinen russischen Quellen zusätzliche Informationen bezogen. Was er da gefunden hat, hat ihn sehr beunruhigt. Er zeigte die Funde einem Kollegen beim FBI, den er von seiner früheren Undercover-Tätigkeit her schon seit Jahren kannte. Er hat das also diesem FBI-Mann in Rom gezeigt, und der wiederum hat es im August an die Zentrale in Washington weitergegeben. Und dann ist – ganz unabhängig davon – ein früherer britischer Diplomat, der Botschafter in Moskau gewesen ist, ebenfalls auf diese Funde aufmerksam gemacht worden, und der hat John McCain alarmiert, Senator John McCain aus Arizona, das war unmittelbar nach der Wahl. Und hat also McCain diese zusätzlichen Funde gezeigt. Und McCain war so beunruhigt von dem, was er da zu lesen bekam, dass er sich an den

FBI-Direktor gewandt hat, hat sich selbst, persönlich, an James Comey gewandt. Die haben sich dann zu einem kurzen Meeting getroffen, die beiden, gerade mal fünf Minuten hat das gedauert. Gesprochen wurde da nicht viel. McCain hat Comey das Dossier übergeben und wartet jetzt auf die offizielle Stellungnahme des FBI zu dieser Information.»

Ich schäumte vor Wut. Bernstein musste einen großen Teil seiner Informationen vom FBI oder aus anderen Quellen innerhalb der US-Geheimdienst-Community erhalten haben. Wie konnten die Amerikaner so etwas nur tun, ohne einen langjährigen Verbündeten wie Orbis auch nur vorzuwarnen? Sicher, Ende Oktober war unser gutes Verhältnis zum FBI in die Brüche gegangen – aber das hier war durch nichts zu entschuldigen.

Katherines Reaktion war ganz pragmatisch und wesentlich hilfreicher als meine eigene. Sie kam sofort zu dem Schluss, dass meine Identität als Verfasser des auf *CNN* diskutierten Dossiers binnen 24 Stunden öffentlich gemacht werden würde – mit hundertprozentiger Sicherheit. Und dann würde so ziemlich jeder Journalist weltweit seine Nase in mein Berufs- und Privatleben stecken wollen. Wir wussten, dass sie uns belagern würden, sobald meine Identität bekannt war. Das wäre dann sehr lästig, sicher – aber es würde auch ein echtes Sicherheitsrisiko für meine Familie und mich bedeuten.

Der Abend wurde noch schlimmer. Gegen Mitternacht rief Chris Burrows an. «Hast du *BuzzFeed* gesehen?», fragte er nur.

Ken Bensinger, den ich persönlich kannte, seitdem ich ihm bei der Recherche für ein Buch über den Korruptionsskandal bei der FIFA behilflich gewesen war, hatte sich in der Woche zuvor kurz in London aufgehalten. Bei dieser Gelegenheit hatte er mich kontaktiert und gefragt, ob ich an der Erstellung eines Dossiers mit sensiblen Informationen über die angeblichen Verbindungen von Trumps Wahlkampfteam nach Russland beteiligt gewesen sei. An diesem Punkt hatte ich das Gespräch höflich, aber schlagartig beendet.

Katherine und ich waren bereits im Bett, als Chris anrief, aber sie hatte ihren Laptop noch aufgeklappt.

«Schau mal», sagte sie. «Dein Dossier findet man überall im Internet.»

Ich spürte mein Herz kräftig pochen, als ich den Großteil unserer Memos, fast ungekürzt, auf der *BuzzFeed*-Website wiederfand.

Katherine riet mir, meine ältere Schwester Alison in London anzurufen. Kurz vor Weihnachten hatte ich Alison und ihren Mann Stefan in der Wohnung der beiden in Kensington besucht. «Ich muss dir was erzählen», sagte ich ihr. Und dann berichtete ich Alison, was Orbis über Trump und Russland herausgefunden hatte.

«Wenn alles rauskommt, wird es einen Shitstorm geben, und dann brauche ich vielleicht eine Möglichkeit, um ein paar Tage unterzutauchen.»

Wir hatten unsere Wohnadresse in Surrey so gut es ging aus den üblichen öffentlich zugänglichen Datenbanken herausgehalten. Aber wir wussten, dass Boulevardjournalisten an Informanten, die zum Beispiel bei Stromversorgern oder Telefonanbietern arbeiteten, ein hübsches Sümmchen zahlten, damit diese ihnen – illegalerweise – vertrauliche Informationen, Lebensdaten, Adressen und so weiter von Leuten besorgen, an denen die Zeitungsleute interessiert waren. Auch um meine Mutter machte ich mir Sorgen, denn aus Sicherheits- und Geheimhaltungsgründen war in den öffentlich zugänglichen Firmenunterlagen von Orbis ihre Adresse in Wokingham als mein Wohnsitz angegeben. Meine Schwester riet mir allerdings davon ab, sie vor dem möglichen Auftauchen von Journalisten vor ihrem Haus zu warnen; das hätte sie nur unnötig nervös gemacht.

Gemeinsam entschieden Katherine und ich, dass es wohl das Beste wäre, wenn ich am nächsten Morgen das Haus verließe und unsere Tochter Georgie mitnähme. Katherine würde sich um ihre Tochter kümmern. «Ich habe über Trump und Russland recherchiert, und das ist aufgeflogen», erklärte ich den beiden, die zu diesem Zeitpunkt achtzehn beziehungsweise sechzehn Jahre alt waren

und – im Gegensatz zu unseren Söhnen – noch zu Hause wohnten. «Das bedeutet, dass früher oder später Journalisten hier auftauchen, um nach mir zu suchen, und das könnte unangenehm werden, deshalb meinen wir, dass es besser wäre, wenn wir uns für eine Weile woanders aufhalten.» Von einem möglichen Sicherheitsrisiko sagte ich nichts; die beiden waren einigermaßen an die erhöhten Sicherheitsstandards in unserem Haushalt gewöhnt, und es schien mir wenig hilfreich, sie noch weiter zu beunruhigen. Außerdem schätzte ich die Lage so ein – und tue das auch heute noch –, dass das Risiko eines tatsächlichen Angriffs auf mich oder meine Familie ziemlich klein war.

Die Mädels glaubten ohnehin, dass wir überreagierten. «Niemand wird sich für dich interessieren», meinte die eine – eine typische Teenager-Reaktion. Als wir ihnen sagten, sie müssten ihre Facebook- und Instagram-Accounts stilllegen, waren sie alles andere als begeistert. Ich selbst fuhr mein LinkedIn-Profil auf das absolute Minimum zurück.

Unsere Söhne studierten und waren deshalb ausgezogen, weshalb sie von den Auswirkungen dieser Geschichte wohl nicht direkt betroffen sein würden, ganz egal wie die Sache sich entwickelte.

Ich packte eine Tasche und versuchte dann, ein wenig Schlaf zu finden. Es war nicht einfach.

***

Am nächsten Morgen hatten wir glatt vergessen, dass Glen, unser Allround-Handwerker, der zuletzt mit Fliesenlegen beschäftigt gewesen war, vorbeikommen wollte, um die Arbeit fortzusetzen.

Ich brach früh mit Georgie auf. Auf dem Weg nach draußen informierte ich noch unseren Nachbarn Mike, dass es eventuell ein gewisses Medieninteresse an unserem Haus geben würde – und dass er bitte mit niemandem sprechen solle. Ich bat ihn, sich um unsere Katzen zu kümmern. Das war denn auch das Einzige, das er den

Journalisten gegenüber preisgab, als diese kurz darauf bei uns anklopften. Am nächsten Tag brachte der *London Evening Standard* diese Schlagzeile: «MI6-Spion bei Flucht aus Eigenheim: ‹Kannst du nach der Katze sehen?›» …

Das ist bei uns zum geflügelten Wort geworden, und schließlich haben wir die Familien-WhatsApp-Gruppe so getauft.

Am frühen Nachmittag brachte Katherine es dann endlich fertig, Glen von seinen Fliesen loszueisen und den Abschluss seiner Arbeiten noch einen weiteren Tag aufzuschieben. Danach brachen auch sie und ihre Tochter eilig auf und fuhren zum Haus ihrer Schwester in Yorkshire. Georgie und ich waren inzwischen bei meinem Ex-Schwager Nick eingetroffen. Wir wollten uns aufteilen und irgendwo untertauchen, wo man uns, wie wir hofften, nicht aufspüren konnte.

Georgie und ich verbrachten den Großteil des Tages bei Nick, der uns einige Jahre zuvor bei der Gründung von Orbis unter die Arme gegriffen hatte. Dann fuhr er uns beide zur Londoner Wohnung meiner Schwester Alison; mein Auto blieb vor Nicks Haus stehen. Unterwegs hielten wir noch an einem Pub an, um ein spätes Mittagessen zu uns zu nehmen. Mir fiel es schwer, mich zu konzentrieren; ich hatte im Verlauf des Tages einen heftigen Migränekopfschmerz ausgebrütet – wohl in Erwartung dessen, womit ich als Nächstes rechnete.

Am selben Abend benannte das *Wall Street Journal* mich als den Verfasser des vielzitierten Dossiers. Der Gegenschlag von Trump und seinen Unterstützern begann sofort. Er war heftig und gemein, und er hat bis heute nicht aufgehört.

Kapitel 16

«Ein Feind von Mütterchen Russland»

In den Tagen darauf fühlte ich mich wie gejagt. An mehreren Adressen lagen die Journalisten auf der Lauer: vor Nicks Haus; vor einem Haus, das Alison und ihr Mann in Newcastle im Nordosten Englands besaßen; am Wohnsitz meiner Mutter; an einer früheren Adresse meiner Familie; und natürlich vor unserem Haus in Farnham.

Zur Londoner Wohnung meiner Schwester kamen sie aber glücklicherweise nicht; vielleicht, weil das Appartement auf ihren Mann eingetragen war. Es ist eine herrliche Wohnung, aber für mich wurde sie zu einer Art von Gefängnis. Das wollte ich Georgie nicht zumuten – und ich selbst war sehr durch meine Arbeit in Anspruch genommen –, weshalb sie nach ein paar Tagen bei Freunden unterkam. Ich ließ sie nur ungern gehen; und es sollte einen ganzen Monat dauern, bis wir uns wiedersahen.

Jetzt war ich allein bei meiner Schwester zu Gast. Ihr Sohn Dan war damals etwa zwölf Jahre alt und musste in der Schule das Geheimnis für sich behalten, dass sein Onkel Chris sich im Gästezimmer versteckte.

Chris Burrows und der Rest des Orbis-Teams übernahmen fast die gesamte reguläre Arbeit für unsere diversen Klienten. Der Name unserer Firma war jetzt in aller Munde, aber zum größten Teil war diese neugewonnene Bekanntheit eher ein Nachteil für uns. Trump und seine Unterstützer hatten nicht lange gezögert, bevor sie einen

erbarmungslosen Angriff auf unsere Glaubwürdigkeit und unseren guten Ruf begannen. «Gibt es irgendjemanden, der diese Geschichte wirklich glaubt?», fragte Trump bei seiner ersten Pressekonferenz als designierter Präsident, die am 11. Januar 2017 stattfand, dem Tag nach der Veröffentlichung des Dossiers durch *BuzzFeed* und an dem das *Wall Street Journal* mich als dessen Urheber benannte.

Trump wollte einen Lacher ernten. Aber seine Versuche, witzig zu sein, wurden schon bald durch Gift und Bosheit abgelöst.

Inzwischen waren wir mit der Schadensbekämpfung an mehreren Fronten beschäftigt. Von diversen Personen und Firmen, die in den Berichten namentlich genannt waren, gingen rechtliche Drohungen bei uns ein; ich selbst hatte eine stattliche Steuerschuld zu begleichen; und unser damals wichtigster Kunde, Bilfinger, entschied sich, seine Honorarzahlung zurückzubehalten und uns gewissermaßen zu treten, als wir schon am Boden lagen. Ich musste mir von Alison Geld leihen, um meine Steuern bezahlen zu können.

Schon im Februar reichte Alexej Gubarew, ein russischer Unternehmer, der in dem Dossier erwähnt wird, vor einem Londoner Gericht eine Verleumdungsklage gegen mich und Orbis ein.

Weitere Gerichtsverfahren sollten folgen – schließlich auch zwei, mit denen Donald Trump persönlich gegen uns vorgehen wollte; und eine Datenschutzbeschwerde von drei russischen Geschäftsleuten mit Verbindungen zum Kreml.

Das war Putins Art, mir zuzusetzen, dachte ich. Es ist die übliche Vorgehensweise, mit der er selbst und die Oligarchen, die ihm hörig sind, ihre Kritiker und Gegner im Westen bestrafen, vor allem in Großbritannien. Ihre ausländischen Feinde traktieren sie nicht mit dem Baseballschläger – oder mit radioaktivem Gift. Solche Taktiken heben sie sich für diejenigen auf, die sie als Verräter betrachten. Wir anderen müssen uns mit Hackern, Anwälten und einer Londoner Kommunikations- und PR-Firma herumschlagen, die allesamt – meiner Meinung nach – fast schon Landesverrat begangen haben, weil sie sich bereitwillig vor Putins Karren haben spannen lassen.

Der Kreml tut stets, was er kann, um seinen Feinden und Gegnern das Leben schwer zu machen.

Schon 2012 hatte ein Informant Orbis gegenüber einen FSB-Offizier mit der Einschätzung zitiert, ich, Christopher Steele, sei «ein Feind von Mütterchen Russland». Viele meiner früheren Kollegen und ganz sicher alle, die je in Moskau stationiert waren, haben nach ihrem Ausscheiden aus dem Staatsdienst unangenehme Erfahrungen gemacht. Einer, der inzwischen in leitender Funktion für ein großes britisches Unternehmen tätig war, machte eine Geschäftsreise nach Moskau, wo er einen bedeutenden Deal mit der russischen Staats-Airline Aeroflot abschloss. Er reiste zusammen mit dem Vorstandsvorsitzenden und dem Aufsichtsratsvorsitzenden seines Unternehmens. Selbst das gab ihm jedoch nur geringen Schutz. Als die Delegation schon am Moskauer Flughafen war, um wieder nach Hause zu fliegen, wurde mein früherer Kollege in einen Nebenraum gebracht, wo man ihm sagte: «Glauben Sie nicht, dass wir vergessen haben, was Sie alles gegen uns unternommen haben. Wenn Sie noch einmal hierherkommen, kann es durchaus sein, dass wir in Ihrem Koffer irgendetwas Verbotenes finden.»

Putin hatte gerade erst begonnen, Druck auf Orbis und auf mich aufzubauen.

***

Ich nannte die Wohnung meiner Schwester den «goldenen Käfig»: Die Zimmer sind großzügig, die Kunst an den Wänden schön anzuschauen – aber ich ging zehn Tage lang nicht vor die Tür, und ich wusste nicht, wann ich wieder nach Hause würde zurückkehren können. Mein Schwager Stefan entschied eines Abends, dass zehn Tage Stubenarrest nun wirklich genug waren, gab mir eine warme Mütze und einen Wintermantel und machte mit mir einen Spaziergang um den Block, in der Kälte und Dunkelheit des Januars.

Später fuhren sie mich dann zu dem Haus, das ein alter Freund

von mir in einer geschlossenen Wohnanlage in Surrey gemietet hatte. Dort konnten sie mich nicht so leicht aufspüren, und es gab drei Ausgänge; falls also doch Journalisten dort aufgetaucht wären, hätte ich vermutlich unbemerkt entkommen können. Katherine kam an den Wochenenden vorbei. Sie und die Mädchen zogen für eine Weile von Ort zu Ort, aber der Schulunterricht lief ja unvermindert weiter, und die Mädchen fühlten sich ganz durcheinander und entwurzelt, weil sie nun aus Plastiktüten leben sollten. Schließlich beschlossen sie, in unser Haus zurückzukehren, wo wir Zäune, hohe Elektro-Tore und Sicherheitskameras für insgesamt 30 000 Pfund installieren lassen mussten.

In der Rückschau klingt all das vermutlich paranoid oder übertrieben dramatisch, aber damals empfand ich die öffentliche Zurschaustellung und tatsächlich physische Verfolgung, die meine Familie und ich erdulden mussten, als wirklich verstörend, ja geradezu erschütternd. Meine ganze Karriere über hatte ich im Verborgenen gearbeitet und mich so unauffällig wie möglich verhalten – sogar in der freien Wirtschaft war ich so vorgegangen wie früher beim Geheimdienst.

Und es gab noch etwas anderes, womit meine Familie und ich fertigwerden mussten – einen Treuebruch, der nur wenige Wochen vor der Veröffentlichung des Dossiers bekannt geworden war und dafür sorgte, dass wir uns sogar noch hilfloser fühlten als ohnehin schon.

Kapitel 17

Kollateralschaden

Mittwoch, der 7. Dezember 2016 begann für Katherine wie ein ganz normaler Arbeitstag. Wie üblich, war sie schon vor dem Morgengrauen auf den Beinen gewesen. Sie hatte sich warm eingepackt und den frühen Pendlerzug nach London genommen, sich nach der Ankunft im Büro einen Cappuccino gemacht.

Vom Herbst 2015 bis in den Sommer 2016 war sie zu zwei Arbeitseinsätzen in Folge nach Hongkong und Australien entsandt gewesen und hatte sich dann den Rest des Sommers freigenommen. Bis zum Herbst hatte sie sich gut in ihre neue Aufgabe bei einer Regierungsbehörde eingearbeitet, wo sie ein sensibles politisches Ressort betreute. Nach ihrem Auslandsaufenthalt genoss sie die Routine eines Londoner Bürojobs. Das sollte sich schon bald ändern.

Als Katherine an jenem Morgen im Büro eintraf, wurde sie von ihrem Vorgesetzten abgefangen, der sie zu einem Gespräch in sein Büro bat – und zwar jetzt gleich.

«Herrje, das wird nicht leicht», murmelte der Chef vor sich hin, nachdem er die Tür hinter Katherine geschlossen und ihr bedeutet hatte, doch bitte Platz zu nehmen.

Was dann folgte, meinte Katherine später, klang nach einem sorgfältig vereinbarten Statement. Wie ihr Chef ihr eröffnete, sollte Katherine von ihrem aktuellen Posten entfernt werden, da es einen «wahrgenommenen Interessenkonflikt mit der Arbeit von Chris'

Firma» gebe. Dies sei entschieden worden, nachdem «im Verlauf der letzten Wochen» die Anwälte, die Verantwortlichen der Sicherheitsüberprüfung neuer Mitarbeiter sowie die jeweiligen Leiter der Sicherheits- und der Personalabteilung ihrer Regierungsbehörde darüber beraten hatten. (Ich werde diese Behörde im Folgenden schlicht «das Büro» nennen, nicht zuletzt, weil das auch bei den Mitarbeitern selbst geläufig ist.)

Katherine war fassungslos. Wir beide waren über Jahre hinweg peinlich darauf bedacht gewesen, eine strikte Trennung – eine «Brandmauer» – zwischen ihrer Arbeit für die Regierung und meinen eigenen Geschäftsaktivitäten aufrechtzuerhalten. In all der Zeit, in der Katherine die höchsten Sicherheitsfreigaben gehabt und in den heikelsten Positionen gearbeitet hatte, waren niemals Bedenken in dieser Richtung laut geworden, ja mehr noch: Erst kürzlich noch hatte das Büro sich meiner Expertise und Quellen zu russischen Aktivitäten in Hongkong bedient, als ich Katherine dort besuchte. Ihr neuer Job hatte nicht die geringsten Berührungspunkte mit der Tätigkeit von Orbis.

Sie fragte ihren Chef, was mit dem «wahrgenommenen Interessenkonflikt» gemeint sei. Er betonte, dass an ihrer persönlichen Integrität keinerlei Zweifel bestünden, bat aber um Verständnis dafür, dass er hierzu nichts Weiteres sagen könne. Er sagte noch, die Entscheidung sei auf einer höheren Ebene getroffen worden. Katherine nahm an, dass es sich nur um einen Fehler handeln konnte. Sie hatte unzählige Fragen. Warum hatte man sie nicht in den Beratungsprozess eingebunden, bevor eine derart drastische Entscheidung gefallen war? Warum hatte man sie erst kürzlich auf den neuen Posten berufen, wenn doch dieses mutmaßliche Problem im Raum stand? Von wem stammte die Einschätzung, es gebe hier einen Interessenkonflikt? Ihr Chef mauerte. Er hatte gesagt, was er konnte; mehr war ihm nicht erlaubt.

Katherine ging zurück an ihren Arbeitsplatz und spürte, wie Bestürzung und Verärgerung in ihr aufstiegen.

Als sie mich kurz darauf anrief, war sie schon auf dem Weg Richtung Victoria, um persönlich mit mir zu sprechen. Wir trafen uns auf einen Kaffee im Goring Hotel, und sie berichtete mir von der Unterredung mit ihrem Chef. Was Orbis denn getrieben habe in letzter Zeit? Ob es da vielleicht etwas gebe, das ich ihr verschwiegen hätte? Falls ja, sei jetzt ein guter Zeitpunkt, um mit der Sprache rauszurücken. – Aber ich war genauso perplex wie sie. Es gab absolut keine Berührungspunkte zwischen den Tätigkeiten von Orbis und ihrem neuen Einsatzgebiet im «Büro» – tatsächlich hatten wir penibel darauf geachtet, dass es hier zu keinen Überschneidungen kommen konnte.

Wie wir später herausfinden sollten, hatten ihre Vorgesetzten schon seit einer ganzen Weile, mindestens seit November, geheime Gespräche mit ihren US-Pendants (namentlich dem FBI) geführt – Gespräche, in denen es um mich und mein Dossier gegangen war.

In den nächsten Wochen setzte sich Katherine, die sich auf keinen Fall aus ihrer Position drängen lassen wollte, ohne dafür eine anständige Erklärung zu bekommen, hartnäckig zur Wehr und übte nach Kräften Druck auf ihre Vorgesetzten aus, um die Wahrheit hinter der abrupten Entscheidung zu erfahren. Wir wussten beide nicht, wie besorgt wir nun sein sollten. Dass hier ohne jede Begründung ein «wahrgenommener Interessenkonflikt» behauptet wurde, schuf seinerseits ein Risiko, denn was auch immer das Problem sein mochte: Es bestand die Gefahr, dass wir es unwissentlich verschärften. Und außerdem sollte man mit dem «Interessenkonflikt»-Vorwurf sehr vorsichtig umgehen, wenn man in einer Regierungsbehörde arbeitet, in der Integrität und Diskretion an erster Stelle stehen. So rückten die Weihnachtsfeiertage näher, während sich Katherine in einer Art von Pattsituation mit ihrem Arbeitgeber befand.

Nach meinem eigenen Abschied aus dem Staatsdienst im Jahr 2009, als ich Orbis gründete, hatte ich nur sporadisch mit Regierungsstellen zu tun gehabt, aber der Kontakt war immer herzlich gewesen. Zum Beispiel hatte ich ihnen vorsorglich, um jedes Miss-

verständnis auszuschließen, einen förmlichen Brief geschrieben, als Orbis 2013 einen ersten bezahlten Auftrag für das FBI übernehmen sollte; denn Katherine arbeitete damals im Bereich der britisch-amerikanischen Beziehungen. Es hatte keine Einwände gegeben. Auch zu geselligen Anlässen oder Familientagen war ich im Lauf der Jahre immer wieder einmal mit den früheren Kollegen zusammengetroffen.

Dann wurde die Sache unangenehmer. Am 20. Dezember 2016 kontaktierte mich das Büro. Chris Burrows und ich wurden gebeten, uns noch vor Weihnachten mit Cressida Dick zu treffen, der späteren Londoner Polizeichefin, die damals für einige Zeit als Sicherheitsbeauftragte tätig war. Wir vereinbarten mit Cressida einen Gesprächstermin am 22. Dezember und trafen sie dann in einer sichtlich kostspieligen Suite des Goring Hotel (für deren Buchung natürlich die Steuerzahler aufkamen).

Cressida verschwendete keine Zeit, sondern kam gleich zum Punkt. Unser Gesprächsthema war das Dossier, und die zentrale Frage war: Was um alles in der Welt hatten wir uns dabei gedacht?

Anstatt unsere Bedenken ernst zu nehmen und sich inhaltlich zu den Erkenntnissen über Trump und Russland zu äußern – deren Gefährdungspotenzial für die nationale Sicherheit Großbritanniens sie ja immerhin hätte prüfen müssen –, erklärte Cressida Dick mir und Chris lediglich, dass wir uns bei unserer Arbeit absolut verantwortungslos verhalten und unsere Familien in Gefahr gebracht hätten. Der Ton des ganzen Gesprächs ähnelte der Art von Standpauke, die man von einer strengen Schulleiterin erwarten würde. Und er machte mir wieder einmal bewusst, mit welchem Anspruchsdenken unsere früheren Arbeitgeber uns gegenüber oft auftraten – als wären wir ihr Eigentum.

Auf die Manipulationen und geheimen Absprachen in Bezug auf das Dossier, die, wie wir später herausfinden sollten, zwischen britischen Regierungsstellen und deren US-Pendants schon seit einer ganzen Weile stattfanden, gab es damals jedoch noch keine Hinweise.

Wir sollten wohl, ganz wie Katherine auch, in fügsamer Unwissenheit gehalten werden, während die britische Regierung panisch überlegte, wie die potenzielle Zeitbombe des Dossiers sich wohl entschärfen ließe – sowohl seinem Inhalt nach als auch mit Blick auf die erwartbar heftige Reaktion des designierten Präsidenten Trump, sollte er davon Wind bekommen.

In meiner früheren Tätigkeit für die Regierung hatten wir eintreffende Meldungen, die als politisch sensibel oder potenziell kontrovers eingeschätzt wurden, als «hot potato» bezeichnet. Offenbar war man im Büro der Ansicht, wir hätten ihnen eine «hot potato» von nuklearen Ausmaßen eingebrockt. Das Büro hätte respektvoll, transparent und besonnen mit uns reden sollen, anstatt uns wie Schurken zu behandeln. Wir hätten bereitwillig und in jeder nötigen Weise mit ihnen zusammengearbeitet, um negative Auswirkungen auf die britische Regierung bestmöglich zu minimieren. Wir hatten keinen Grund und auch nicht den Wunsch, dem Büro – oder unserem Land – irgendwelche Schwierigkeiten zu machen.

Aber sie wollten es anders. Orbis und ich selbst sollten durch die geheimen Absprachen des Büros mit US-Diensten hinterrücks manipuliert werden; Katherine wollte man de facto verschwinden lassen. Ihre Vorgesetzten beschlossen, sie zu verstecken, damit Trump und seine Mitarbeiter nie erfuhren, dass meine Frau noch immer in einem hochsensiblen Teil des britischen Regierungsapparats tätig war. Wovor sie Angst hatten? Dass Trump der britischen Regierung vorwerfen würde – zu Unrecht natürlich –, sie habe bei der Entstehung des Dossiers von Anfang an die Finger im Spiel gehabt. Wahrscheinlich befürchteten sie, die Beziehungen zwischen den beiden Ländern könnten irreparabel beschädigt werden, falls Trump zu dem Schluss käme, Großbritannien sei Teil einer großen Verschwörung, um ihm den Weg ins Weiße Haus zu versperren. Die ehrliche und richtige Vorgehensweise der britischen Regierung wäre jedoch gewesen, standhaft zu bleiben und Trump klarzumachen, dass niemand in britischen Regierungskreisen – meine Ehefrau einge-

schlossen – mit dem Dossier auch nur das Geringste zu tun hatte. Stattdessen entschieden sie sich, eine loyale Staatsdienerin zu bestrafen – Katherine.

***

Zusammen mit dem Rest der Welt sahen wir mit an, wie die bevorstehende Amtseinführung Donald Trumps ein seltsames Gemisch aus ungläubigem Staunen und gespannter Erwartung hervorrief. Wir hatten zum damaligen Zeitpunkt keinerlei Kenntnis davon, was im Lager der US-Regierung zwischenzeitlich mit dem Dossier geschehen war: dass man es als Anhang dem Lagebericht über die russische Wahlbeeinflussung 2016 angefügt hatte, den die US-Geheimdienste selbst erstellt hatten und der später dem Präsidenten Obama und seinem designierten Nachfolger Trump überreicht werden sollte. Genauso wenig ahnten wir, dass das Dossier womöglich schon bald veröffentlicht werden könnte. Katherines Vorgesetzte müssen von alldem zumindest in Teilen gewusst haben; uns aber ließen sie im Ungewissen über ihre weitere Vorgehensweise und ihre Gespräche mit den Amtskollegen in Washington. Durch dieses Verhalten haben sie in ihrer Fürsorgepflicht kläglich versagt – gegenüber Katherine als britischer Beamtin, letztlich wohl auch mir gegenüber als Katherines Ehemann, früherem Regierungsmitarbeiter und britischem Staatsbürger.

Obwohl man uns also im Dunkeln ließ, lief das relevante Geschehen andernorts weiter. Und dann kam die *CNN*-Meldung am Dienstag, dem 10. Januar 2017, gefolgt von einem Telegramm der britischen Botschaft in Washington an das Außenministerium in London am 11. Januar 2017, um 0117Z. (Es dürfte außerhalb von Regierungs- und Pilotenkreisen nicht allgemein bekannt sein, dass alle Mitteilungen, die von britischen Regierungsstellen weltweit ausgetauscht werden, mit einer Zeitangabe nach der «Zulu-Zeit» versehen sind. Diese ist auch als «Z-Zeit», «Greenwich Mean Time» [GMT]

oder «Koordinierte Weltzeit» [UTC] bekannt. Wenn es beispielsweise in London 2 Uhr am Nachmittag ist und in Washington 9 Uhr morgens, dann entspricht das der Angabe 1400Z.) Die Angabe «0117Z» erhielt für uns also eine entscheidende Bedeutung, und für mich persönlich stand sie auch symbolisch für das doppelte Spiel, das die britische Regierung mit Katherine getrieben hatte.

Dieses Telegramm der britischen Botschaft in Washington – von dessen Existenz wir erst viel später erfahren sollten – war noch am selben Abend an die Londoner Zentrale geschickt worden, als die CNN-Meldung bekannt wurde. (Die Datierung auf 11. Januar 0117Z bedeutet, dass es um 20:17 Uhr des 10. Januar Washingtoner Zeit abgeschickt wurde.) Darin wurde das britische Außenministerium darüber informiert, dass die Botschaft den Trump-Mitarbeitern Steve Bannon und Jared Kushner ein Briefing gegeben hatte, wie es früher am selben Abend vereinbart worden war. Es ging um mich und das Dossier. Zu dieser Zeit hatte keiner aus Katherines Büro uns gegenüber auch nur angedeutet, dass sie sich mit Blick auf das Dossier in Gesprächen mit US-Regierungsstellen befanden oder gar der designierten Trump-Regierung zu bestimmten «strategischen Leitlinien» in dieser Sache rieten – Leitlinien, die in London vereinbart worden waren. Die britische Regierung hatte ihre Version der Geschichte bestens mit Donald Trump abgestimmt, als der Medien-Tsumami des folgenden Tages über uns wehrlose Opfer hereinbrach.

Ich habe bereits geschildert, wie meine Familie in den Tagen und Wochen nach der Veröffentlichung des Dossiers durch *BuzzFeed* am 11. Januar (und meine Enttarnung durch das *Wall Street Journal* bald darauf) einen wahren Albtraum aus Angst und Sorgen durchlitt. Für unsere vier Kinder war es am schlimmsten. Katherine erzählte mir später, dass ihr nach der Flucht in das Haus ihrer Schwester in Yorkshire am 11. Januar, während die Medien unser eigenes Zuhause in Surrey belagerten, der folgende Gedanke gekommen sei: Jetzt habe ich meinen Mann, meine Familie, mein Zuhause und meinen Job verloren – und alles binnen 24 Stunden.

Am 11. Januar hatte Katherine ein schlechtes Gewissen, weil sie unangekündigt einen Tag freinehmen musste. Aber aus diesem einen Tag wurden dann sehr viele. Leider konnte sie nie wieder auf ihre Stelle zurückkehren. Später fand sie zudem heraus, dass in den Tagen nach der Veröffentlichung des Dossiers ihre Vorgesetzten eine Nachricht an alle Mitarbeiter des Büros geschickt hatten, in der sie aufgefordert wurden, jeglichen unautorisierten Kontakt mit Katherine, mir, Chris Burrows oder seiner Frau Claire zu vermeiden. Damit war Katherine im Grunde zur Persona non grata erklärt, und das nach jahrzehntelangem loyalen Dienst.

Erst Wochen später sollte sie wieder mit einigen ihrer früheren Kollegen zusammentreffen – in einem «offiziellen» Rahmen, oder besser gesagt, unter dem bizarren Vorwand, dass sie alle zu einem Fortbildungszentrum irgendwo in der Provinz kamen. Dort eröffnete man ihr, dass sie nicht nur ihre alte Stelle nicht zurückbekommen würde – sondern dass sie beim Betreten des Gebäudes, in dem sie für gewöhnlich arbeitete, fortan nicht mehr gesehen werden durfte.

Stattdessen wies man sie an, zuerst zu einem anderen Gebäude in der Londoner Innenstadt zu fahren, wo sie dann ihr Mobiltelefon ausschalten und den Rest des Weges in einem Dienstwagen der Behörde zurücklegen sollte, damit sie ja nicht zu Fuß zur Arbeit kam.

Die Verschleierungstaktik der Regierung funktionierte. Katherines beruflicher Hintergrund als Beamtin Ihrer Majestät wurde weder von den Medien noch von Trump je thematisiert.

***

In den folgenden Wochen und Monaten ließ man Katherine über ihre Zukunft im Unklaren. Sie musste jeden Tag zur Arbeit erscheinen, hatte dort aber keine Aufgabe zu erledigen. Man sagte ihr, dass ihr Einsatz nun «eingeschränkt» sei, sie also nur noch mit bestimmten Regierungsmitarbeitern und auswärtigen Ansprechpart-

nern Kontakt aufnehmen dürfe; eine verantwortungsvolle Aufgabe wurde ihr nicht mehr übertragen.

Von dem ersten Gespräch mit ihrem Chef an jenem 7. Dezember 2016 bis zum Herbst 2018 gab es in Katherines Arbeitssituation keinerlei Veränderung. Die Situation war unhaltbar. Der andauernde Stress setzte ihr zu. Nach meinem Dafürhalten sollte sie durch diese Schikane zur Kündigung gezwungen werden, und so erschien es uns durchaus denkbar, als Nächstes rechtliche Schritte einzuleiten. Aber wir beide wussten, dass ein solches Verfahren nicht nur Jahre dauern und Unsummen verschlingen würde, sondern vor Gericht auch damit zu rechnen war, dass das Büro unter Verweis auf die Geheimhaltung von Regierungsgeheimnissen mauern würde, was ein faires Verfahren de facto ausschloss. Schließlich bot die Behörde Katherine einen anderen Ausweg an: eine vorzeitige Pensionierung bei reduzierten Bezügen. Um ihr dieses Angebot zu versüßen, sollte noch eine Einmalzahlung in sechsstelliger Höhe dazukommen. Einen bitteren Nachgeschmack hinterließ allerdings die Auflage, dass Katherine eine strikte Geheimhaltungsvereinbarung unterzeichnen sollte – ein Vorgehen, das die britische Regierung missbilligt, wenn andere es einsetzen.

Und so schied Katherine also aus dem Staatsdienst aus: mit der Unterzeichnung von ein paar Verwaltungsakten in einer schmucklosen Außenstelle ihrer Behörde, ohne auch nur ein Wort des Dankes von ihrem Chef oder irgendeinem anderen Vorgesetzten, und das nach einer vorbildlich absolvierten Dienstzeit von 28 Jahren.

Sie verließ das Gebäude allein und nahm den Bus zur Piccadilly. Ich hatte einen Tisch im Wolseley reserviert, einem schicken Restaurant. Wir aßen dort ein festliches Mittagessen «zur Feier des Tages», wie wir ironisch sagten. Ich überreichte ihr ein kleines Geschenk sowie eine Karte, die ich «im Namen der dankbaren britischen Nation» geschrieben hatte, und auch ich selbst dankte ihr für ihre langjährige und hervorragende Pflichterfüllung.

Kapitel 18

Gebrannte Kinder

Bis Anfang März 2017 war der Heißhunger der Medien auf Fotos von mir ein wenig zurückgegangen, nachdem dafür zunächst bis zu 50 000 Pfund gezahlt worden waren. Ich kehrte also in unser Wohnhaus zurück und kontaktierte einen alten Freund, der mir ein paar Ratschläge zum Umgang mit den Medien geben sollte. Kennengelernt hatte ich Nick Robinson während unserer gemeinsamen Studienzeit, und er hatte es mittlerweile zu einem der prominentesten Journalisten und Moderatoren Großbritanniens gebracht, der für die *BBC* das beliebte Nachrichtenmagazin *Today* moderiert.

«Ich will aus dieser Isolation raus, aber ich will es so handhaben, dass keiner daran Geld verdient, wir die Situation weiter kontrollieren und die mediale Aufmerksamkeit so schnell wie möglich aufhört», sagte ich zu ihm.

Nick riet uns, die größte britische Nachrichtenagentur Press Association zu kontaktieren, von der alle maßgeblichen Nachrichtenanbieter des Landes ihre Meldungen beziehen, und dort einen Foto- und Videotermin vor dem Londoner Büro von Orbis zu vereinbaren.

So kam es also, dass ich am 7. März 2017 in Anzug und Krawatte vor unserer Büroadresse im Stadtteil Victoria stand und ein kurzes Statement für die Kamera abgab: dass ich froh sei, wieder an meine Arbeit zurückkehren zu können, und allen danke, die mir durch ihre freundlichen Unterstützungsbotschaften den Rücken gestärkt

hatten. Dann drehte ich mich um, ging ins Büro zurück – und direkt aus der Hintertür wieder hinaus, wo schon ein Wagen auf mich wartete. Als Katherine und ich nach 30 Minuten Fahrzeit an unserem damaligen Aufenthaltsort ankamen, lief mein Statement bereits im Radio.

Ein paar Tage lang warteten jetzt wieder Fotografen vor dem Haus und belagerten das Büro von Orbis. Allerdings konzentrierte sich die mediale Aufmerksamkeit dieses Mal hauptsächlich darauf, dass ich überhaupt noch am Leben war – und dass ich mit meiner Frisur geradewegs aus den Achtzigerjahren zu kommen schien, Stichwort Vokuhila. (Zugegebenermaßen war ich schon seit Dezember nicht mehr beim Friseur gewesen.)

Doch inzwischen waren neugierige Journalisten die geringste meiner Sorgen.

***

Ich hatte mir die Präsidenten Russlands und der Vereinigten Staaten zu Feinden gemacht. Und diese beiden, ihre Gefolgsleute und Handlanger waren jetzt hinter mir her.

Von Anfang Januar 2017 bis zum heutigen Tag habe ich im Grunde zwei Jobs gehabt: Die Arbeit bei Orbis ging weiter, und im Wesentlichen hat sich die Firma gut entwickelt. Der zweite Job war es, Orbis – und mich selbst – gegen politische und juristische Angriffe zu verteidigen.

Ich will dieses Buch nicht dazu verwenden, jeden dieser Angriffe aufzuzählen, jede alte Rechnung zu begleichen. Tucker Carlson, Rush Limbaugh, Sean Hannity, John Solomon und die Leitartikler des *Wall Street Journal* waren nur einige der konservativen Medienleute, die Orbis und mich gar nicht schnell genug an den Pranger stellen konnten, weil wir unzuverlässig seien, Komplizen einer Verschwörung des «*deep state*» gegen Trump. Leute wie Devin Nunes, Lindsey Graham und Charles Grassley griffen uns aus den Reihen

der US-Kongressabgeordneten an; wie bereits erwähnt, zeigten die beiden Letztgenannten mich im Januar 2018 absurderweise beim US-Justizministerium an, damit dort gegen mich ermittelt werde. Die Liste der Individuen und Institutionen, die keine Anstalten gemacht haben, für das Richtige einzustehen, oder die sich eilig hinter Trump und Putin einreihten, ist lang.

Orbis und ich hätten während dieser Zeit ganz einfach auf Funkstille schalten können, und was die Presse betraf, taten wir das auch. Jedoch hatte ich, wie ich meinte, vor unseren Verbündeten, den Regierungen Großbritanniens und der Vereinigten Staaten, nichts zu verbergen. Wir stehen doch alle auf derselben Seite, sagte ich mir immer wieder – gemeinsam gegen das Russland Putins. Als der damalige stellvertretende Generalstaatsanwalt der Vereinigten Staaten, Rod Rosenstein, im Mai 2017 den erfahrenen Ermittler und vormaligen FBI-Direktor Robert Mueller als Sonderermittler in der Causa Trump einsetzte, hat mir das Mut gemacht. Muellers Aufgabe war es, die mutmaßliche Einmischung Russlands in den US-Wahlkampf sowie etwaige Verbindungen zu Trumps Wahlkampfteam zu untersuchen. Meine Anwälte und ich beschlossen, mit den US-Ermittlern so weitgehend wie möglich zu kooperieren, ohne dabei jedoch Orbis, mich selbst oder – was am schwersten wog – unsere Quellen in Gefahr zu bringen.

Im September 2017 kamen zwei FBI-Leute aus Muellers Team nach London, um mich zu vernehmen. Einen der beiden, einen Analytiker namens Brian Auten, hatte ich bei dem Treffen im Oktober 2016 in Rom bereits kennengelernt. Seine Kollegin Amy kannte ich noch nicht. Ich habe mich dafür entschieden, ihren Nachnamen in diesem Buch nicht zu nennen, um ihre persönliche Sicherheit nicht zu gefährden – obwohl sie, wie wir noch sehen werden, eine solche Rücksichtnahme vielleicht gar nicht verdient hätte. (Brian Autens Nachname ist schon vor vielen Jahren von anderen öffentlich gemacht worden, die ebenfalls an der Untersuchung beteiligt waren.)

Das Treffen war von der britischen Regierung und dem US-Justiz-

ministerium vermittelt worden. Wir hatten es unter zwei Bedingungen vereinbart: Die Tatsache, dass dieses Treffen stattgefunden hatte, durfte nie an die Öffentlichkeit gelangen; und die Identitäten unserer Gewährsleute mussten absolut geheim bleiben. Das FBI gab mir – und was vielleicht schwerer wiegt: gab der britischen Regierung – das feste Versprechen, beide Bedingungen unbedingt einzuhalten.

Ich hatte den FBI-Agenten vorgeschlagen, einen Besprechungsraum im damaligen Grosvenor Hotel (dem heutigen Clermont) in Victoria zu buchen, nicht weit entfernt von unseren Orbis-Büroräumen. Am Morgen des 17. September 2017 kamen Chris und ich dorthin und fanden das FBI-Team im «Ghan Boardroom» vor, einem auf sechs Personen ausgelegten Sitzungszimmer. Nach dem Smalltalk begann das eigentliche Gespräch. Chris blieb am ersten Tag dabei; am zweiten sprach ich mit den FBI-Leuten allein.

Auten und Amy wollten das Dossier im Detail durchsprechen. Sie befragten mich nach meinen Quellen dafür und zeigten Interesse an möglichen neuen Informationen, die wir in den Wochen und Monaten seit der Veröffentlichung des Dossiers gewonnen hätten. Wir teilten mit ihnen das Wenige, das wir hatten.

Nach meinem Eindruck war es ein gutes Gespräch. Die beiden waren Profis. Und vor allem versicherten sie mir: «Wir werden unser Möglichstes tun, um sicherzustellen, dass nichts hiervon jemals an die Öffentlichkeit dringt.»

Seit 2006 hatte ich mit dem FBI zusammengearbeitet; damals war ich noch im Staatsdienst gewesen. Mike Gaeta betrachtete ich als einen Freund. Ich hatte dem FBI Informationen über unsere FIFA-Recherche gegeben. Sie hatten das Material gern genommen, und daraus waren dann etliche Anklagen und Verurteilungen hervorgegangen. Im Laufe der Jahre hatte ich dem FBI mehr als 100 Berichte geliefert. Für manche dieser Informationen hatten sie uns auch bezahlt. Und so kam es, dass ich dem FBI und seinen Mitarbeitern noch immer vertraute, trotz unseres Zerwürfnisses Ende 2016. Auf ihr Wort konnte man sich verlassen, so zumindest meine Einschätzung.

Auf dieser Grundlage – und aufgrund der Zusagen, die sie der britischen Regierung gemacht hatten – hatte ich mich überhaupt bereiterklärt, in London so detailliert mit dem FBI zu sprechen. Wir standen ja eigentlich alle auf derselben Seite, sagte ich mir immer wieder.

Amy und Auten flogen wieder nach Hause. Chris und ich hatten unsere Pflicht getan und einen Verbündeten unterstützt, wie wir meinten. Und wir vertrauten den Leuten, mit denen wir unser Wissen geteilt hatten.

Es dauerte jedoch nur wenige Wochen, dann brachten amerikanische Medien die ersten Meldungen über unser Londoner Treffen. Den Anfang machte – wie zuvor – Evan Perez auf *CNN*.

Amy und ich hatten WhatsApp verwendet, um vor unserem Gespräch miteinander zu kommunizieren. Folglich wandte ich mich auf diesem Weg an sie, als unser Treffen publik wurde. Anfang Oktober berichteten US-Medien, dass die Republikaner im Kongress versuchten, an unsere Aussagen gegenüber dem FBI und an Informationen über unsere russischen Quellen heranzukommen. Und so verlief unser Gespräch von da an:

6. Oktober 2017

Chris: Morgen Amy, sorry, dass ich so früh schon störe. Wäre dankbar, wenn wir später mal reden könnten. Sind natürlich besorgt über die neuesten Entwicklungen und würden das gern besprechen. Besten Dank, Chris

Amy: Hi Chris, tut mir leid, ich sehe deine Nachrichten & die Entwicklungen gerade erst. Bin auch ziemlich besorgt. War heute nicht im Büro, mir ging's nicht so gut. Ich werde mal hinfahren & mit den Chefs reden & herausfinden, was ich kann. Vorher rufe ich dich noch an – gib mir nur ca. 45 Min. Danke

Chris: OK Amy. Alles klar. Danke, Chris

13. Oktober 2017

Chris: Hi Amy, wäre dankbar für einen Anruf, wann immer es dir passt. Habe ein paar Updates und Punkte zu besprechen. Danke, Chris

Amy: Hi Chris, klar, gern. Esse nur gerade mit einem Freund zu Abend & weiß ja, dass es bei dir schon spät ist. Wäre morgen OK oder wenn ich kurz rausgehen soll, kein Problem.

Chris: Nein, genieß bitte dein Essen und lass uns morgen reden. Danke, Chris

Amy: OK super, ich ruf dich morgen an. Bis dann, Amy

14. Oktober 2017

Amy: Hi Chris, hab gerade versucht anzurufen. Bin verfügbar, wenn du Zeit hast zu reden. Danke!

Und später dann:

Amy: Komisch, ich kann dich hören. Muss kurz ein neues Headset holen. Moment.

Wir haben nie wieder persönlich miteinander gesprochen.

Am 25. Oktober 2017 brachte *CNN* die Meldung, dass ich mit dem FBI gesprochen hätte. Zu Beginn des Online-Artikels hieß es: «Mitarbeiter des Sonderermittlers Robert Mueller trafen sich im vergangenen Sommer mit dem früheren britischen Spion, dessen Dossier über eine angebliche russische Unterstützung von Trumps Wahl-

kampagne zu monatelangen Ermittlungen geführt haben, von denen die Trump-Regierung ausgebremst wurde. Das berichten zwei Personen mit Insiderwissen.»

Weitere Meldungen folgten. Ich versuchte noch einmal, Kontakt mit Amy aufzunehmen.

27. Oktober 2017

Chris: Hi Amy, könnten wir morgen bitte mal reden? Ich habe gerade in den Medien eine Meldung gesehen, in der Paul Ryan zitiert wird, das FBI habe eingewilligt, dem Kongress Dokumente über meine Kontakte zu euch auszuhändigen und über das Dossier (und die Quellen?). Da sind wir natürlich sehr besorgt. Hier könnten Menschenleben auf dem Spiel stehen. Danke, Chris

Amy: Hi Chris, ich bin diese Woche leider nicht da, bin im privaten Urlaub mit meiner Familie & weiter weg. Wird schwierig für mich sein, mich vor der Rückreise im Büro zu melden & habe von unterwegs keinen Einblick in diese Sache. Ich kann versuchen, dich mit jemand anderem im Büro in Kontakt zu bringen, aber kann nicht versprechen, dass das morgen schon klappt. Total blöd, dass ich das bis Montag aufschieben muss, aber kann von hier jetzt gerade nicht viel tun. Sag Bescheid, wenn ich heute Abend noch jemanden für dich auftreiben soll & kann ich dann versuchen.

Chris: Danke, Amy. Die Sache ist für uns sehr wichtig. Vielleicht könnte ich später mal mit Brian sprechen? Beste Grüße, Chris

1. November 2017

Chris: Liebe Amy, ich hoffe, du hattest letzte Woche einen schönen Urlaub mit deiner Familie. Mir ist klar, dass die politische Lage gerade

brenzlig ist, wäre aber für einen Anruf sehr dankbar. Erstens geht es um die Frage, was das FBI dem Kongress diese Woche noch aushändigen könnte, insbesondere mit Blick auf unsere Quellen und meine frühere Tätigkeit/Karriere. Und zweitens kommt unser Freund [Igor Dantschenko] am Freitag hier an, bleibt eine Woche und könnte dann von hier eventuell in ein weiteres Land reisen, um dort einen Freund zu treffen. Beide wären auch daran interessiert, mit dir in Kontakt zu kommen. Das wäre aus unserer Sicht die beste Gelegenheit, um Teile der Arbeit zu validieren. Mein früherer Arbeitgeber weiß im Prinzip schon Bescheid, dass das im Gang ist. Haben deine Kollegen und du überhaupt Interesse, mit ihm/ihnen zu sprechen? Falls ja, sollten wir das planen. Wir werden hier jedenfalls schon mal loslegen, es sei denn, ihr hättet andere Gründe, die dagegen sprechen. Ihr könntet ihn wenigstens hier treffen, ich würde euch miteinander bekannt machen. Wir haben noch andere wichtige Hinweise, die wir euch gern geben würden. Müsst ihr entscheiden. Danke und beste Grüße, Chris

7. November 2017

Chris: Hi Amy, hab versucht, dich anzurufen. Wollte dir zu ein paar Punkten ein Update geben. Wann könnten wir bitte mal reden? Beste Grüße, Chris

27. Dezember 2017

Chris: Liebe Amy, ich hoffe, du hattest schöne Weihnachten. Wir müssen reden. Von zuverlässigen Kontaktleuten in den USA habe ich ein paar wirklich beunruhigende Sachen gehört. Die sagen mir, dass höchst vertrauliche (und wahrscheinlich streng geheime) Informationen über die Zusammenarbeit von Orbis mit dem FBI und die

damit zusammenhängenden Geschäftsaktivitäten rund um das Dossier, u.a. mit eurem [Sonderermittler-]Team, an Mitglieder des Geheimdienstausschusses im Kongress weitergegeben wurden; und die stechen das jetzt an die Medien durch, um nicht nur mich zu diskreditieren, sondern auch unsere Arbeit, das FBI und die ganze Sonderermittlung. Wenn das stimmt, dann kann das sehr ernste Konsequenzen haben und die Sicherheit unserer laufenden Arbeit aufs Spiel setzen – und eurer auch. Hier stehen Menschenleben auf dem Spiel. Ich habe ja dir gegenüber schon mal angesprochen, wie problematisch eine Weitergabe an den Kongress wäre, aber keine Antwort bekommen. Angesichts dieser jüngsten Entwicklungen muss ich jetzt noch einmal nachdrücklich werden und möchte darum bitten, dass du oder ein Kollege mich so schnell wie möglich kontaktiert, um das zu besprechen. Vielen Dank, Chris

29. Dezember 2017

Amy: Chris, wir haben deine Nachricht erhalten und möchten uns für die späte Antwort entschuldigen. Wir glauben nicht, dass hier weiterer Kommunikationsbedarf besteht. Falls die Umstände sich in der Zukunft ändern, melden wir uns wieder. Danke.

Und das war's. So wollte das FBI einen früheren Kollegen und engen Verbündeten mit mehr als 25 Jahren Erfahrung loswerden. Dass sie sich so verhielten, verstieß gegen alle Vereinbarungen über Vertraulichkeit und Sicherheit (für uns und unsere Quellen), die sie mit der britischen Regierung getroffen hatten. Und jetzt, nachdem sie uns hintergangen hatten, schlugen sie uns die Tür ins Gesicht.

Aber es kommt noch viel schlimmer.

***

Ich springe jetzt kurz drei Jahre nach vorn – an den Punkt, an dem auch die zweite ausdrückliche Abmachung, die wir mit dem FBI geschlossen hatten, gebrochen wurde. An seinem letzten ganzen Tag im Weißen Haus – dem 19. Januar 2021 – ordnete Donald Trump die Freigabe eines bis dahin als geheim eingestuften Aktenordners an, der zu den Unterlagen der FBI-Sonderermittlung gehörte. Darin enthalten waren auch Protokolle unserer Gespräche mit Amy und Auten im September 2017. Und in diesen Protokollen fanden sich – unzensiert und nun frei zugänglich – Informationen über unsere Quellen.

Kurz darauf verschwanden zwei unserer Gewährsleute in Russland – die in dem Gesprächsprotokoll namentlich genannt waren – von der Bildfläche. Wir haben seitdem nicht mehr von ihnen gehört, noch haben wir irgendwelche Informationen darüber, was aus ihnen geworden ist.

Die Versprechungen des FBI an Orbis, an mich, an die britische Regierung, die wir im Vorfeld unseres Treffens in London am 17. September 2017 erhalten hatten, waren wertlos. Und außerdem, das muss man leider so deutlich sagen, hat das FBI uns einfach im Stich gelassen, als es hart auf hart kam.

Wenn das FBI so mit einem früheren Kollegen umsprang, wie behandelten sie dann alle anderen? Angenommen, man wäre ein potenzieller Informant, dessen Kenntnisse für die US-Regierung hilfreich sein könnten, aber man wüsste, dass man dem FBI in einer Sache auf Leben und Tod nicht vertrauen kann – warum in Gottes Namen sollte man dann mit dem FBI zusammenarbeiten? Diese Überlegung hat natürlich ernste Implikationen für die nationale Sicherheit. Denn der Schluss, den potenzielle Informanten ziehen werden, ist doch dieser: Sei bloß vorsichtig, wenn du mit dem FBI sprichst. Die können dich und deine Informationen letztlich auch nicht schützen. Und davon profitiert einzig und allein Russland. Von anderen gegnerischen Mächten – vielleicht sogar gewöhnlichen Kriminellen – ganz zu schweigen.

Obendrein hatte uns das FBI vorsätzlich getäuscht. Niemand vom FBI oder aus dem Washingtoner Justizministerium hatte uns gesagt, dass letzten Endes der US-Präsident autorisiert ist, jedes beliebige Geheimdokument freizugeben, und sie daher überhaupt nichts tun konnten, um unsere Quellen zu schützen, sollte der Präsident eben entschieden haben, die entsprechenden Informationen zu veröffentlichen. Vielleicht hätten wir das auch selbst wissen müssen. Aber da wir es nicht wussten – und wir wissen in Sachen Informationsbeschaffung und Beweissicherung sicher mehr als die meisten –, gehe ich davon aus, dass sehr viele potenzielle Informanten sich darüber nicht im Klaren sind. Chris Burrows und ich jedenfalls hätten mit Robert Muellers Leuten erst gar nicht über unsere Quellen gesprochen, wenn man uns vorweg klar gesagt hätte: «Ach, eine Sache noch – wir können nicht garantieren, dass der Präsident nicht alles öffentlich bekannt macht, was ihr uns erzählt.»

Und wenn Trump 2024 wiedergewählt werden sollte, dann kann man – auf der Grundlage seines früheren Verhaltens – getrost davon ausgehen, dass er nach Lust und Laune geheimes Material freigeben wird, wenn er es aus seinem parteipolitischen Interesse heraus für geboten hält oder auch einfach nur Rache nehmen will.

***

Ich habe seit Amys letzter WhatsApp-Nachricht nichts mehr vom FBI gehört. Wir haben ihnen gelegentlich noch Informationen geliefert, indirekt, über Mittelsleute – nicht so, dass man die Mitteilung bis zu uns hätte zurückverfolgen können. Sie haben also weiterhin von uns profitiert; sie wissen es nur nicht.

So muss es nun wohl sein. Ich will den Vereinigten Staaten noch immer helfen, die der wichtigste Verbündete Großbritanniens sind und – vorerst zumindest – die stärkste Demokratie weltweit. Direkt ans FBI würde ich mich allerdings nicht mehr wenden. Und wir würden auch nie wieder eine konkrete Quelle für unsere Informatio-

nen benennen, unter keinen Umständen. Wir haben unsere Lektion gelernt, und zwar auf die harte Tour.

***

Aber bevor wir das begriffen hatten, haben wir die US-Ermittler weiter direkt unterstützt. In der Rückschau war auch das ein Fehler.

Das nächste US-Organ, das mit Orbis sprechen wollte, war der Geheimdienstausschuss des Senats. Wahrscheinlich hätten wir uns schon viel früher einen Anwalt nehmen sollen, aber besser spät als nie: Im Januar 2018 hatte ich immer stärker das Gefühl, dass wir juristische Unterstützung bräuchten, und zwar dringend. Also engagierten wir Bob Weinberg, einen erfahrenen Rechtsanwalt aus Washington. Er wurde unser Vorposten im Kontakt mit dem amerikanischen Kongress.

Vorsitzender des Geheimdienstausschusses war damals der republikanische Senator Richard Burr aus North Carolina. Ein Mitarbeiter des Ausschusses meldete sich bei uns, um anzufragen, ob ich hinfliegen und mit ihnen sprechen würde oder ob sie stattdessen jemanden nach London schicken könnten. Anfangs lehnte ich beides dankend ab, weil mir der finanzielle und zeitliche Aufwand zu groß erschien.

Bob erklärte den Mitarbeitern des Ausschusses, dass wir durchaus bereit seien, mit ihnen in Kontakt zu treten, allerdings nur in schriftlicher Form – und im Gegenzug sollten sie von etwaigen Vorladungen auf meinen oder Chris' Namen erst einmal absehen.

Unser Vorgehen war größtenteils symbolisch: Eine Vorladung des Kongresses wäre in Großbritannien, wo die US-Behörden keine Befugnisse haben, ohnehin nicht durchsetzbar gewesen. Andererseits wollte ich auch nicht den Eindruck erwecken, ich hätte irgendetwas zu verbergen.

Sie schickten uns daraufhin eine Liste mit vierzig Fragen. Manche davon betrafen Bereiche, zu denen ich schlicht nicht aussagen

konnte, hauptsächlich mit Blick auf meine frühere Tätigkeit im Dienst Ihrer Majestät. Andere Fragen drehten sich um unsere Quellen und Hinweisgeber. In diesem Punkt konnten wir ihnen manchmal weiterhelfen. Wir stellten ihnen die beiden Berichte des Projekts CHARLEMAGNE zur Verfügung. Ein Hinweis zu Verbindungen zwischen Trump und Russland, den wir zu jener Zeit an den Geheimdienstausschuss des US-Senats weitergaben, betraf die Rolle, die ein in Russland ansässiger amerikanischer Geschäftsmann namens David Geovanis, der um die Jahrtausendwende herum Donald Trumps «Mann für alle Fälle» in Russland gewesen sein soll, bei einer etwaigen Kompromittierung Trumps durch die russische Regierung gespielt haben könnte. Wie CNN später, im Februar 2019, meldete, hatte Geovanis seinerzeit in Moskau den Ruf eines in Saus und Braus lebenden Partylöwen gehabt. In den Unterlagen der Trump-Russland-Ermittlung wird er schon früh als ein möglicher Zeuge oder Mitwisser genannt. Es existieren Fotos, die Trump und Geovanis 1996 bei einem Treffen mit dem Moskauer Vizebürgermeister zeigen – und das, obwohl Trump bestritten hat, bei seinen Aufenthalten in Russland je Kontakt zu irgendwelchen Funktionären gehabt zu haben. Allerdings sind sämtliche Versuche der Medien, des Sonderermittlers Robert Mueller sowie des Geheimdienstausschusses im US-Senat, Geovanis zu kontaktieren beziehungsweise als Zeugen in ihren jeweiligen Ermittlungsverfahren vorzuladen, erfolglos geblieben. Geovanis ist während der Zeit von Trumps Präsidentschaft untergetaucht, hat seinen Wohnsitz offenbar in einen abgeschiedenen Teil Russlands verlegt und ist nie in die Vereinigten Staaten zurückgekehrt, obwohl nahe Angehörige von ihm dort leben. Für uns als erfahrene Nachrichtendienstler spricht ein solches Verhalten Bände, aber offenbar haben sich bislang weder die Medien noch der amerikanische Kongress oder die US-Regierung damit näher beschäftigt. Warum nicht? Die Frage drängt sich auf.

Im Gegenzug für unsere Kooperation willigte jedenfalls der Geheimdienstausschuss des US-Senats in das Folgende ein: Es sollte

ohne unser Einverständnis keinerlei öffentliche Aufmerksamkeit rund um unsere Kooperation geben, noch sollte das von uns zur Verfügung gestellte Material ohne Absprache veröffentlicht werden. Außerdem vereinbarten wir, dass die Senatoren uns in Frieden lassen würden, nachdem wir unsere schriftlichen Antworten auf ihre Fragen eingereicht hatten.

Burr brach alle diese Absprachen. Er verplapperte sich im Gespräch mit einem Journalisten, bestätigte diesem, dass der Ausschuss mit mir gesprochen habe, und deutete auch an, ich hätte durchaus ein bisschen entgegenkommender sein können. Und als der Ausschuss schließlich seinen Untersuchungsbericht vorlegte, waren darin auch Auszüge aus unseren Antworten enthalten. Keines der Versprechen, das die Senatoren uns gegeben hatten, haben sie gehalten.

***

Die US-Regierung scheint wirklich gern Untersuchungen an sich selbst vorzunehmen. Im Jahr 2019 erreichte uns eine weitere Gesprächsanfrage, diesmal aus dem Büro des Generalinspekteurs des Justizministeriums. Der Generalinspekteur Michael E. Horowitz sollte herausfinden, ob politische Voreingenommenheiten beim FBI dazu geführt hatten, dass die «Crossfire-Hurricane»-Ermittlungen zu Trump und Russland mit besonderer Dringlichkeit eröffnet worden waren.

Aus gut unterrichteten US-Kreisen bekamen wir den Hinweis, dass Horowitz' Büro uns in seinem Bericht scharf kritisieren würde, wenn wir uns einer Zusammenarbeit verweigerten. Also erklärten wir uns schließlich – wiederum klug beraten von Bob Weinberg – zu einer Aussage für den Generalinspekteur bereit.

Im Juni 2019 kam ein Team aus vier Ermittlern nach London. Wir trafen uns ganz in der Nähe unseres Büros in einem Gebäude, das von der US-Botschaft genutzt wird.

Uns schlug ein feindseliger Ton entgegen. Und irgendwann machten die Amerikaner mir dann einen Vorwurf, auf den ich glücklicherweise eine Antwort parat hatte: Ich hätte es doch von Anfang an auf die Familie Trump abgesehen, meinten sie, das solle ich doch einfach zugeben.

«Augenblick mal», sagte ich, «da gibt es etwas, das Sie wissen sollten.» Und dann legte ich ihnen dar, dass ich mit Ivanka Trump ja schon seit einigen Jahren persönlich bekannt war, dass ich im Trump Tower zu Gast gewesen war, auf eine Zusammenarbeit mit der Trump Organization gehofft hatte, dass ich auch Don Jr. kurz getroffen und einen Moment lang sogar sein Baby im Arm gehalten hatte ... – kurz, ich legte ihnen dar, wie lächerlich der Vorwurf war, ich würde einen langjährigen Groll gegen die Familie Trump hegen.

Sie wurden blass und sahen plötzlich ziemlich kleinlaut aus.

Unmittelbar bevor der Generalinspekteur im Dezember 2019 die endgültige Fassung seines Berichts vorlegte, meldete dessen Büro sich telefonisch bei unserem Anwalt und teilte ihm mit, dass früher noch geschwärzte Passagen des Textes – Details über Igor Dantschenko, wie sich später herausstellte – inzwischen freigegeben worden seien und deshalb nun im Klartext erscheinen würden. Außerdem werde der Bericht abwertende Aussagen über mich und Orbis enthalten. Zuvor hatte der Generalinspekteur uns noch versprochen, ausreichend Zeit einzuräumen, damit wir zu allen kritischen Passagen über uns selbst oder unsere Arbeit gegebenenfalls Stellung beziehen konnten, bevor der Bericht endgültig an die Öffentlichkeit ging. Aber dafür war es jetzt offenkundig schon zu spät. Wir glauben, dass dies aus dem folgenden Grund geschah: All ihre anderen Anschuldigungen gegen uns hatten wir effektiv gekontert, und mit der Enthüllung über mein freundschaftliches Verhältnis zu Ivanka Trump hatten wir sie erst recht auf dem falschen Fuß erwischt – also brauchten sie etwas, womit sie uns einen Schlag unter die Gürtellinie verpassen konnten. Geht man so mit langjährigen, wohlwollenden Verbündeten seines Landes um?

Das war jetzt das dritte Mal gewesen, dass wir versucht hatten, amerikanischen Ermittlungsorganen behilflich zu sein. Und zum dritten Mal hatten wir uns dabei die Finger verbrannt. Jetzt reichte es. Wir hatten die Nase voll davon, mit unseren angeblichen Verbündeten zu kooperieren – mit Verbündeten, die wir ja lediglich vor einer ernsten Bedrohung für ihr Land hatten warnen wollen.

Kapitel 19

Eine Farce im Gerichtssaal

Und deshalb sagten wir beim vierten Mal Nein.

Von all den vielen Varianten, in denen Donald Trump seinem Impuls zum Missbrauch der amerikanischen Exekutive und Legislative freien Lauf ließ, um Rache an seinen politischen Gegnern zu nehmen, war die Untersuchung unter dem Vorsitz des Sonderermittlers John Durham mit großem Abstand die empörendste.

Im Mai 2019 ernannte der Generalstaatsanwalt William Barr – ein Trump-Gefolgsmann, der sich inzwischen gegen seinen früheren Boss gewendet hat – Durham, einen damals allgemein respektierten Bundesanwalt aus Connecticut, zum Leiter einer Untersuchungskommission, deren Gegenstand die FBI-Untersuchung zur möglichen russischen Einflussnahme auf die Wahl von 2016 sein sollte: Was hatte das FBI zu diesem Vorgehen gebracht? Was war seine Motivation gewesen? (Und ja: Genau das war zuvor schon bei den Ermittlungen des Generalinspekteurs Horowitz untersucht worden. Aber was Durham nun durchführen sollte, war – im Gegensatz zu der früheren Untersuchung – ein strafrechtliches Ermittlungsverfahren, das zu einer Anklageerhebung führen konnte.)

Die Durham-Untersuchung ging von der absurden Annahme aus, es hätte eine Art von politischer Verschwörung gegeben, die von Hillary Clintons Wahlkampfteam, dem FBI und seinen Verbündeten – einschließlich meiner Wenigkeit – ausgeheckt worden sei, um

Beweise für Verbindungen des Trump-Teams nach Russland zu fälschen. Dies sei geschehen, um den Ruf des republikanischen Präsidentschaftskandidaten zu beschädigen und ihn «unwählbar» zu machen beziehungsweise seine spätere Amtszeit als Präsident zu torpedieren.

Durham machte sich also an die Arbeit und ermittelte beinahe vier Jahre lang. Seine Stellvertreterin Nora Dannehy, die über Jahre eng mit Durham zusammengearbeitet hatte, legte ihr Amt im Vorfeld der Präsidentschaftswahl 2020 nieder – dem Vernehmen nach, weil sie die Politisierung des amerikanischen Rechtssystems, für die Durhams Ermittlung beispielhaft stand, nicht länger hinnehmen konnte.

Ende 2019, etwa ein Jahr vor ihrem Rücktritt aus Durhams Team, rief Dannehy unseren Anwalt Bob Weinberg an und fragte, ob ich willens sei, mich von Durhams Leuten vernehmen zu lassen. Bob riet mir sehr deutlich davon ab. Diese Untersuchung sei anders, meinte er. Sie sei parteipolitisch motiviert. Wir lehnten höflich ab.

***

Seit Senator Lindsey Graham unseren Mitarbeiter Igor Dantschenko im Sommer 2020 de facto enttarnt hatte – was nach unserer Einschätzung aus klar parteipolitischen Erwägungen heraus geschehen war, obwohl Graham gewusst haben muss, dass Igor als Undercover-Informant dem FBI zuarbeitete –, seitdem machten wir uns Sorgen um Igor. Das FBI hatte von da an jeden Kontakt mit ihm abgebrochen und ihm keinerlei Vergütung mehr gezahlt, obgleich er hervorragende Arbeit zum Thema Russland geleistet hatte. Unter anderem hatte Igor es dem FBI ermöglicht, eine in Washington lebende Russin namens Maria Butina als russische Agentin zu enttarnen, die dort im Umfeld der republikanischen Parteiführung operierte.

Wir hatten einen engen Vertrauten, einen Amerikaner, der in der

US-Geheimdienst-Community bestens vernetzt war und auch über politische Kontakte im Kongress verfügte, gebeten, sich in der schwierigen Zeit nach seiner Enttarnung um Igor zu kümmern. Das wäre eigentlich die Pflicht des FBI gewesen; aber das FBI drehte Däumchen, aus Angst vor Trump und seinen republikanischen Speichelleckern im Kongress. Unser amerikanischer Freund hatte alle Hebel in Bewegung gesetzt, um Igor Arbeit zu verschaffen. Nebenbei hatte er sich mit Igor und dessen Frau Kristina, einer großen Stütze und beeindruckenden Person, angefreundet. Dank seiner Hilfe konnten die beiden in dieser aufwühlenden Zeit zumindest ein wenig zur Ruhe kommen.

Aber all das sollte sich im Oktober 2020 schlagartig ändern. Der Sonderermittler Durham klagte Igor der Falschaussage in fünf Fällen an: Er habe gegenüber dem FBI gezielt gelogen, als es um die Quellen für unser Dossier ging. Die Anklage erfolgte nach Titel 18, § 1001 des US-Strafgesetzbuchs. Eine vergleichbare Strafvorschrift sucht man in vielen anderen Ländern vergebens – auch in Großbritannien –, und sie gilt allgemein als letzte Rettung für Ankläger, die jemanden vor Gericht bringen wollen, ohne über eine andere Handhabe zu verfügen.

Ich habe nächtelang wachgelegen und mir Sorgen um Igor gemacht, nicht zuletzt, weil wir alle den Kontakt zu ihm abbrechen mussten, um kein rechtliches Risiko einzugehen (das Durham ja nur zu gern ausgenutzt hätte). Ich empfand Igor gegenüber eine große Verpflichtung, und empfinde sie noch immer. Außerdem war er der «Schlüssel», mit dessen Hilfe unsere republikanischen Kontrahenten unser Quellennetzwerk in Russland aufdecken konnten. Unsere Gewährsleute dort wären Zwangs- und Repressionsmaßnahmen der russischen Geheimdienste und prozesswütiger Oligarchen dann schutzlos ausgeliefert gewesen.

Der zuständige Richter zeigte sich von Durhams Anklageschrift sichtlich unbeeindruckt. Einen der Anklagepunkte gegen Igor wies er ab, und die Jury brauchte nicht lange, um zu einem einstimmigen

Freispruch in den anderen vier Punkten zu gelangen. Durham hatte noch ein weiteres Verfahren angestrengt, das er aber ebenfalls verlor. Bei zwei Versuchen war er jetzt zweimal gescheitert.

Igors Freispruch machte die Hölle nicht ungeschehen, durch die Durham ihn mit seiner Anklage geschickt hatte. Ein Jahr lang hatte er eine elektronische Fußfessel tragen müssen, durfte den Großraum Washington nicht ohne offizielle Erlaubnis verlassen und hatte immense Anwaltskosten zu tragen gehabt. Eine Zeitlang fiel es ihm schwer, Arbeit zu finden, und er lebt noch immer in ständiger Angst vor einem körperlichen Angriff, entweder durch Agenten des Kremls oder militante Trump-Fanatiker. Das FBI, das ihm zum Ausgleich für seine Enttarnung eine beträchtliche Entschädigung sowie Pensionszahlungen in Aussicht gestellt hatte, ließ ihn kurzerhand sitzen, aus Angst vor dem Zorn der Republikaner im Kongress.

Und dann war da noch ein zweiter unangenehmer Effekt des Gerichtsverfahrens, an dem auch Igors Freispruch in allen Anklagepunkten nichts ändern konnte. Durhams vollkommen grundlose und geradezu rachsüchtige Anklage hatte zur Folge, dass das vorherrschende Narrativ der US-Nachrichtenmedien rund um unser Dossier sich veränderte. Von heute auf morgen wurde die Berichterstattung ganz überwiegend negativ. Am Tag der Anklageerhebung gegen Igor brachte die *New York Post*, ein keineswegs neutrales Blatt im Besitz der Familie Murdoch, die Schlagzeile: «Die wahre Verschwörung». Weiter hieß es (unter Anspielung auf meinen Nachnamen, der klingt wie «steal», also «stehlen»): «Lie, Cheat, Steele: Russe, der für mit Hillarys Geld bezahltes Dossier falsche Anschuldigungen gegen Trump erfand, festgenommen». Auch Fotos von Igor und mir selbst waren auf der Titelseite zu finden.

Aber es waren nicht nur die Sensationspresse oder Murdoch-Blätter wie das *Wall Street Journal*, deren Artikel jetzt derartige Verzerrungen aufwiesen. Sogar in Qualitätszeitungen wie der *Washington Post* und der *New York Times* veränderte sich die Berichterstattung über Orbis und unsere Arbeit. Ihnen schien bereits Durhams Ankla-

geerhebung gegen Igor zu genügen, um von unserer Unzuverlässigkeit überzeugt zu sein.

Das Pendel der US-Medien ist auch nach Igors Freispruch nicht mehr in die andere Richtung zurückgeschwungen, was mir nach wie vor ein Rätsel ist. Die entscheidenden Sachverhalte richtigzustellen, war einer der stärksten Gründe für mich, dieses Buch zu schreiben.

Es liegt eine bittere Ironie darin, dass John Durham zwar vor Gericht – in seinem eigentlichen Metier – kläglich scheiterte, seine Schmutzkampagne über den Umweg der amerikanischen Medien jedoch zum gewünschten Erfolg führte.

***

Im Mai 2023 legte, nach beinahe vierjähriger Arbeit und Kosten von mehr als 6,5 Millionen US-Dollar, die der amerikanische Steuerzahler zu tragen hatte, die Durham-Untersuchung endlich ihren Abschlussbericht vor. Der gesamte Aufwand hatte zu lediglich einer Verurteilung geführt: Ein juristischer Nachwuchsmitarbeiter des FBI hatte sich schuldig bekannt, den Text einer E-Mail über Carter Pages Beziehungen zur CIA nachträglich geändert zu haben, was der Vorsitzende Richter als eine «unerlaubte Täuschung» wertete. Der Mitarbeiter bekannte sich also schuldig und erhielt eine Bewährungsstrafe von 12 Monaten sowie 400 Sozialstunden. Ich frage mich wirklich, ob jemals ein Sonderermittler derart grandios gescheitert ist.

Von Durham blieb nichts als sein Abschlussbericht. Als der endlich vorlag, wurden in dem Dokument nur viele alte Verschwörungstheorien wieder aufgewärmt – und das mit allen Privilegien des Kongresses, was bedeutete, dass Durham über mich und andere in den Fall verwickelte Personen diffamierende Aussagen in die Welt setzen konnte, ohne dass wir dagegen auch nur die geringste rechtliche Handhabe hatten.

Nachdem ich den Durham-Report gelesen hatte, schrieb ich eine

Reihe von Tweets, in denen ich meine Sicht der Dinge zusammenfasste. Diese entstanden unter dem direkten Eindruck des Geschehens, aber inzwischen habe ich eingesehen, dass ihnen ein weiterer, sogar noch wichtigerer Punkt anzufügen wäre: Falls Trump wiedergewählt wird, ist es nur wahrscheinlich, dass er noch weitere, ebenfalls hochgradig politisierte Ermittlungsverfahren nach dem Vorbild der Durham-Untersuchung in Gang setzen wird. Das wäre für ihn ein probates Mittel, um seine Kritiker einzuschüchtern und seine Feinde – oder alle, die er dafür hält – zu bestrafen. Und dieser Machtmissbrauch – denn gewiss würde er seinen angeblich unabhängigen Generalstaatsanwalt anweisen, solche Verfahren einzuleiten – würde die amerikanische Demokratie mit ihrer Gewaltenteilung weiter untergraben.

Damals, direkt nach dem Durham-Bericht, schrieb ich unter anderem Folgendes, und ich stehe weiter zu diesen Tweets, die ich am 17. Mai 2023 gepostet habe:

> John Durhams lang erwarteter Bericht wiederholt lediglich die Anschuldigungen, die er vor Gericht nicht hat beweisen können. Er zeigt außerdem, dass die ganze Untersuchung durch eine parteipolitisch gefärbte Verschwörungslegende motiviert war, zu deren Stützung er uneindeutige Zeugenaussagen zurechtgebogen hat. Und er enthält diverse sachliche Fehler. 1/4
> Unsere Recherche 2016 war objektiv und nicht politisch motiviert. Durhams Behauptung, bei den von uns vorgelegten Informationen handele es sich um Desinformation durch den Kreml, ist ebenfalls haltlos, es sei denn, man nimmt an, dass Putin Trump beschädigen wollte, um Clinton zum Sieg zu verhelfen. 2/4
> Aber Putin hat, wie wir wissen, in Helsinki zugegeben, dass er 2016 auf einen Wahlsieg Trumps hoffte, und Trumps Aussage, es gebe keine Beweise für eine russische Einflussnahme, spricht Bände ... 3/4
> Und schließlich ist unser Bericht über Trump/Russland 2016 keineswegs «widerlegt». Vielmehr hat er sich in seinen Hauptpunkten gut

bewährt, und nur sehr wenige Details sind inzwischen widerlegt worden, auch durch mehrere Gerichtsverfahren. Es wäre höchste Zeit, dass seriöse US-Medien diesen Punkt richtigstellen. 4/4

***

Es gibt noch eine denkwürdige Fußnote zu unseren Berichten über mutmaßliche Verbindungen zwischen Russland und Trump. Und zwar geht es um Michael Cohen, Trumps früheren Privatanwalt und Mann fürs Grobe.

In einem der 2016 entstandenen Memos, die in unser Dossier einflossen, hieß es, Cohen sei im selben Jahr nach Prag gereist, um sich dort als Abgesandter von Trumps Wahlkampfteam mit Kreml-Vertretern zu treffen. Über diesen Punkt ist seither viel debattiert worden. Aus Geheimdienstkreisen liegen uns später erstellte Ortungsdaten für eines von Cohens Mobiltelefonen vor, die belegen, dass das Gerät sich im August 2016 in Tschechien befand. Die McClatchy-Mediengruppe meldete im April 2018, das Team des Sonderermittlers Mueller habe Beweise dafür, dass Cohen im August oder Anfang September 2016 nach Tschechien eingereist sei. Und im Dezember 2018 berichteten dieselben Journalisten, Cohens Handy habe «im Spätsommer 2016 Signale ausgesandt, die von Mobilfunkmasten im Raum Prag aufgefangen wurden»; außerdem habe ein osteuropäischer Geheimdienst auf elektronischem Wege ein Gespräch mitgehört, in dem ein Russe gesagt habe, Cohen habe sich zu der fraglichen Zeit in Prag aufgehalten.

Ganz allgemein haben Cohens Seitenwechsel und seine Lossagung von Trump dazu geführt, dass er jetzt von denen, die den früheren Präsidenten angreifen wollen, als eine Art Held gefeiert wird. Es lässt sich deshalb eine gewisse Tendenz im Anti-Trump-Lager beobachten, jede von Cohens Aussagen für bare Münze zu nehmen. Eines sollten wir aber nicht vergessen: Cohen ist wegen Meineids rechtskräftig verurteilt worden. Er hat nachweislich wiederholt gelogen.

Kapitel 20

Der lange Arm des Kremls

Die Zeit ab Januar 2017 war gnadenlos. Spätestens im November 2018 brauchten Katherine und ich dringend Urlaub. Über ein Jahr lang wurde unser Leben völlig auf den Kopf gestellt. Jeden Tag, ohne Ausnahme, war mein Name in den Medien. Während ihre Vorgesetzten alles taten, um Katherines Karriere zu demontieren, steckte meine Frau in einer ausweglosen Situation voller Stress und Hilflosigkeit. Die Reaktion der Trump-Regierung, der Republikaner im Kongress, des Kremls und vieler anderer Leute mit Macht und Einfluss war unerbittlich. Also buchten wir einen Urlaub in Antigua.

Für mich war es die erste Reise außerhalb Europas, seitdem das Dossier publik geworden war, und ich machte mir ein wenig Sorgen um unsere Sicherheit. Also rief ich in dem Hotel an, das wir ins Auge gefasst hatten. Man versicherte mir, die Anlage sei bestens abgeschirmt und gut gesichert, mit einem Zaun rundherum und Wachleuten, die patrouillierten. Ich war beruhigt.

Aber drohte uns aus dem Kreml wirklich eine Gefahr? Ich schätzte die Lage damals so ein – und sehe es auch heute nicht anders –, dass Putin wohl eher nicht den Befehl erteilen würde, mir irgendein körperliches Leid anzutun. Der einstige Oberstleutnant des KGB hält sich, bislang jedenfalls, an eine stillschweigende Übereinkunft, die in Geheimdienstkreisen seit Jahrzehnten Bestand hat: Spione fügen Spionen keinen Schaden zu, daran halten sich die allermeisten.

Sogenannte Verräter jedoch – zumeist russische Staatsbürger – müssen um ihr Leben fürchten. Da ich seinerzeit an der Untersuchung nach dem Mord an Alexander Litwinenko mitgewirkt hatte, war mir dieser Umstand nur zu bewusst. Und im März 2018, einige Jahre nach meinem Ausscheiden aus dem Staatsdienst, hatte ich entsetzt – wenn auch wenig überrascht – miterlebt, wie nach und nach die Details über einen weiteren Mordversuch ans Licht kamen, der im englischen Salisbury an Sergej Skripal, einem früheren Agenten des russischen Militärnachrichtendienstes GRU, und seiner Tochter Julija verübt worden war. Dieses Mal hatten die Attentäter, mutmaßlich Agenten des GRU, das Nervengift Nowitschok verwendet. Eine Untersuchung kam zu dem Schluss, dass beide Fälle mit großer Wahrscheinlichkeit von Putin angeordnet und/oder genehmigt worden waren. Doch Litwinenko und Skripal waren, zumindest in den Augen des Kremls, Verräter gewesen. Sie waren als Überläufer in den Westen gegangen und hatten ihre Kenntnisse vom inneren Aufbau des russischen Sicherheitsapparats dazu verwandt, dem Kreml zu schaden. Das machte sie im Kalkül der russischen Sicherheitsdienste zu absolut legitimen Zielen für einen physischen Angriff.

Ich dagegen habe immer schon auf der Gegenseite gestanden. Ich bin ein Gegner, kein Verräter. Deshalb glaube ich, dass ich relativ ungefährdet bin.

Glaube ich jedenfalls.

In der Woche unseres Urlaubs fand die Antigua Yacht Show statt, eine große Regatta. Aus diesem Grund hatten auch einige russische Oligarchen Kurs auf Antigua genommen, um ihre Megajachten zu präsentieren. Am fünften Tag unseres Aufenthalts ging draußen in der Bucht die *Alfa Nero* vor Anker, eine etwa 80 Meter lange Jacht mit schwarzem Rumpf. Dem Eigentümer der *Alfa Nero*, Andrej Gurjew, gehört auch Witanhurst, das zweitgrößte Wohngebäude in London nach dem Buckingham Palace. (Die Jacht wird zurzeit durch die Regierung von Antigua zum Verkauf angeboten, weil Gurjew sie dort einfach zurückgelassen hat, nachdem die britische

Regierung infolge des russischen Überfalls auf die Ukraine 2022 Sanktionen gegen ihn verhängt hatte.) Bei unserem Besuch jedenfalls gehörte ihm die *Alfa Nero* noch, die aber bald die Bucht verließ, woraufhin eine andere, sogar gut 110 Meter lange weiße Megajacht in Sicht kam, noch spektakulärer als die schwarze: ein glattes Geschoss von einem Schiff, dem man ansah, dass es auf hohe Geschwindigkeiten ausgelegt war. Achtern war ein Hubschrauberdeck zu erkennen.

Am vorletzten Tag unseres Urlaubs brachen wir mit einem kleinen Boot vom Dock des Hotels zu einem Schnorchelausflug entlang der Küste auf. Schnorcheln und Tauchen zählen seit meiner Jugendzeit auf Zypern zu meinen absoluten Lieblingshobbys. Außerhalb der Bucht war die See rau, aber als wir mit dem Schnorcheln fertig waren, fand ich es trotzdem schade, jetzt wieder aus dem Wasser aufs Boot und von dort zurück an Land gehen zu müssen.

Rückblickend wird mir klar, dass unsere Hotelanlage direkt an der halbmondförmigen Bucht gelegen war, in der die weiße Riesenjacht ankerte, und dass sämtliche Schiffe, die dort lagen, ungehinderte Sicht auf unsere Ferienwohnung hatten. Man hätte uns problemlos dabei beobachten können, wie wir zur Anlegestelle laufen, das Boot besteigen, die Bucht verlassen.

Auf dem Rückweg baten wir den Bootsführer, der mit uns zum Tauchen gefahren war, ein wenig näher an die weiße Jacht heranzusteuern, damit wir den Namen des Schiffes entziffern konnten. Es war die *Anna*.

Wir fuhren zurück zur Anlegestelle des Hotels und gingen auf unsere Zimmer, wo ich den Namen der Jacht googelte. «O wow, die gehört Rybolowlew», sagte ich zu Katherine. Dmitri Rybolowlew ist ein russischer Oligarch mit engen Verbindungen zum Kreml. Im Jahr 2008 erwarb ein Treuhandfonds im Namen seiner älteren Tochter Ekaterina für 95 Millionen Dollar die Maison de l'Amitié, eine Villa in Palm Beach in Florida. Der Verkäufer: Donald Trump. Der Verkauf brachte Trump einen Profit von 55 Millionen Dollar ein,

nachdem er das Anwesen 2004 für «nur» 40 Millionen Dollar erworben hatte.

Orbis hatte sich in der Vergangenheit bereits mit Rybolowlew befasst. Das Auftauchen seiner Jacht in unserem Urlaub war zwar ein seltsamer Zufall, aber ich dachte mir weiter nichts dabei.

Zwei Stunden später ging Katherine in das Badezimmer unserer Suite. «Chris, komm bitte mal her», hörte ich sie sagen, und es klang dringend.

Sie stand da und starrte in das Innere ihres brandneuen Kulturbeutels.

Darin lagen zwei Eheringe – einer etwas schmaler, der andere breiter. Der eine vermutlich für eine Frau, der andere für einen Mann. Sie gehörten nicht uns und waren am Morgen auch noch nicht da gewesen. Wie mochten sie dorthin gelangt sein? Wer hatte sie dort hingelegt? Was hatte das zu bedeuten?

In meinem Kopf ging ich unwillkürlich verschiedene Möglichkeiten durch, die bizarre Situation zu erklären. Waren die Ringe eine Visitenkarte? Waren sie vergiftet? Waren sie gestohlen worden oder gehörten gar Mordopfern – und waren dann als falsches «Beweismaterial» in unserem Bad deponiert worden, kurz bevor die Polizei anklopfte oder wir auf dem Heimweg am Flughafen festgenommen würden?

Vorsichtig nahmen wir einen Waschlappen zur Hand, um die Ringe aus der Tasche herauszuholen, und gingen mit ihnen hinunter zur Rezeption. «Das ist wirklich seltsam», erklärte ich den Hotelmitarbeitern, «jemand muss in unserem Zimmer gewesen sein und hat meiner Frau etwas in ihren Kulturbeutel gelegt.»

Die Mitarbeiter an der Rezeption versicherten uns, dass jeder, der den Kulturbeutel eines Gastes auch nur berührte, riskierte, entlassen zu werden.

Auch der diensthabende Empfangschef versicherte uns später, er habe die Aufzeichnungen der Überwachungskameras überprüft, und bis auf Mitglieder des Hotelpersonals sei niemand in unserer

Suite gewesen. Wir beschlossen, die Sache nicht weiter an die große Glocke zu hängen. Die Ringe waren nicht mehr bei uns, nachdem wir sie den Leuten vom Hotel übergeben hatten. Aber ein wenig mulmig war uns schon zumute, und wir wollten nur noch nach Hause.

Eine nicht unwahrscheinliche Erklärung des Vorfalls wäre in meinen Augen, dass die russische Regierung aufgrund ihrer Mobilfunküberwachung wusste, dass wir in diesem Hotel Urlaub machten, und deshalb ein Einsatzteam in die Bucht entsandte. In der Woche der Regatta waren auf Antigua und in den umliegenden Gewässern natürlich jede Menge Russen unterwegs; ein paar Undercover-Agenten mehr wären da nicht weiter aufgefallen. Vielleicht haben sie ihren Trick mit den Eheringen ja wirklich an unserem letzten Tag gebracht, damit wir am Flughafen «geschnappt» werden konnten – oder sie wollten uns schlicht aus dem Konzept bringen. Welches andere auch nur halbwegs glaubwürdige Szenario könnte einen derart seltsamen Vorfall erklären?

Einige Zeit später rief ich die Geschäftsführerin des Hotels von London aus an, um zu fragen, ob sie zu dem seltsamen Vorfall mit den Ringen inzwischen noch etwas herausgefunden hätten. Nein, sagte sie mir, es sei nichts bekannt geworden – und fragte mich dann, wer am Empfang Dienst gehabt habe, als wir den Vorfall meldeten. «Er hat das Hotel verlassen», sagte die Hotelchefin mir darauf, «er arbeitet nicht mehr hier.»

Sollte es sich bei alldem nur um eine Reihe von Zufällen gehandelt haben? Ich glaube es nicht. Mit Blick auf die Zukunft erscheinen uns Urlaube an exotischen Reisezielen jedenfalls nicht mehr sehr verlockend.

Wenn es sich bei diesem rätselhaften Vorfall also tatsächlich um eine Botschaft gehandelt haben sollte – was genau wäre dann ihr Zweck gewesen? Handelte es sich um eine Warnung, dass diese Leute (wer auch immer sie nun eigentlich sein mochten) jederzeit und überall an mich und meine Familie herankamen – uns sogar etwas

antun konnten –, ob nun in «Londongrad» oder an einem vermeintlich geheimen und sicheren Urlaubsziel 6500 Kilometer weit weg? Wollten die mir mitteilen, dass sie mich nirgends auf der Welt aus den Augen ließen, ganz egal wohin ich reiste, und zwar für den Rest meines Lebens? Sollte mir durch die Platzierung von Eheringen im Kulturbeutel meiner Frau deutlich werden, dass sie selbst in die privatesten Räume unseres Lebens eindringen konnten? Und dass ich mir etwas vormachte, wenn ich meinte, durch mein Vorgehen gegen den russischen Staat hätte ich meine Familie nicht angreifbar gemacht?

Letztlich weiß ich es nicht. Aber schon die Tatsache, dass wir uns damals derartige Fragen gestellt haben – und sie jetzt wieder stellen –, ist für «diese Leute» zumindest ein kleiner Sieg. Man kann die Sache lachend abtun, kann seine bescheidenen Vorsichtsmaßnahmen treffen und sein Leben weiterleben – und das muss man auch, denn ansonsten bliebe man in einem paranoiden Dauerzustand bis zur völligen Erschöpfung. Und auf eine gewisse Weise weiß man ja auch, dass sie, wenn sie einem wehtun wollten, das praktisch jederzeit tun könnten. Also bleibt mir nur zu hoffen, dass die alten Regeln noch immer gelten und Attentate auf Leute wie mich tabu sind.

Aber um ganz ehrlich zu sein: Das ist mir nur ein schwacher Trost, wenn ich bedenke, wie die russischen Geheimdienste im Lauf der letzten dreißig Jahre ihre Vorgehensweise verändert haben. Und außerdem: Russland, und zuvor die Sowjetunion, hat im Ausland nicht immer so agiert wie in den letzten Jahren. Vielmehr intensiviert es seine Aktivitäten in einem bedrohlichen Ausmaß, und die westlichen Regierungen müssen diese Bedrohung erkennen sowie entsprechende Ressourcen und politische Aufmerksamkeit darauf verwenden, sie zu bekämpfen und künftig durch Abschreckung im Keim zu ersticken.

Kapitel 21

Lawfare

Man hätte meinen können, dass Donald Trump im Sommer und Herbst 2023 andere Dinge beschäftigt hätten als die Firma Orbis Business Intelligence. Immerhin war er in vier verschiedenen Strafverfahren vor amerikanischen Gerichten angeklagt, in denen ihm insgesamt mehr als neunzig Einzelvergehen zur Last gelegt wurden. Selbst wenn er nur in einer Handvoll dieser Anklagepunkte schuldig gesprochen werden sollte, drohte ihm eine womöglich lebenslange Haftstrafe. In einem hiervon unabhängigen Zivilprozess hatte ein New Yorker Gericht schon im September 2023 entschieden, dass Trump einen derart schwerwiegenden Betrug begangen habe, dass er unter Umständen seinen gesamten Besitz im Bundesstaat New York würde aufgeben müssen, darunter auch sein Hauptquartier, den Trump Tower. Ihm ging langsam das Geld aus, um die Anwaltskosten auch seiner früheren Mitarbeiter zu bezahlen, die mit ihm angeklagt waren. In einem weiteren Zivilprozess hatte ein Gericht als erwiesen angesehen, dass Trump die Autorin E. Jean Carroll in der Umkleidekabine eines New Yorker Kaufhauses angegriffen, sexuell missbraucht und später verleumdet hatte. Und unterdessen kandidierte er erneut für das Präsidentenamt. Dennoch fand Trump irgendwie die Zeit, in London einen Zivilprozess gegen mich und Orbis anzustrengen. Es schien ihm völlig egal zu sein, ob er den Prozess gewann. Sein Ziel war es, einen vermeintlichen Feind in einem

Gerichtsverfahren zu binden und so «kaltzustellen» – von den immensen Kosten, die dem Gegner auf diese Weise aufgehalst werden, einmal ganz abgesehen.

Diese Art von Vorgehen bezeichnet man heute auch als *lawfare* (von *law*, «Gesetz», und *warfare*, «Kriegführung») – also als «Kriegführung mit juristischen Mitteln». Und dieser Kriegführung sind wir seit 2017 ununterbrochen ausgesetzt.

Trump hatte mich zuvor bereits in ein fadenscheiniges Verfahren nach dem «RICO Act» verwickelt, einem US-Bundesgesetz, das eigentlich zur Bekämpfung der organisierten Kriminalität erlassen wurde. Trump klagte in Florida; zur illustren Runde der anderen Beklagten zählten auch Hillary Clinton, James Comey, Jake Sullivan, Andrew McCabe und John Podesta. Der zuständige Richter wies die Klage 2022 ab und ordnete stattdessen Sanktionsmaßnahmen gegen Trump und seine Anwälte an, doch Trump legte Berufung ein. Unterdessen reichte der Ex-Präsident im Oktober 2022 vor einem britischen Gericht eine Geheimklage gegen Orbis ein und behauptete, wir hätten gegen britisches Datenschutzrecht verstoßen und hätten durch die Erstellung unseres Dossiers, wie er behaupten ließ, «seiner Person und seinem Ruf Leid und Schaden zugefügt».

Am 1. Februar 2024 wies die Richterin Karen Steyn Trumps Klage ab, da der fragliche Sachverhalt bereits verjährt war. Das war natürlich eine gewaltige Erleichterung für uns und ein Sieg, den wir genossen, aber es war auch wichtig für andere Whistleblower. Hätte Trump recht bekommen, wäre damit ein gefährlicher Präzedenzfall für andere ähnliche Klagen in Großbritannien geschaffen worden.

Wir befinden uns hier an der vordersten Front der juristischen Kriegführung, wo extrem finanzstarke Individuen oder Unternehmen ihre beinah endlosen Geldreserven einsetzen, um jeden an die Wand zu drücken, der es wagt, sich ihnen in den Weg zu stellen. Die Londoner Gerichte sind die klägerfreundlichsten weltweit, und so wird jeder, der reich und prozesswütig ist und darauf aus, seine Gegner zu bestrafen und zum Schweigen zu bringen, seinen juristischen

Rachefeldzug hier beginnen. In meinen Augen ist das eine nationale Schande für Großbritannien.

Natürlich möchten Leute wie Trump vor Gericht gern gewinnen – aber ein juristischer Sieg ist gar nicht ihr hauptsächliches Ziel. Vielmehr reicht es solchen bösartigen Leuten mit einer dicken Brieftasche schon aus, wenn sie ihre Gegner durch vorab zu leistende Prozesskosten in den finanziellen Ruin treiben und ihr Privat- und Arbeitsleben völlig auf den Kopf stellen, weil sie sich fortan ganz auf die Führung ihrer juristischen Abwehrschlacht konzentrieren müssen. Ich spreche hier aus Erfahrung. Orbis hat Hunderttausende Pfund für Anwälte ausgegeben und monatelang an nichts anderem gearbeitet als an unserer Verteidigungsstrategie; dabei wären diese Zeit und dieses Geld viel besser investiert gewesen, wenn wir sie in unsere eigentliche Arbeit hätten stecken können. Der Prozess, den Trump in London gegen uns angezettelt hat, hat mir derartigen Stress und solche Schlafprobleme bereitet, dass ich inzwischen an Bluthochdruck leide, obwohl ich für mein Alter eigentlich ziemlich fit bin.

Trump würde das Ergebnis des Verfahrens also vermutlich als einen Sieg verbuchen, auch wenn er vor Gericht verloren hat. Und das entspricht ganz dem bösartigen Charakter der juristischen Kriegsführung.

***

Es birgt schon eine ziemliche Ironie, dass es sich bei den Leuten, die Orbis und mich vor denselben Gerichten und mit ähnlichen juristischen Strategien bedrängt haben, um Donald Trump auf der einen und russische Oligarchen auf der anderen Seite handelt, und einige der Letzteren wurden inzwischen wegen ihrer Unterstützung Putins und seines völkerrechtswidrigen Kriegs in der Ukraine mit Sanktionen belegt.

Insbesondere haben wir uns in England in zwei Fällen zur Wehr

setzen müssen, die beide 2020 verhandelt, aber schon unmittelbar nach der Veröffentlichung unseres Dossiers in Gang gesetzt wurden.

Der erste der beiden Prozesse begann im März 2020, kurz vor dem ersten Corona-Lockdown in Großbritannien.

Es ging um eine Datenschutzklage von drei russischen Oligarchen, die gemeinsam die Alfa Group besitzen: Michail Fridman, Pjotr Aven und German Khan. Dieselben drei Männer hatten zuvor versucht, uns vor dem US-Bezirksgericht in Washington wegen Verleumdung vor Gericht zu zerren; doch war die Klage gleich an der ersten Hürde abgewiesen worden, wobei das Gericht auf den Ersten Zusatzartikel der amerikanischen Verfassung – also das Recht auf freie Meinungsäußerung – verwies.

Fridman, Aven und Khan waren auch Geschäftspartner bei dem Öl-Joint-Venture des russischen Konzerns TNK mit dem britischen Energieriesen BP gewesen. Durch den Verkauf von TNK im Jahr 2012 waren sie alle zu Milliardären geworden und hatten ihr Geld im Ausland anlegen können – was in Putins Russland ohne die ausdrückliche Unterstützung und Bewilligung des Präsidenten gar nicht möglich sein dürfte (und dabei der offiziellen politischen Linie widerspricht, dass russisches Kapital nach Möglichkeit im Land gehalten werden soll).

Bevor die Datenschutzklage der Alfa Group vor dem High Court in London zur Verhandlung kam, war der Prozess schon zwei Jahre lang vorbereitet worden. Doch gerade einmal zwei Wochen vor der Prozesseröffnung bat man uns in der Kanzlei, die uns vertreten sollte, zu einem Gespräch. Dort wurde uns dann eröffnet, dass die Anwältin, die unser Verteidigungsteam leiten sollte, suspendiert worden war. Später wurde bekannt, dass sie auf einem Gerichtsdokument die Unterschrift eines Richters am High Court gefälscht hatte, um nicht die Verantwortung dafür übernehmen zu müssen, dass durch ihre eigene Inkompetenz und Nachlässigkeit zusätzliche Kosten für uns angefallen waren. Ihr wurde dann später von der zuständigen Anwaltskammer die Zulassung entzogen.

Das war also schon mal kein guter Start. Als wir dann Mitte März 2020 endlich doch noch in das Gerichtsverfahren einsteigen konnten, unterzog mich der Kronanwalt Hugh Tomlinson einem zweitägigen Kreuzverhör. Einige seiner Fragen berührten dabei auch meine frühere Rolle als Geheimdienstmitarbeiter und britischer Beamter. Vor Prozessbeginn hatte ich von der Rechtsabteilung des britischen Außenministeriums die Anweisung erhalten, ich solle unter gar keinen Umständen vor Gericht über meine Zeit im Regierungsdienst sprechen (obwohl eine solche Aussage bei unserer Verteidigung durchaus hilfreich gewesen wäre, da ich so meine Expertise in Sachen Russland und meine guten Absichten noch besser hätte belegen können).

Am zweiten Tag meiner Aussage, als ich noch immer unter Eid stand, blieb Katherine zu Hause. Es ging ihr nicht gut, aber sie spielte die Schwere ihrer Erkrankung wohl herunter, um mich nicht aus dem Tritt zu bringen. Die herrschende Meinung zu Covid-19 war an jenem frühen Zeitpunkt der Pandemie – noch vor dem ersten Lockdown –, dass die Infektion zwingend mit Fieber einhergehe, und da Katherine kein Fieber hatte, ging ich nicht davon aus, dass sie sich mit dem Virus infiziert hatte.

Doch als ich am selben Vormittag den Gerichtssaal verließ, wo ich meine Aussage gemacht hatte, teilte man mir mit, dass Katherine mit dem Rettungswagen ins Krankenhaus gebracht worden sei. Sie konnte kaum noch aus eigener Kraft atmen und befand sich jetzt in derselben Klinik in der Nähe unseres Wohnorts Farnham, in dem elf Jahre zuvor Laura gestorben war. Der Richter, Sir Mark Warby, musste nun entscheiden, ob er mich vorzeitig aus meiner Zeugenpflicht entließ oder zur weiteren Befragung dort behielt. Im Gericht brach Chaos aus. Die Leute nahmen – wohl ganz richtig – an, ich selbst könnte auch mit dem Virus infiziert sein und also alle anderen Beteiligten an dem Verfahren anstecken.

Ungeachtet der Tatsache, dass Katherines Erkrankung schwerwiegend war, sperrte sich Hugh Tomlinson anfangs dagegen, dass der

Richter mich als Zeugen entließe, jedenfalls bevor er mit meinem Kreuzverhör fertig wäre. Beim besten Willen – das war ein geradezu unmenschliches Verhalten vonseiten Tomlinsons und meiner Meinung nach durch nichts zu entschuldigen. Ich wurde also in einen benachbarten Gerichtssaal gebracht, der gerade nicht belegt war, und das Kreuzverhör konnte fortgesetzt werden – mithilfe eines altmodischen Festnetztelefons, bei dem das Gespräch zwischendurch immer wieder abriss. Schon nach kurzer Zeit gelangte das Gericht dann aber zu der Auffassung, dass es nun reiche, und der Herr Vorsitzende entließ mich freundlicherweise aus meiner Zeugenpflicht, damit ich zu dem Krankenhaus in Surrey fahren und bei Katherine sein konnte. Als ich dort ankam, konnte sie zum Glück schon wieder besser atmen, und ich durfte sie noch am selben Abend mit nach Hause nehmen. Bis sie sich vollkommen wieder erholt hatte, sollten allerdings noch Monate vergehen.

Erst im Juli lag das Urteil vor. Jeder der drei russischen Milliardäre hatte sich durch gewisse Aussagen in einem Abschnitt unseres Dossiers angegriffen gefühlt, in denen ihre generell unterstützende Beziehung zu Putin und dem Kreml behauptet wurde. Vor Gericht konnten wir zwar keine dieser Aussagen zweifelsfrei beweisen, aber es gelang uns doch immerhin, den Richter davon zu überzeugen, dass wir ihren Wahrheitsgehalt in den allermeisten Fällen so gewissenhaft geprüft hatten wie nur möglich. So kam es, dass Richter Warby nur in einem Fall, in dem bei uns von illegalen Bargeldtransfers die Rede gewesen war, zugunsten von Aven und Fridman entschied. Die Höhe der von ihm festgesetzten Entschädigungssumme blieb moderat – Aven und Fridman sollten jeweils 18 000 Pfund erhalten –; aber durch eine Eigenheit des britischen Rechtssystems hatten wir auch den größten Teil der gegnerischen Gerichtskosten von immerhin 1,2 Millionen Pfund zu tragen. Zwei Jahre später, nach dem russischen Überfall auf die Ukraine 2022, belegten neben der britischen Regierung auch die EU und später die US-Regierung Fridman, Aven und Khan wegen deren engen politischen Verbin-

dungen zum und Unterstützung des Putin-Regimes mit Sanktionen. Das bewies ja eigentlich nur, was wir und unsere Quellen immer gesagt hatten, auch wenn wir uns in einem Datum dieser langjährigen Beziehungen irrten. Außerdem ließe sich auf der Grundlage dieser Entwicklung sagen, dass Fridman, Aven und Khan vor dem Londoner High Court einen Meineid begangen haben, da sie ihre Nähe zu Putin und dem Kreml ja gerade leugneten. Das Sahnehäubchen der ganzen Angelegenheit kam jedoch 2023, als ich aus zuverlässiger Quelle erfuhr, dass die britische Regierung zur Begründung ihrer Sanktionen gegen Fridman, Aven und Khan auf Argumente zurückgriff, die wir schon bei dem Datenschutzprozess 2020 gegen die drei vorgelegt hatten.

Fridman, Aven und Khan sind inzwischen von der Europäischen Union, den Vereinigten Staaten und Großbritannien sanktioniert. Ihre Vermögen von etlichen Milliarden Dollar sind eingefroren, ihre Reisefreiheit ist eingeschränkt. Sie alle sind als Verbündete Putins benannt worden.

***

Als im Juli 2020 unser zweiter Prozess vor dem High Court in London stattfand – die Einschränkungen durch den Corona-Lockdown waren zwischenzeitlich ein wenig gelockert worden –, waren unsere Erwartungen angesichts der Erfahrungen in dem ersten Prozess gedämpft. Aber wir waren wesentlich besser vorbereitet. Ich hatte ein langes Kreuzverhör hinter mich gebracht und wusste, dass nun ein zweites anstand.

Dieses Mal sollte eine Verleumdungsklage verhandelt werden, die der bereits erwähnte Alexej Gubarew, ein anderer russischer Unternehmer, eingereicht hatte. Gubarew und seine IT-Unternehmen waren in einem anderen Bericht über die Beziehungen zwischen Trump und Russland aufgetaucht, den wir Ende 2016 erstellt hatten.

Schon bald nach der Veröffentlichung des Trump-Russland-Dossiers durch *BuzzFeed* im Januar 2017 – die ja ohne unsere Einwilligung oder auch nur unser Mitwissen geschehen war – unternahm Gubarew erste Schritte, um gegen uns zu klagen. Unsere Anwälte witterten gleich, dass es sich hier wohl eher um juristische Kriegsführung handelte. Wie unser Rechtsbeistand, der Kronanwalt Gavin Millar, uns schon bei unserer ersten Beratung erklärte, hätte kein normaler Kläger eine solche Verleumdungsklage eingereicht, ohne sich zuvor durch die Medien (oder eine Kontaktaufnahme mit uns) zu versichern, ob wir überhaupt für die Veröffentlichung des fraglichen Memos verantwortlich oder auch nur daran beteiligt gewesen waren. Selbstverständlich waren wir nicht für die Veröffentlichung des Memos verantwortlich gewesen, und so kam es, wie es kommen musste: Gubarew scheiterte krachend, als der zuständige High-Court-Richter – wieder war es Sir Mark Warby – sein Urteil verlas.

Die Corona-Pandemie war inzwischen zum allgegenwärtigen Teil des Lebens geworden, weshalb einige Zeugen ihre Aussage nicht persönlich, sondern – mit einer Sondererlaubnis des Richters – per Videoübertragung machten. Diese technologische Neuerung ermöglichte uns einen verblüffenden Blick hinter die Kulissen – auf die Kräfte, mit denen wir es eigentlich zu tun hatten. Es passierte während meines Kreuzverhörs, das dieses Mal von Gubarews Anwalt geführt wurde.

In einer kleinen Pause, die wir während meiner Zeugenaussage einlegten, bat der Richter die technischen Mitarbeiter des Gerichts um einen Probelauf für die Videoschaltung mit unserem Entlastungszeugen Sir Andrew Wood sowie einem von Gubarews Zeugen. Als die Verbindung stand, erschienen auf dem Monitor im Gerichtssaal plötzlich mehrere Gesichter in einem Raster, wie man es von Zoom-Konferenzen kennt. Die Videoverbindung für die Zeugen hatte der Richter zuvor einzeln genehmigen müssen; für jeden einzelnen Fall hatte er einen eigenen Gerichtsbeschluss unterschrieben. Es sollte sich hier also eigentlich um eine streng kontrollierte Kom-

munikationsumgebung handeln. Doch jetzt begriffen wir schnell, dass die Verhandlung offenbar eine ganze Reihe von nicht autorisierten Zuschauern hatte.

Und außerdem kam bald heraus, dass sich manche aus diesem unbefugten Publikum in Russland befanden.

Der Richter wurde fuchsteufelswild und zog sich in sein Dienstzimmer zurück, um dort zu überlegen, wie er mit dieser offenbar noch nie dagewesenen Situation umgehen sollte.

Wir wurden von fern beobachtet – und zwar von Russland aus. Ich wusste genau, was das bedeutete: Zu unseren Zuschauern gehörten mit einer gewissen Wahrscheinlichkeit auch die russische Regierung und ihre diversen Geheimdienst- und Sicherheitsorgane.

Mehr als eine Stunde lang blieb ich im Zeugenstand sitzen, dann kehrte der Richter endlich wieder auf seinen Platz zurück und ließ die Sitzung fortsetzen. Er sagte uns, dass er in Erwägung ziehe, Gubarew und seine Anwälte – aus der Londoner Niederlassung der international tätigen Großkanzlei McDermott Will & Emery mit Hauptsitz in Chicago – bei der örtlichen Staatsanwaltschaft anzuzeigen. Es stellte sich nämlich heraus, dass Gubarews Anwälte nicht nur von der unberechtigten Videoübertragung an andere Orte gewusst, sondern diese sogar gestattet hatten. Letztlich hat der Richter sie dann aber doch nicht angezeigt, sondern den Fall bei der Solicitors Regulation Authority (dem Aufsichtsgremium der Anwaltskammer für England und Wales) gemeldet.

Als Richter Warby am 30. Oktober 2020 sein Urteil verkündete, ließ er zuvor die beiden Prozessparteien – niemanden sonst – Einsicht in die Urteilsbegründung nehmen, eine Stunde bevor deren Inhalt publik wurde. Üblicherweise beträgt der Zeitraum für diese Einsichtnahme mehrere Werktage. In Anbetracht des vorherigen Verhaltens des Klägers und seiner Anwälte im Gerichtssaal konnte man ihm das wohl kaum zum Vorwurf machen. Aber für uns bei Orbis wurde der Stress so nur noch größer, weil wir das Gefühl hatten, im Fall einer Niederlage nicht genügend Zeit für einen neuen

Schlachtplan zu haben. Anders als in dem Datenschutzprozess, den die Alfa Group angestrengt hatte, war von Gubarew nicht nur unsere Firma, Orbis, sondern auch ich persönlich beklagt worden. Und weil der Prozess sich derart lange hingezogen hatte, war die maximale Deckungssumme unserer Berufshaftpflichtversicherung, die auch den Rechtsschutz abdeckte, bereits ausgeschöpft. Sollte Gubarew gewinnen, stand ich also unter Umständen vor dem finanziellen Ruin.

Als unser Anwalt mir die E-Mail mit dem Urteil im Anhang schickte, musste unser IT-Sicherheitsmann das Ganze erst einmal scannen, bevor ich die Nachricht öffnen durfte. Die erste Zeile der E-Mail konnte ich aber auch so schon in der Vorschau lesen: «Herzlichen Glückwunsch, Sie haben gewonnen …» – das war uns schon genug. Eine juristische Quälerei von dreieinhalb Jahren Dauer war endlich vorbei. Sir Mark Warby hatte zu Orbis' und meinen Gunsten entschieden, dass «Mr. Gubarews Forderung abgewiesen werden muss», weil dieser nicht habe belegen können, dass Orbis oder ich selbst die Absicht gehabt hätten, unser Dossier zu veröffentlichen. Die Erleichterung war gewaltig. Wir konnten den Gerichtssaal endlich hinter uns lassen und uns neu formieren.

Allerdings dauerte es nicht lange – und das ist ja bei solchen *lawfare*-Prozessen fast unweigerlich so –, bis ein weiteres Verfahren gegen uns folgte. Das war die absurde Klage Trumps auf der Grundlage des «RICO Act». Und dann lief 2022 der schon eher besorgniserregende Datenschutzprozess Trumps in London an, wo die Gerichte dazu tendieren, dem Kläger recht zu geben.

Im Februar 2024 entschied der Londoner High Court in diesem langwierigen Verfahren dann gegen den Ex-Präsidenten Trump und zugunsten von Orbis. Trumps Klage wurde abgewiesen und später wurde ihm auch noch verwehrt, deshalb in Berufung zu gehen. Die Entscheidung hierüber fällte, wie der Zufall es wollte, Lord Warby, der ja 2020 sowohl in dem Verfahren der Alfa Group gegen Orbis als auch in dem Prozess, den Gubarew gegen uns angestrengt hatte, der

zuständige Richter gewesen war. Jetzt entschied er, dass Trump uns zunächst eine Zahlung von 300 000 Pfund für die uns entstandenen Gerichtskosten zu leisten hatte – und wahrscheinlich noch einmal dieselbe Summe später. Trump hat damals durch seine englischen Anwälte verlauten lassen, er werde unsere Kosten vollumfänglich und ohne Widerspruch tragen. Anschließend hat er dann jedoch Ausflüchte gesucht und sich nicht mehr gemeldet. Orbis hat in diesem lächerlichen Verfahren inzwischen eine Anwaltsrechnung von umgerechnet 1 Million US-Dollar zu tragen, die noch weiter anwachsen wird – und das ohne Rechtsschutzversicherung! Das ist ein klassischer Fall von «Lawfare», worüber Trump sich in den Vereinigten Staaten ja so gern beschwert. Auch zwei Monate nach der Entscheidung des Gerichts hatte Trump die Kosten nicht beglichen, und es machte nicht den Anschein, als habe er dies noch vor. Damit setzt er – ein früherer Präsident der Vereinigten Staaten von Amerika – sich über ein Urteil des High Court von England und Wales hinweg und beweist wieder einmal, dass er für den Rechtsstaat und, wie ich meine, auch für Großbritannien – immerhin das Geburtsland seiner eigenen Mutter – nur Verachtung übrighat. Dass Donald Trump ein wesentlicher Akteur der «Neuen Weltunordnung» ist, wie ich sie verstehe – das dürfte spätestens damit klar sein.

***

Warum sollte man sich für *lawfare* – «juristische Kriegsführung» – interessieren?

Stellen Sie sich vor, Sie bekommen eine E-Mail mit einer juristischen Drohung, die dafür sorgt, dass – ganz egal wie fadenscheinig die darin erhobenen Anschuldigungen auch sein mögen – Sie sofort den Hörer in die Hand nehmen und sich einen Anwalt suchen. Die meisten würden sich in einer solchen Situation wohl bang und schutzlos fühlen, ganz egal für wie psychisch belastbar man sich hält, wie sehr man glaubt, im Recht zu sein und ganz bestimmt nichts

Verbotenes getan zu haben. Und wenn Sie es mit der Angst zu tun bekämen, hätten Sie allen Grund dazu.

Denn selbst wenn wir für den Augenblick einmal außer Acht lassen, was ein Urteil in diesem Verfahren für Sie bedeuten könnte, hätten Sie es beinahe sofort mit immensen Anwalts- und Gerichtskosten zu tun – Zehntausenden von Euro, wenn Sie sehr großes Glück haben, wahrscheinlich eher Hunderttausenden. Und wenn Sie verlieren, müssen Sie die Kosten der Gegenseite zusätzlich tragen – der Schaden kann also realistischerweise in die Millionen gehen.

Ein solcher Prozess frisst Ihr ganzes Leben auf. Er reißt Sie von Ihrer Familie und Ihrer Arbeit weg. Er beschädigt Ihren Ruf und schränkt Ihre Fähigkeit ein, den nötigen Lebensunterhalt zu verdienen. Sie fangen an, sich Sorgen um die Ausbildung Ihrer Kinder zu machen oder darüber, was passieren wird, wenn Sie oder Ihr Ehepartner plötzlich krank werden. Sie werden über die Möglichkeit einer Privatinsolvenz nachdenken; und wenn Sie das nicht tun, dann sollten Sie es.

Ich schildere die Erfahrungen, die Orbis und ich selbst mit solchen *lawfare*-Prozessen gemacht haben, nicht etwa deshalb so ausführlich, weil wir besonderes Mitgefühl verdient hätten. Sie sollen lediglich ein Beispiel sein. Ich bin fest davon überzeugt, dass Orbis und andere private Informationsdienstleister, Whistleblower, Leaker und geheime Informanten, Journalisten und Menschenrechtsaktivisten eine wichtige Rolle spielen, wenn es darum geht, durch das Aufdecken von Fehlverhalten die Prinzipien von Rechtsstaatlichkeit und Demokratie zu verteidigen. Und durch eigene Erfahrungen habe ich gelernt, dass es in der heutigen Zeit für alle, die auf solche Weise die Mächtigen zur Rechenschaft ziehen, keine größere Bedrohung gibt als die «juristische Kriegsführung» – *lawfare*. Insbesondere das Rechtssystem meines eigenen Heimatlandes Großbritannien ist so schon lange missbraucht worden: als Waffe in den Händen steinreicher Leute mit bösen Absichten. Wenn Oligarchen und Despoten und Möchtegern-Autokraten ganz routiniert die britischen

Gerichte anrufen, um ihren Willen zu bekommen, und eine Armee der besten Anwälte engagieren, die man in Großbritannien kaufen kann, um Kritiker, Andersdenkende und Whistleblower einzuschüchtern und mundtot zu machen, dann ist das ein Problem, das unser aller Grundfreiheiten im Kern bedroht.

Teil III

Kampf im Verborgenen

Kapitel 22

Lichtblicke

Die Folgen davon, dass die Präsidenten Russlands und der USA – und ihre Helfer – mich weit oben auf die Liste ihrer Feinde gesetzt hatten, gefielen mir gar nicht. Die Veröffentlichung des Dossiers hatte aber auch einen unerwarteten Vorteil. Über Nacht war ich unabsichtlich ein global anerkannter Ex-Mitarbeiter des britischen Geheimdienstes geworden, und Chris' und meine Firma war nun die berühmteste Recherchefirma der Welt.

Das hatte mehrere unvorhergesehene Konsequenzen. Sobald der erste Sturm vorüber war und ein paar scheinbare Freunde und Schönwetterkunden uns in der Zeit der größten Not fallen gelassen hatten, traten andere an ihre Stelle.

Manche taten es, weil sie unseren Kampf für wichtig hielten und unterstützen wollten. Diese Auftraggeber waren oft wohlhabende Einzelpersonen, die wollten, dass wir auch unsere politische Arbeit fortsetzten. Sie hatten dabei selbst nichts zu gewinnen, sie wollten nur, dass wir nicht pleitegingen und die Arbeit fortsetzen konnten, indem wir unsere Verbindungen und Quellen dafür nutzten, über die Vorgänge in Putins Russland zu berichten und unsere Erkenntnisse Politikern, Journalisten und durch Mittelsmänner der Öffentlichkeit zur Verfügung zu stellen. Diese wohlhabenden Auftraggeber – die häufig eher Spender waren – hatten damals wie heute das Gefühl, ihre Investition sei ein geringer Preis für die Hilfe bei

der Verteidigung unserer demokratischen und toleranten Lebensweise.

Andere neue Kunden meldeten sich und wollten mit uns arbeiten, weil sie orthodoxere Geschäfte oder Investitionen beabsichtigten; sie sahen, dass wir gute Quellen im Kreml und in den oberen Rängen der politischen und wirtschaftlichen Eliten Russlands besaßen. Sie wollten Informationen über die Vorgänge in Russland, der Ukraine und anderswo, die es ihnen erlauben würden, fundiertere strategische Geschäftsentscheidungen zu treffen.

Diese beiden Welten haben sich in unserer Arbeit stets überschnitten. Wie schon gesagt, wenn die Arbeit für unsere ökonomisch orientierten Auftraggeber Informationen zutage fördert, die wir als relevant für die nationale Sicherheit ansehen, bitten wir diese Auftraggeber um Erlaubnis, die Berichte den entsprechenden Behörden zukommen zu lassen. Sehr oft sind sie gern dazu bereit. Nach der Veröffentlichung des Dossiers wurde die Schnittmenge zwischen diesen beiden Welten noch größer. Und statt von dem eingeschüchtert zu sein, was Orbis nach dem Januar 2017 passiert war, waren Chris Burrows, ich und unsere Kollegen noch entschlossener, weiter über Putins Russland und andere Bedrohungen für unsere Lebensweise zu berichten – auch die aus China, dem Nahen Osten und anderswo.

In diesem Teil des Buches werde ich zum ersten Mal über einen Teil der Arbeit berichten, die wir seit 2017 getan haben, um unsere privaten Kunden, nationalen Regierungen und Journalisten diskret zu informieren. Dies ist nur die Spitze des Eisbergs; seit dem Dossier haben wir Hunderte von Orbis-Berichten erstellt. Ich hoffe, sie haben Einblicke in geopolitische Schlüsselereignisse geliefert, und will auch erklären, wie frühere Nachrichtendienstmitarbeiter, die jetzt in der Privatwirtschaft arbeiten, wie die von Orbis, geräuschlos daran mitwirken, die westliche Demokratie und den Rechtsstaat zu schützen, so wie Regierungen es nicht tun können oder wollen.

Orbis steht hierin nicht allein. Chris, unsere Kollegen und ich

haben umfangreiche Kontakte auf der ganzen Welt, die mit uns zusammenarbeiten und uns Informationen zukommen lassen. Manche waren früher beim FBI oder der CIA. Andere arbeiteten für Nachrichtendienste in Großbritannien, Frankreich, Deutschland und natürlich Russland und den GUS-Staaten. Wir haben Kontakte im Nahen Osten, in vielen europäischen Ländern, in Asien, Australasien und Afrika. Wir werden für unsere Arbeit bezahlt, engagieren uns aber alle für dieselben Dinge – die Bekämpfung der wachsenden Zahl von Autokraten, Despoten, korrupten Politikern, amoralischen Milliardären, Oligarchen und Vertretern des organisierten Verbrechens, die einen wachsenden Einfluss auf unser Leben haben und ihr Möglichstes tun, um die Rechtsstaatlichkeit zu untergraben.

Die Frage liegt nahe: Was hat dieses Netzwerk für Erfolge erzielt? Schließlich sieht die Welt 2024 ziemlich düster aus. Ich würde aber argumentieren, dass das Dossier und die damit verbundenen Ereignisse tatsächlich ein bedeutender Sieg waren. Ohne es hätte Trump seine Präsidentschaft ohne eine Wolke von Verdacht und Untersuchung seiner Beziehungen zu Russland über seinem Haupt beginnen können. Er hätte die Sanktionen beenden, mit Putin zusammenarbeiten und die mutigen Versuche der Ukraine untergraben können, Russland nach der Teilinvasion von 2014 abzuwehren. Doch drei Jahre lang war Trump durch Untersuchungen blockiert und stand unter dem – unserer Meinung nach fundierten – Verdacht, dem Kreml zu nahezustehen. Indem Orbis hierauf ein Schlaglicht warf, trug es dazu bei, Trumps übelste Absichten zu stoppen und Putin davon abzuhalten, größeren Einfluss auf den frisch gewählten Präsidenten der USA auszuüben.

Aber Erfolge aufzulisten, ist nicht das Hauptziel von Orbis. Wir haben einen subtileren Ansatz und kennen die Grenzen unserer Fähigkeit, an politischen Entscheidungen mitzuwirken. Wir informieren, und dadurch beeinflussen wir – in ähnlicher Weise, wie nationale Geheimdienste ihre Regierungen informieren und beeinflussen. Der Unterschied ist, dass wir nicht auf dieselbe Art wie na-

tionale Geheimdienste in einen Rahmen der Außenpolitik oder der diplomatischen Strategie eingebunden sind. Wir können mehr tun. Wir können tiefer graben.

Auf den folgenden Seiten gebe ich Beispiele für das, was wir getan und herausgefunden haben und wie wir weiter handeln. Wir besitzen eine Bibliothek von Berichten über korrupte westliche Politiker und Führungskräfte in der Wirtschaft, über Chinas Informationssammlung und politischen Einfluss im Westen, über die Unterstützung des Kremls für rechts- und linksextreme Politiker und Parteien in Westeuropa und über vieles mehr. Doch ich werde mich hier auf die Verbrechen, internen Kämpfe und Pläne des Kremls in Hinsicht auf die amerikanische Politik konzentrieren – weil es dort um den höchsten Einsatz geht.

Insbesondere werde ich einen Teil unserer Recherchen über die Präsidentenwahl 2020 beschreiben, von denen noch nichts veröffentlicht worden ist. Diese Informationen sind so wichtig, weil sie zeigen, dass Putins Hilfe für Trump nach seinem bemerkenswerten «Sieg» 2016 nicht vorbei war. Er versuchte seinen bevorzugten Kandidaten 2020 erneut zu unterstützen, wenn auch auf etwas andere Weise. Wer will, mag hoffen, dass Putin beschlossen hat, es aufzugeben und sich nicht in die Wahlen 2024 einzumischen, doch das halte ich für eine Fantasie, und zwar eine ziemlich gefährliche.

Unsere Recherchen 2020 wurden von einer kleinen Zahl reicher Einzelspender finanziert, vor allem aus den USA, und dort früheren Regierungsbeamten mitgeteilt. Wir leiteten unsere Berichte aber nicht direkt an die US-Regierung weiter. Unser Verhältnis zum FBI war zerbrochen, und vor allem war Trump immer noch Präsident. Leider konnten wir den Leuten nicht trauen, die unsere Informationen am dringendsten gebraucht hätten.

Kapitel 23

2020

Es gibt einen einfachen Grund, warum viele Menschen sich kaum daran erinnern, ob Russland die Präsidentschaftswahlen 2020 zu beeinflussen versuchte: Putins Wunschkandidat Donald Trump verlor.

Für viele Leute, auch mich, brachte das Wahlergebnis eine lebensverändernde Erleichterung. Wir hatten vier chaotische und albtraumhafte Jahre überstanden, doch nun übernahm eine vernünftige und kompetente Person – Joe Biden – den mächtigsten Job der Welt. Außerdem waren wir alle abgelenkt von dem schockierenden und alarmierenden Drama, dass der Verlierer anscheinend versuchte, die Demokratie zu untergraben, die Entscheidung des Volkes umzustürzen und am 6. Januar 2021 zum gewaltsamen Angriff auf den Kongress anzustacheln.

Russlands Einmischung in die amerikanische Demokratie schien entfernt, zahnlos und etwas aus der Vergangenheit zu sein. Diesmal war Putin gescheitert. Und sein Fürsprecher Trump war besiegt worden.

Doch die russische Regierung hatte versucht, die erfolgreiche Intervention von 2016 zu wiederholen, wenn auch mit anderer Strategie. Und ein Rückschlag entmutigte sie keineswegs. Der Kreml packte nicht ein und kam zu dem Schluss, seine Versuche zur Beeinflussung ausländischer Wahlen seien vorbei, nur weil er 2020 ge-

scheitert war. Vielmehr hat Russlands Einmischung in die Selbstbestimmung anderer Länder seit 2020 eine neue Qualität erlangt. Im Februar 2022 befahl Putin der russischen Armee, in der Ukraine einzumarschieren, eine junge, aber wichtige europäische Demokratie. Er hatte List durch Invasion ersetzt, ein katastrophaler Fehler, wie die Geschichte erweisen wird. Darum kämpft er jetzt um sein politisches und persönliches Überleben, wie ich zu Beginn des Buches sagte. Er wird alles tun, was er für nötig hält. Wenn er bereit ist, in ein Land einzufallen, das ungefähr die Größe von Texas und über 40 Millionen Einwohner hat, dann wird er nicht zögern, Trump dabei zu helfen, im November 2024 erneut gewählt zu werden.

***

Putin erkannte im letzten Jahr von Trumps Präsidentschaft, dass niemand auf der Welt mehr Macht hat als ein amerikanischer Präsident in seiner zweiten Amtszeit.

«Putin wusste, dass Trump bei einer Wiederwahl viel freier wäre, in Russlands Interesse zu handeln, als in seiner ersten Amtszeit», schrieb ich in einem Bericht von Mitte August 2020, keine drei Monate vor den Wahlen, und zitierte «einen hohen russischen Geheimdienstmitarbeiter», der gegenüber einem Orbis-Sammler «das gegenwärtige Denken des Kremls über die Einmischung in die US-Präsidentschaftswahl 2020» skizziert hatte.

Einen Monat später zitierte ich in einem anderen Bericht einen hohen Kreml-Beamten, der unserem Sammler sagte:

> Im Fall eines Wahlsiegs von Trump hoffte Russland auf seine Hilfe in weiteren Gesprächen mit Selenskyj über die besetzten Gebiete Krim und Donbass (jüngste Unruhen im Ost-Donbass machten Putin Sorgen). Außerdem war Putin sicher, dass Trump von Beginn seiner zweiten Amtszeit an ein großes Interesse haben würde, die auf die Ukraine bezogenen Sanktionen gegen Russland aufzuheben und

Selenskyj dazu zu zwingen, Vereinbarungen mit Putin zu treffen, die der Kreml schon seit langem anstrebte.

Putin war nicht der Einzige, der diese Schlussfolgerungen zog. Die Welt wusste nur zu gut, wie eine zweite Amtszeit Trumps aussehen würde. In seinem letzten Jahr im Weißen Haus trennte er sich von den «Erwachsenen im Raum», die während des ersten Teils seiner Präsidentschaft die Mehrheit im Kabinett gebildet hatten. Die Generäle verschwanden, mit denen er sich umgeben hatte und die diese Posten anscheinend auch übernommen hatten, um Trump zu zügeln. Andere Offizielle und Berater, die Trump gemäßigt hatten, waren gefeuert worden oder hatten ihren Einfluss verloren. Der Mueller-Bericht war abgeschlossen, und am 5. Februar 2020 stimmte der Senat dagegen, ein Amtsenthebungsverfahren gegen Trump wegen der Bitte um ausländische Einflussnahme zu eröffnen, die ihm helfen sollte, die anstehenden Wahlen 2020 zu gewinnen. Die Republikaner hatten die Mehrheit im Senat, und eine Einstellung des Verfahrens war fast zwangsläufig. Trump war endgültig entfesselt.

Das ganze Jahr 2020 über erschienen in den Medien Berichte über die Anstrengungen des Kremls, Trump im Kampf gegen Biden zu helfen, und einige hohe Beamte für nationale Sicherheit warnten Kongressmitglieder, dass Russland sich erneut einmische. Wir erstellten Dutzende von detaillierten Berichten über diese neuen Versuche, Putins Mann im Weißen Haus zu halten.

Diese Berichte wurden von Privatleuten finanziert, weil sie uns dabei helfen wollten, Licht darauf zu werfen, wie der Kreml die amerikanische Demokratie zu untergraben trachtete. Wir willigten ein, alle Berichte an zwei gut vernetzte Personen in den USA zu schicken, eine den Demokraten und eine den Republikanern nahestehende. Beide hatten in der Regierung gearbeitet und besaßen immer noch enge Verbindungen zu den US-Geheimdiensten und zu Kongressmitgliedern. Wir schickten alle Berichte durch diese Kanäle. Wir sind nicht sicher, ob sie die richtigen Leute im Kongress und in den

Geheimdiensten erreichten, aber wir vermuten und hoffen, dass es so war.

Ich teile hier einige Informationen aus den Berichten mit, um drei Schlüsselpunkte zu illustrieren.

Der erste ist, dass das Team, das Orbis aufgebaut hat – und noch immer besitzt –, verlässlichen direkten Zugang zu russischen Quellen hat, was es uns erlaubt, die Funktionsweise von Putins autokratischem und geschlossenem Regime zu beleuchten.

Der zweite Punkt ist der, dass der subtilere, raffiniertere, aber nicht weniger entschlossene Versuch Putins, Trump 2020 zur Wiederwahl zu verhelfen, uns erkennen lässt, auf welche Art Putin es 2024 wieder versuchen wird. Das wird der dritte Anlauf des Kremls sein. Putin und seine Mitarbeiter besitzen inzwischen viel Erfahrung im Beeinflussen von Wahlen in den USA und anderen Ländern. Keine anderen staatlichen Akteure in der Geschichte kommen ihnen darin gleich, und wir sollten sie fürchten.

Der dritte Punkt ist folgender. Das aus diesen Berichten abzulesende Bild hilft uns, unseren Gegner zu verstehen. Sie wurden vor den Wahlen 2020 geschrieben und schildern einen Kreml, der viele kühne Pläne entwirft, aber zwischen erstaunlicher Vorsicht und alarmierender Lässigkeit schwankt. Es ist ein Kreml, der in einem Moment extrem raffiniert und vorsichtig und im nächsten undiszipliniert und brutal erscheint.

Seit der im Folgenden beschriebenen Kampagne hat Russland vier weitere Jahre gehabt, um seinen Einfluss und seine Einmischungspläne weiterzuentwickeln. Es hat die mehr als zwei Jahre Krieg in der Ukraine genutzt, um seine Taktik auszufeilen, darunter Hacking, Erpressung, persönliches Sammeln von Geheiminformationen, Desinformation, Propaganda und Mord. Der Hauptgegner des Westens ist in diesem Jahr der zahlreichen Wahlen rund um die Welt entschlossener und böswilliger als je zuvor.

***

Gehen wir zurück zum Sommer 2020. Damals erfuhren wir von einer Operation, die sich für die Pläne des Kremls als zentral erwies.

In einem Bericht von Ende Juli 2020 zitierten wir eine hochrangige russische Quelle, die an politischen Einflussoperationen gegen den Westen beteiligt war. Sie gehörten zu den Versuchen, das Ergebnis der US-Präsidentschaftswahl im November zu beeinflussen. Wir zitierten auch einen Mitarbeiter der unteren Ebene, der vor allem mit der praktischen Durchführung von Russlands Auslandsoperationen befasst war.

Beide Quellen berichteten von «großer Zuversicht in Kreml-Kreisen, dass Donald Trump gewinnen werde, zum Teil wegen der Erwartung, eine ‹späte Entwicklung› werde Joe Bidens Kandidatur in der letzten Phase des Wahlkampfes untergraben.»

Unsere Quelle behauptete, *kompromat* über Biden werde bewusst zurückgehalten und erst gegen Ende des Wahlkampfes eingesetzt. Die Quelle wiederholte, was andere Kreml-Insider uns sagten: «Putin war der Meinung, ein Sieg Trumps werde abschließende Verhandlungen über eine neue bilaterale Beziehung und eine revidierte internationale Ordnung nach Russlands Bedingungen ermöglichen.» Mit anderen Worten, Putin erwartete, dass Russland und die USA sich bei einem Sieg Trumps über die Ukraine und andere Konfliktpunkte zwischen beiden Ländern einigen würden. Für viele Politiker und Experten im Westen – mich eingeschlossen – würde jedes Nachgeben gegenüber Putin ein Appeasement und einen Verrat unserer nationalen Interessen bedeuten. Es wäre eine Katastrophe.

In einem Bericht von Mitte August zitierte ich einen russischen Geheimdienstmitarbeiter, der gegenüber unserem Sammler sagte:

> [Der russische Geheimdienst] plant eine entscheidende Offensive gegen Biden. Sie würde ab September fertig sein. Es gebe mehrere neue Dokumente, die zusammen mit kompromittierenden Daten gegen seine Familie und seinen Sohn, echten und falschen, einen entscheidenden Schlag für seine (Bidens) Präsidentschaftsaussich-

> ten bedeuten könnten. Sie würden von der Ukraine aus gestartet werden, von russischen Agenten und dortigen politischen Verbündeten Russlands. Der ukrainische Abgeordnete Andrij Derkatsch stehe in vorderster Reihe dieser Operation.

Es lohnt sich, hier kurz zu rekapitulieren, worum es bei dem sogenannten Burisma-Skandal ging, denn er stand im Zentrum des Kreml-Plans zur Verhinderung von Bidens Wahlsieg.

Die Verschwörungstheorie behauptet, dass Biden als Vizepräsident seinen politischen Einfluss nutzte, um Ermittlungen und eine Anklage gegen seinen Sohn Hunter wegen angeblicher Vergehen in der Ukraine zu verhindern. Der Vorwurf lautet speziell, dass Biden eine Kreditgarantie zurückhielt, um die ukrainische Regierung dazu zu drängen, den Staatsanwalt Viktor Schokin zu feuern, damit dieser Staatsanwalt (der in Wirklichkeit notorisch korrupt war) nicht die angebliche Korruption bei einer ukrainischen Gasfirma namens Burisma untersuchen könne, in deren Vorstand Hunter Biden saß.

Joe Biden hielt tatsächlich die Kreditgarantie für die Ukraine zurück, aber auf Anraten des Außenministeriums, mit Zustimmung des Weißen Hauses und in Übereinstimmung mit überparteilichen Politikregeln.

Schon 2014 begannen aber prorussische Personen und Politiker in der Ukraine, koordiniert durch den Kreml, diese Verschwörungstheorie zu verbreiten, um die Regierung Obama-Biden allgemein zu schwächen.

Eines der einflussreichsten Werkzeuge des Kremls war ein schillernder prorussischer ukrainischer Politiker und Geschäftsmann namens Andrij Derkatsch, der später nach Russland floh und von der ukrainischen Polizei und Staatsanwaltschaft des Verrats angeklagt wurde.

Berichten zufolge traf Derkatsch sich im Dezember 2019 mit Trumps Anwalt Rudolph Giuliani in Kiew. Dann veröffentlichte er im Mai 2020 stark bearbeitete Tonaufnahmen aus einem Telefonat

Joe Bidens mit dem früheren ukrainischen Präsidenten Petro Poroschenko über die Kredite und die Entlassung Schokins. Trotz selektiver Kürzungen konnten diese Aufnahmen aber weder Biden noch seinen Sohn belasten.

Wir bekamen fast in Echtzeit Berichte aus dem Kreml über Derkatsch, Giuliani und den Versuch, Biden zu belasten.

In einem Bericht von Mitte September zitierten wir einen russischen Geheimdienstmitarbeiter:

> Obwohl er vom US-Finanzministerium erst wenige Tage zuvor sanktioniert worden war [das war öffentlich bekannt], würde der Ukrainer Andrij Derkatsch in der nächsten Zeit der führende politische Frontmann der Anti-Biden-Kampagne bleiben. [Der russische Geheimdienst] war überrascht, dass die USA erst jetzt gegen Derkatsch vorgegangen waren und nicht schon viel früher. ...
> In diesem Zusammenhang berichtete [der russische Geheimdienstmitarbeiter], Derkatsch habe seit über einem Jahr eng mit [dem russischen Geheimdienst] an einem Anti-Biden-Dossier/Diskurs gearbeitet. Und sogar nachdem Derkatschs direkte Kontakte mit Trumps Anwalt Rudy Giuliani und verschiedenen republikanischen Senatoren ihn als Quelle von politischem Schmutz gegen Biden und den früheren ukrainischen Präsidenten Poroschenko bekannt gemacht hatten, habe er weiter eng mit [dem russischen Geheimdienst] zusammengearbeitet.

In einem anderen Bericht, ebenfalls von Mitte September, fügte eine andere russische Quelle weitere Details ein. Diese Quelle, ein hoher russischer Geheimdienstmann, sagte unserem Sammler:

> Wenige Tage bevor das US-Finanzministerium den ukrainischen Anti-Biden-Propagandisten Andrij Derkatsch sanktionierte, hatte der [russische Geheimdienst] die Veröffentlichung eines gut strukturierten und detailreichen *kompromat*-Dossiers auf Englisch gegen

> Biden und die Demokraten orchestriert [unser Bericht gibt die URL der damals veröffentlichten Datei auf Google Drive an].
> Der Kreml hatte geglaubt, dieses Dossier werde die Aufmerksamkeit der US-Medien wecken und so zur Grundlage weiterer Angriffe auf Biden werden. Der [russische Geheimdienst] vermutete, eine solche ‹systematisierte Datenbank› werde auch Personen in den USA in Verlegenheit bringen, die gegen internationale Korruption vorgegangen waren, darunter mehrere Republikaner, die ebenfalls auf der Tabelle standen.

Und dann kam wie bestellt eine «späte Entwicklung» – das Anti-Biden-*kompromat*, das unsere Quellen vorausgesagt hatten – in Form einer Geschichte auf der Titelseite der *New York Post* vom 14. Oktober mit der Überschrift «Bidens geheime E-Mails». Die Story basierte angeblich auf Dateien von einem Laptop, der nach Angaben der Zeitung Hunter Biden gehört hatte. Anscheinend hatte Giuliani dem Trump-freundlichen Boulevardblatt des Verlegers Rupert Murdoch am 11. Oktober eine Kopie der Festplatte übergeben. Redakteure der *New York Post* wussten wohl, dass die Geschichte auf tönernen Füßen stand; einige weigerten sich, daran zu arbeiten oder irgendetwas damit zu tun zu haben. Der Reporter, der sie schließlich schrieb, verlangte angeblich, nicht als Autor genannt zu werden.

Wenige Tage später unterzeichneten 50 frühere hohe US-Geheimdienstmitarbeiter offiziell einen Brief, der der Story der *New York Post* «alle klassischen Merkmale einer russischen Informationsoperation» zuschrieb.

Im März 2021 veröffentlichte das National Intelligence Council der USA (durch das Büro des Director of National Intelligence) einen gekürzten Lagebericht der Geheimdienste mit dem Titel «Ausländische Bedrohungen der US-Wahlen 2020». Es kam zu dem Schluss:

> Ein Schlüsselelement der Moskauer Strategie in diesem Wahlkampf war der Einsatz von Strohmännern mit Verbindungen zum russischen Geheimdienst, die Einflussnarrative – darunter irreführende oder unbegründete Vorwürfe gegen Präsident Biden – gegenüber US-Medienunternehmen, US-Beamten und prominenten Privatpersonen förderten, von denen einige dem ehemaligen Präsidenten Trump und seiner Regierung nahestanden. ...
>
> Nach unserer Einschätzung wussten Präsident Putin und andere hohe russische Offizielle von Russlands Einflussoperationen gegen die US-Präsidentschaftswahlen 2020 und lenkten sie wahrscheinlich. Beispielsweise nehmen wir an, dass Putin die Aktivitäten von Andrij Derkatsch, einem ukrainischen Abgeordneten, steuerte, der eine prominente Rolle in Russlands Aktivitäten zur Wahlbeeinflussung spielte. Derkatsch hatte Verbindungen zu russischen Offiziellen wie auch zu russischen Geheimdiensten.

Das Echo im US-Geheimdienstbericht ist befriedigend in dem Sinne, dass es unsere Berichte bestätigte, nach denen dieser Plan tatsächlich der große Schachzug Putins gewesen war. In anderer Hinsicht war er aber frustrierend. Unsere Berichte hätten ein viel nützlicherer Beitrag in Echtzeit sein können, wenn wir immer noch direkte Kanäle zu Außenministerium und FBI gehabt hätten.

***

Doch bei der Kampagne zur Darstellung Bidens als korrupt und bereit, seinen Einfluss für seinen Sohn zu benutzen, deren Frontmann Derkatsch war, blieb es nicht.

Die ranghöhere unserer beiden Quellen für den Bericht von Ende Juli sagte unserem Sammler, der Kreml sei auch aus anderen Gründen zuversichtlich, dass Trump gewinnen werde: weil die US-Wirtschaft stark sei und weil Trump Stellung gegen die Black Lives Matter-Bewegung bezogen habe, und dies «würde es ihm erlauben,

weiße Wähler auf der Basis von Angst und Vorurteilen zu mobilisieren. Man erwarte, dass Biden diesen Graben durch die ‹geniale Idee› verbreitern würde, eine schwarze Frau (Kamala Harris) als Kandidatin für die Vizepräsidentschaft auszuwählen. Falls ein später Rückzug Bidens von der Kandidatur eintrete, würde das Trumps Wiederwahl sicherstellen, auf der Grundlage der Einschätzung des Kremls, dass amerikanische Wähler niemals eine schwarze Frau ins Weiße Haus wählen würden.»

Man kann über Richtigkeit und Scharfsinn der Kreml-Analyse der amerikanischen Politik 2020 streiten – Biden und Kamala Harris gewannen die Wahl natürlich –, aber unsere Quelle zeigte, dass sich Wladimir Putins Leute erneut intensiv mit dem Geschehen in den Vereinigten Staaten beschäftigten. Und US-Beamte sagten der *New York Times* 2020, die Russen fachten Rassenhass und Unruhe in den USA an.

Der oben genannte Bericht aus dem Büro des Director of National Intelligence vom März 2021 bemerkte zu Russlands Einflussoperationen im Internet: «Neben wahlbezogenen Inhalten förderten diese Internetakteure auch Verschwörungsnarrative über die Covid-19-Pandemie, stellten Behauptungen über Zensur in sozialen Medien auf und betonten die Spaltung in den USA um die Proteste gegen Rassendiskriminierung.»

Wie schon zuvor hatten unsere Sammler und Quellen Informationen aus dem Kreml zusammengetragen, die später von der US-Regierung bestätigt wurden.

***

Dann war da der erneuerte Versuch, amerikanische Wähler online zu beeinflussen und noch mehr Spaltung in den USA zu erzeugen, um Trumps Chancen zu steigern.

In einem Bericht schrieben wir Mitte August 2020, dass ein hoher russischer Geheimdienstbeamter über die Onlinebeeinflussung des

Kremls im Präsidentschaftswahlkampf 2020 berichtet habe. Wir bemerkten dazu:

> Die wichtigste neue Entwicklung bezüglich der Manipulation von sozialen Medien war die, dass Russland neben Facebook, Twitter, Instagram und anderen westlichen Plattformen auch und oft in erster Linie Plattformen und Medien innerhalb der GUS-Staaten nutzte. Diese waren für US-Strafverfolgungs- und -Regulierungbehörden viel schwerer erreichbar und umfassten Plattformen wie Rambler, Lenta, vKontakte, Odnoklassniki usw. Auf diesen Plattformen sollten nicht nur russischsprachige, sondern auch englisch- und spanischsprachige Wähler angesprochen werden, um sie dazu anzuregen, dieselben und häufig fortschrittlicheren Instrumente wie die der US-[Social Media-]Giganten aufzubauen. Gruppen, Seiten, Bewegungen usw. wurden eingerichtet, um (Des)Informationen durch ahnungslose oder wohlwollende Nutzer zu verbreiten, mit der zusätzlichen Gelegenheit für solche Nutzer, Onlinezahlungen zu erhalten und geheime Chats durchzuführen ... Der [russische Auslandsgeheimdienst SWR] hatte eine besondere Abteilung für diese Aktivitäten in seiner Zentrale Jasenovo eingerichtet und einige geheime «Basen» im Oblast (Region) Moskau geschaffen. Ab dem Juli 2020 benutzten [russische Geheimdienst-] Mitarbeiter ihre eigenen Datenbanken und wirkten durch ihre Agenten, die verdeckt als Banker, Versicherer und lokale und internationale Dienstleister arbeiteten. Diese Agenten und ihre Kontakte erleichterten die angestrebte Beteiligung von Nutzern von sozialen Medien in den USA, der EU und Großbritannien. Sie boten den Nutzern verschiedene Gelegenheiten, Geld zu verdienen und zu sammeln im Austausch gegen ihre vertraulichen oder öffentlichen Pro-Trump- und Anti-Biden-Beiträge. Viele Tausend Russen im Ausland waren deswegen schon kontaktiert worden. Die meisten von ihnen, aber nicht alle, hatten wichtige Verbindungen mit den USA.

Der Kreml operierte jetzt mit einem Grad an Raffinesse, der weit darüber hinausging, Facebook durch russische Trollfarmen mit Desinformationen überfluten zu lassen. Eine Quelle, ein gut vernetzter russischer Funktionär, hatte einem unserer professionellen Partner noch sehr viel mehr Details über die Desinformation im Internet mitgeteilt. Anfang September schrieben wir in einem Bericht:

> Laut [der Quelle] wurde Jewgeni Primakow Jr. (Enkel des verstorbenen russischen Premierministers Jewgeni Primakow, im Amt 1998–99) im Juni 2020 zum Chef von Rossotrudnitschestwo (der Staatsagentur, die für Kulturdiplomatie und Kontakte mit «Landsleuten» im Ausland zuständig ist) ernannt, um dessen Rolle als abzuleugnende Tarnung für Einflussoperationen gegen den Westen zu erweitern.
>
> Dafür war die Agentur von altem Personal «gesäubert» und mit höherem Budget umstrukturiert worden. Sie war jetzt direkt Präsident Putin statt dem Außenministerium unterstellt. ...
>
> [Primakow] war zum Chef von Rossotrudnitschestwo ernannt worden, nachdem er Putin ein Papier vorlegte, das die russischen Einflussoperationen der vergangenen Jahre scharf kritisierte. Das Papier argumentierte insbesondere, die Aktivitäten von Jewgeni Prigoschin und seinem «Olgino-Zentrum» seien primitiv, ineffektiv und kontraproduktiv gewesen. Nach den Worten [der Quelle] kam Primakow zu dem Schluss, «90 Prozent von Russlands Problemen gehen auf das Konto von Prigoschin und seinen Leuten.»

Zum Kontext sei gesagt, dass der Koch und spätere Söldnerführer Jewgeni Prigoschin das «Olgino-Zentrum» – offiziell Glavset oder Internet Research Agency – aufgebaut und geleitet hatte, eine wichtige, aber krude Quelle von Internetdesinformation, die 2016 besonders aktiv gewesen war. (Primakow war natürlich nicht der einzige höhere Kreml-Beamte, der sich von Prigoschin abwandte. Prigoschin war eine forsche und skrupellose Figur, und seine Söldner-

gruppe Wagner unterstützte das ins Stocken gekommene russische Militär in der Ukraine, wodurch er sich noch selbstbewusster in der Öffentlichkeit äußerte. Prigoschins offene Verachtung für hohe Putin-Mitarbeiter trug zu seinem Entschluss zur Meuterei 2023 bei. Er starb kurz darauf, als sein kleines Flugzeug in der Luft explodierte und abstürzte, was dem Kreml sehr gelegen kam. Danach beschrieb die Quelle, wie

> «die verschiedenen Stiftungen und Organisationen die getrennt und unabhängig im Ausland operiert hatten, unter die Kontrolle einer einzigen Struktur gebracht wurden ...»
> Laut [der Quelle] lag die Absicht darin, ein effektiveres Netzwerk von freundlichen sozialen Medien und IT-Strukturen aufzubauen, indem man Verbindungen zu Auswanderern aus der früheren Sowjetunion aktivierte. Dieses Netzwerk sollte genutzt werden, um Botschaften an besondere Zielgruppen zu richten. Der Einsatz von Emigranten aus der früheren Sowjetunion würde es erlauben, Cyberoperationen durchzuführen, die organischer wirkten und schwerer aufzudecken waren als der Einsatz von Bots und Trollfarmen, den Prigoschin befürwortete. Als Agentur für den Kontakt zu «Landsleuten» (russischen Bürgern, Menschen russischer Abstammung und Russisch sprechenden Personen im Ausland) war Rossotrudnitschestwo das perfekte Vehikel zum Aufbau und Betrieb eines solchen Netzwerks. ...
> Nach Primakows Einschätzung hatten Prigoschin und sein Team 2016 das US-Publikum zu sehr mit (Des)Informationen überschüttet. Die Wirksamkeit dieser (Des)Informationswellen war aber sehr gering, weil das Publikum nach Rasse, Religion, Einkommen, Ideologie usw. fragmentiert war. [Die Quelle] sagte: «Es muss subtil sein. Wenn man z.B. Datenbanken mit den Käufern bestimmter Güter/Dienstleistungen und den Mitgliedern einer bestimmten Kirchengemeinde besitzt, kann man viel effektiver, individueller, zielgenauer vorgehen. Außerdem gibt es einen großen Unterschied zwischen

> den Informationen von einem einzigen Server und Informationen aus 80 verschiedenen Ländern.» ...
> [Die Quelle] hat berichtet, dass Botschaften in den sozialen Medien über «Pädophilie-Skandale in der Demokratischen Partei» [offenbar ein Verweis auf die QAnon-Verschwörungstheorie] und «Bill Gates' Plan zur Senkung der US-Geburtenrate» [eine weitere Verschwörungstheorie] als Testlauf dienten, um die Fähigkeiten des neuen Systems einzuschätzen: «Wie man aus Erfahrung sieht, ist das Internet das wirksamste Werkzeug, um (Des)Informationen zu verbreiten. Durch Mikro-Zielbestimmung ist es außerdem möglich, den Leuten jede Absurdität anzudrehen, und sie werden sie glauben.»

Es ist unklar, ob Primakow bei seiner Kritik von Glavset und der Kampagne von 2016 recht hatte, schließlich setzte Russland sich damals durch und 2020 nicht. Es ist aber auch möglich, dass er in seiner Einschätzung richtiglag und der Kreml mit seiner Desinformationsstrategie raffinierter werden musste. In jedem Fall war Primakow auf eine klare Weise erfolgreich – er lebt noch und arbeitet für Putin, im Gegensatz zu seinem Rivalen Prigoschin.

Am 25. Februar 2023 bekam Primakow aber die Quittung für seine Karriere nach dem Journalismus: Die EU setzte ihn auf eine Sanktionsliste. Er habe «deutliche Unterstützung für Russlands Angriffskrieg gegen die Ukraine gezeigt. Er ist daher verantwortlich für die Unterstützung und Durchführung von Handlungen und politischen Plänen, welche die territoriale Integrität, Souveränität und Unabhängigkeit der Ukraine untergraben.»

***

Einige der Berichte unserer Sammler in dieser Zeit waren alarmierend und für westliche Leser vielleicht weit hergeholt, aber es war schwer zu entscheiden, wie ernsthaft die Pläne waren, die anschei-

nend im Kreml diskutiert wurden. Eine unserer zuverlässigen russischen Quellen berichtete:

> Der [Militärgeheimdienst] GRU prüfte auch mögliche Ermordungen von Personen, die als russische Staatsfeinde galten, auf US-Staatsgebiet. Zu den prominentesten zählten (Oleg) Kalugin und Rodschenkow (der Überläufer aus dem russischen Sportdopingprogramm). Auch Bill Browder in Großbritannien. Es wurden auch Mordpläne in den USA gegen Michail Chodorkowski und seinen Sohn Pavel (der dort lebte) aktualisiert. Die Idee war, ein Attentat in den USA auszuführen, dessen Spuren zu den Demokraten führten, vielleicht über ihre Unterstützer in den US-Geheimdiensten. Unter den potenziellen Attentätern, die man für den Einsatz in Betracht zog, waren Pro-Putin-Tschetschenen, die in den USA lebten.
>
> Die oben beschriebenen aktiven Maßnahmen waren noch nicht ausgearbeitet oder genehmigt. [Die Quelle] war aber der Meinung, sie hätten für Moskau großen Reiz und würden in Russland von Putins engsten Mitarbeitern wie (Nikolai) Patruschew [dem Sekretär des Nationalen Sicherheitsrats] unterstützt, wenn eine Eskalation (in der Beeinflussung der US-Wahlen) nötig sei.

Zur Erläuterung: Oleg Kalugin ist ein ehemaliger KGB-General, der jetzt im Exil in den Vereinigten Staaten lebt und ein scharfer Kritiker Putins ist. Grigori Rodschenkow war eine führende Figur im staatlichen Dopingsystem Russlands für Leistungssportler. Er machte das Dopingsystem öffentlich und lebt jetzt im Zeugenschutzprogramm. Seine Geschichte wurde in dem preisgekrönten Dokumentarfilm *Ikarus* erzählt. Bill Browder ist ein in den USA geborener britischer Finanzier und führender Anti-Putin-Aktivist. Und Chodorkowski war Russland reichster Oligarch, der zum Putin-Kritiker wurde, in Russland im Gefängnis saß, 2013 vor den Winterspielen von Sotschi freigelassen wurde und jetzt in Westeuropa lebt. Meiner Einschätzung nach ist es unwahrscheinlich, dass Putin Browder umbringen

lassen würde, der ein Feind, aber kein Verräter ist. Ebenso unwahrscheinlich ist es, dass er es auf Chodorkowskis Sohn abgesehen hat. Die übrigen von unserer Quelle erwähnten Männer sind aber in großer Gefahr und sich dessen sehr bewusst.

Dann wechselte die Quelle das Thema, von Mord und Attentat zu einem relativ detaillierten Verständnis der amerikanischen Wahldynamik, die viel von dem vorwegnahm, was nach der Wahl in Bundesstaaten wie Georgia geschah:

> Inzwischen konzentrierte [der russische Geheimdienst] alle Anstrengungen auf bekannte Swing States, als die Russland auf der Basis von Gesprächen mit Personen aus der Trump-Regierung oder mit der Regierung verbundenen Personen zur Zeit Florida, Georgia und Wisconsin ansieht. Das Ziel war, Zweifel an der Rechtmäßigkeit der Wahlen in diesen Staaten zu säen, aber auch, im Voraus Gründe für ein Anfechten der Resultate zu schaffen, falls er (Trump) dort verlieren sollte.

Wir wissen nicht, ob Russland Trump bei dem Versuch unterstützte, das Wahlergebnis in Georgia, wo der Ex-Präsident später wegen des Versuchs der Manipulation des Wahlergebnisses angeklagt wurde, und anderen Staaten umzustoßen. Wir sehen aber, dass der Kreml entschlossen war, dabei zu helfen – lange bevor Trump genau das tat, was der Kreml vorhersagte.

***

Eine Botschaft, die wir von unseren Quellen in den Monaten vor der Wahl 2020 immer wieder bekamen, war die, dass Putin befohlen hatte: «2020 soll nicht 2016 sein.» Mit anderen Worten, der Kreml und seine Verbündeten würden sich anstrengen, um Trump zu helfen, aber sie würden es nicht übertreiben; sie würden nicht denselben aggressiven Ansatz wählen wie das Hacken der E-Mails der

Demokratischen Partei und deren Veröffentlichung durch einen bereitwilligen Partner wie WikiLeaks. Dieser Ansatz war eher primitiv gewesen, denn die Aktion konnte fast unmittelbar zu russischen Hackern zurückverfolgt werden. Sie war zu offensichtlich und peinlich für den Kreml, auch wenn sie das gewünschte Resultat erbrachte.

Diesmal würde man stattdessen eine subtilere Taktik anwenden – Desinformationskampagnen im Internet und vor allem die Lancierung von Anti-Biden-Storys. Putin war anscheinend besorgt über die Reaktion Bidens, falls der Demokrat gewann, darum machte er offenbar klar, dass der Kreml diesmal eine weichere und weniger offensichtliche Rolle bei der Beeinflussung der Geschehnisse spielen solle.

Mitte August 2020 sagte ein russischer Beamter unserem Sammler: «In ihrer Einmischung in den US Wahlkampf 2020 waren alle russischen Akteure zuallererst darum bemüht, keine deutlichen Spuren zu hinterlassen.»

Der vorsichtigere Ansatz wurde fortgesetzt, und in einem Bericht Mitte September beschrieben wir Spannungen im Kreml darüber, wie aggressiv Moskau vorgehen solle. Eine Unterquelle, ein hoher russischer Beamter, sprach Anfang September vertraulich mit unserem Sammler:

> [Die Quelle] berichtete, innerhalb des Kremls werde [Außenminister Sergei] Lawrows (pragmatische und zurückhaltende) Position gegenüber den USA stark vom Leiter der russischen Präsidialverwaltung Anton Waino unterstützt. ...
>
> Im gegnerischen, interventionistischen Lager sei aber Putins Pressesprecher Peskow nun auf dem Höhepunkt seines Einflusses im Kreml. Er meine, Russland solle Trump aktiver unterstützen und «Biden und die Demokraten mit Dreck bewerfen». Peskow sei überzeugt, die Beziehungen zu den (US-)Demokraten seien ohnehin nicht mehr zu retten, und wenn sie gewinnen würden, müsse der Kreml ganz von

> vorn anfangen, um eine minimale Arbeitsbeziehung mit Biden wiederherzustellen. …
> Laut dem russischen Offiziellen äußere Putin im Moment seinen Standpunkt zu den US-Wahlen, also wen man unterstützen solle und wie, gegenüber den politischen Spitzenbeamten nicht offen und eindeutig.

In einem weiteren Bericht vom September 2020 erzählte eine andere Kreml-Quelle unserem Sammler, Moskau werde «sanfte und indirekte Methoden benutzen», um beim Sieg über Biden zu helfen, «solange die Führung darauf vertrauen könne, dass es keine direkten Beweise für deren Ursprung in Russland gab.»

Ein hoher russischer Beamter wiederholte, dass Lawrow «Putin jetzt näher stehe als je zuvor», und dass er

> «es für wahrscheinlich halte, dass Biden gewinnen werde.» Lawrow habe in jüngster Zeit Putin und anderen im Kreml gesagt, «er habe seit 2016 eine gute persönliche und Arbeitsbeziehung zu Biden gehabt, und diese Beziehung solle sorgfältig gepflegt werden, egal wie das Ergebnis (der Wahlen) sei. … Innerhalb der russischen Machtzirkel habe Lawrow regelmäßig gesagt, Biden sei ein sehr cleverer und erfahrener Diplomat, der keine Konfrontation mit Russland suche, nicht einmal verbal. Darum solle er weder direkt provoziert, noch unter Druck gesetzt werden. … Laut Berichten der [russischen Geheimdienste] bei [einer Sitzung des Nationalen Sicherheitsrats der Russischen Föderation] wüchsen die Chancen auf eine Niederlage Trumps bei den Präsidentschaftswahlen. Daher diskutiere man, ob der Kreml darauf achten solle, sich Biden nicht zum Feind zu machen, falls er gewinne.

***

Andererseits gab es auch bizarrere Berichte; so erzählte ein hoher russischer Geheimdienstmitarbeiter unserem Sammler Anfang Oktober 2020 von einem Plan, der zeigte, dass zumindest einige Elemente innerhalb des Moskauer Machtapparats an eine radikale, hochriskante Operation in letzter Minute dachten, um Biden den Sieg in den letzten Tagen des Wahlkampfes zu entreißen. Der Bericht lautet in Auszügen:

> Zumindest während der letzten Woche und nicht vor den letzten zwei Wochen ist in der [GRU-]Zentrale in Moskau eine kleine und streng geheime Gruppe, die von allen anderen Aufgaben freigestellt ist, wegen einer einzigen Mission zusammengetroffen: die Entführung von US-Bürgern im Irak oder in Syrien vorzubereiten. ...
> Ziel dieses Plans ist die Schaffung eines Ablenkungsmanövers kurz vor den US-Wahlen, damit entweder
> – Trump erlaubt würde, die Geiselnahme schnell und erfolgreich zu beenden und zu seinem Vorteil zu nutzen, oder (was der Kreml vorziehen würde)
> – die Situation durch eine gemeinsame Operation von russischem und US-Militär gelöst würde. Falls eine gemeinsame Operation zu schwierig zu organisieren sei, würden nur russische Truppen für die Befreiungsmission eingesetzt.
>
> Das Ziel liegt darin, eine Situation vorzutäuschen und dann zu «lösen» mit dem Resultat, dass Russland als Freund der USA und Trumps Verhältnis zu Putin als nützlich erscheint. Ein Nebeneffekt wäre ein künftiger Neubeginn der amerikanisch-russischen Beziehungen, zumindest in der Sicherheitspolitik. Das Ziel ist nicht, eine Geiselnahme zu einer echten Krise zu machen, sondern nur zu einer Scheinkrise in den Augen des amerikanischen Volkes. In jedem Fall würde sie rasch und leicht ohne Komplikationen gelöst werden. Risiken, die normalerweise mit Geiselnahmen verbunden sind, sind zu vermeiden.

> Es ist geplant, dass die Operation (falls sie geschieht) irgendwann vor dem 20. Oktober stattfindet. Sie würde Trump und Putin die Gelegenheit geben, zwei oder drei Tage lang stark und wirksam zu reagieren, was den Medien so wenig Zeit wie möglich lassen würde, um effektiv zu handeln oder auch nur zu erkennen, was wirklich vorgehe. Die wahrscheinlichsten Zielländer sind Irak oder Syrien. In beiden Ländern können US- und russische Truppen rasch Entscheidungen treffen und handeln, für sich oder gemeinsam.

Diese besondere «Oktoberüberraschung» fand nie statt, aber sie weist auf das verzerrte Denken hin, das innerhalb der russischen Geheimdienste vorherrscht. Im Vorlauf zur Wahl von 2024 und mit einem Putin, der sich aller Beschränkungen entledigt hat, müssen wir auf die Möglichkeit von Aktionen gefasst sein, die noch aggressiver, ehrgeiziger und seltsamer sein könnten als diese. Putin hat vielleicht das Gefühl, er habe nichts zu verlieren und alles zu gewinnen.

***

Jedes Mal, wenn wir Informationen erhalten, die darauf hindeuten, dass Russland intervenieren könne, um Trumps erneute Wahl zu unterstützen, denke ich an die zwei Stunden, die Trump und Putin am 16. Juli 2018 allein in Helsinki verbrachten, nur mit ihren Dolmetschern. Nur diese vier Personen wissen, was in diesen zwei Stunden wirklich besprochen wurde. Trumps Dolmetscherin hat nie öffentlich darüber gesprochen.

Bei der Pressekonferenz nach dem Treffen und dem folgenden Arbeitsessen wurde Trump gefragt, wem er glaube – «allen US-Geheimdiensten», die «zu dem Schluss gekommen waren, dass Russland tatsächlich» die Wahlen 2016 beeinflusst hatte, oder Putin, der gerade geleugnet hatte, dass Russland irgendetwas mit dem Ergebnis zu tun habe.

Trump schwafelte etwas herum und sagte dann: «Meine Leute

kamen zu mir, Dan Coats [Direktor der nationalen Nachrichtendienste] kam zu mir und ein paar andere, und sie sagten, sie glauben, es ist Russland. Hier habe ich Präsident Putin. Er hat gerade gesagt, Russland war es nicht. Ich sage Folgendes: Ich sehe keinen Grund, warum Russland es sein sollte.»

Um es ganz klar zu sagen: In diesem Augenblick erklärte der Präsident der USA öffentlich, er glaube den Worten Putins mehr als der Einschätzung seiner eigenen Geheimdienste.

Beide wurden auch gefragt, ob der Kreml irgendwelches *kompromat* besitze, ein Verweis auf die Vorwürfe in dem Dossier. «Ich habe diese Gerüchte gehört, dass wir angeblich kompromittierendes Material über Mr. Trump sammelten, als er Moskau besuchte», sagte Putin. «Nun, verehrter Kollege, lassen Sie mich Ihnen Folgendes sagen: Als Präsident Trump damals in Moskau war, wusste ich nicht einmal, dass er da war. Ich behandle Präsident Trump mit dem größten Respekt, aber damals war er eine Privatperson, ein Geschäftsmann, niemand hat mich informiert, dass er in Moskau ist.»

Putin fuhr fort: «Nehmen wir zum Beispiel das Wirtschaftsforum in Sankt Petersburg. Dort waren über 500 amerikanische Geschäftsleute, hohe, wichtige Leute. Ich weiß nicht mal mehr die Nachnamen von jedem Einzelnen. Erinnern Sie sich denn – glauben Sie, wir sammeln kompromittierendes Material über jeden Einzelnen? Es ist schwer, sich noch größeren Unsinn vorzustellen. Bitte, lassen Sie diese Dinge, und denken Sie nicht mehr dran.»

Putin hätte direkt und einfach verneinen können, dass er *kompromat* über Trump besitze. Aber das tat er nicht. Und auch Trump sagte nicht, dass Russland nichts über ihn habe. Das waren misstönende Auslassungen.

«Bitte lassen Sie diese Dinge, und denken Sie nicht mehr daran.» Nach dem Gipfel von Helsinki äußerten einige führende US-Politiker ihre tiefe Sorge über das, was sie gesehen und gehört hatten.

«Millionen von Amerikanern werden sich weiterhin fragen, ob die einzig mögliche Erklärung für dieses gefährliche und unerklärli-

che Verhalten die Möglichkeit ist – die sehr reale Möglichkeit –, dass Präsident Putin schädliche Informationen über Präsident Trump besitzt», sagte Senator Chuck Schumer.

Senator Jeff Merkley von den Demokraten sagte gegenüber *Buzz-Feed News*, er halte es für wahrscheinlich, dass Russland kompromittierendes Material besitze. «Es ist Russlands Standardstrategie bei Besuchen wichtiger Leute zu versuchen, kompromittierende Informationen über sie zu bekommen oder ihnen eine Falle mit Prostituierten zu stellen oder alles mitzuschneiden, was in ihrem Zimmer passiert. Also werden sie wahrscheinlich so etwas haben.»

Nicht nur Demokraten äußerten nach Helsinki ihre Besorgnis. Der frühere republikanische Abgeordnete Charlie Dent sagte zum *CNN*-Reporter John Berman: «Ich habe den Eindruck, dass die Russen etwas haben.»

Angesichts der Empörung über seine Aussagen beim Gipfel und offenbar unter Druck von hohen Mitarbeitern veröffentlichte Trump am nächsten Tag eine nicht überzeugende «Korrektur» seiner Unterstützung Putins gegenüber US-Geheimdiensten und behauptete: «der Satz hätte lauten sollen: ‹Ich sehe keinen Grund, warum ich es nicht sollte oder warum es nicht Russland sein sollte.›» Offensichtlich war seine «Korrektur» ebenso unaufrichtig wie unglaubhaft. Tatsächlich kam Trump Anfang 2024 auf seinem Social Media-Kanal Truth Social auf den Gipfel von Helsinki zurück:

> Weiß noch jemand, wie ein drittklassiger Reporter in Helsinki mich im Grunde gefragt hat, wem ich mehr traue, dem russischen Präsidenten Putin oder unserem Geheimdienstpack? Mein Instinkt war damals, dass wir ein paar wirklich üble Leute hatten wie James Comey, McCabe (dessen Frau Hilfe von Crooked Hillary bekam, während Ermittlungen gegen Crooked liefen!), Brennan, Petr Strzok (dessen Frau bei der SEC [Börsenaufsicht] ist) & seine Geliebte Lisa Page. Setzt noch McGonigal und anderen Schleim auf die Liste. Wem würdet ihr trauen, Putin oder diesem Gesindel?

Warum zog Trump die Aufmerksamkeit mehr als fünf Jahre später wieder darauf, nachdem er damals seine Äußerungen «korrigiert» hatte? Wenn der Verdacht von Dent, Schumer, Merkley und vielen anderen Personen eine solide Grundlage hat und der Kreml wirklich kompromittierende Informationen über Trump besaß, dann besitzt er die natürlich immer noch. Putin hat bis heute nichts offengelegt. Der Einsatz ist bei den US-Wahlen 2024 für beide Männer noch höher. Man könnte sagen, er ist existenziell. Wenn Trump gewinnt, kann er die Strafprozesse gegen sich um mindestens vier Jahre hinausschieben. Wenn er verliert, könnte er für den Rest seines Lebens ins Gefängnis gehen. Ohne Trump im Weißen Haus würde Putin mit einer zweiten Amtszeit von Präsident Biden zu tun haben, der entschlossen ist, Putin einzudämmen und vielleicht dessen Regime zu beenden. Gott weiß, was Putin oder Trump unter solchen Umständen tun könnten.

Kapitel 24

Die chinesische Herausforderung

Obwohl Russland weiterhin das Hauptthema für Orbis ist, nimmt jetzt ein anderes Land immer mehr von unserer Zeit in Anspruch: China. Der Grund ist, dass China eine aufsteigende globale Supermacht und eine zunehmende Bedrohung für unsere Lebensform ist und auch immer stärker in Moskau den Ton angibt. Russland ist jetzt wegen der Sanktionen und des Ausschlusses von vielen Märkten wirtschaftlich von China abhängig. Und das russische Militär ist zunehmend abhängig von chinesischer Technologie und Waffen und davon, dass China es Nordkorea gestattet, Waffen nach Russland zu schicken. Niemanden auf der Welt darf Putin weniger gegen sich aufbringen als den chinesischen Staatschef Xi Jinping.

In den Jahren vor 2020 hatte Orbis recht konventionelle wirtschaftliche Rechercheprojekte und Berichte über China ausgeführt, außerdem Untersuchungen zum geistigen Eigentum – vor allem im pharmazeutischen Bereich, wo Patente westlicher Firmen, die atemberaubende Summen wert sind, routinemäßig gestohlen wurden. Doch das war nur ein bescheidener und wenig spektakulärer Teil unserer Arbeit.

Dies änderte sich 2020, als einer unserer Auftraggeber (ein politischer Aktivist und Philantrop aus den USA) mit einer Bitte zu uns kam: Könnten wir an einem Geheimdienstbericht über den chinesi-

schen Telekommunikationsgiganten Huawei und das allgemeinere Problem des chinesischen «Elitenfangs» in Großbritannien mitarbeiten? (Mit Elitenfang bezeichnet man die Korrumpierung mächtiger Personen in der Gesellschaft durch eine auswärtige Macht, besonders durch finanzielle Manipulationen.)

Die britische Regierung hatte vor kurzem beschlossen, Huawei am Aufbau des 5G-Mobilfunknetzes in England zu beteiligen. Dieser kostenorientierte Ansatz stand in scharfem Gegensatz zum Standpunkt des Weißen Hauses und des US-Kongresses, Huawei als Arm des chinesischen Sicherheitssystems und als potenzielles trojanisches Pferd innerhalb der westlichen Volkswirtschaften zu betrachten. Wie viele andere vernünftige Leute in den USA war unser Mandant sehr besorgt darüber, dass der engste Verbündete des Landes es der chinesischen KP praktisch erlaubte, Hardware im britischen Mobilfunknetz zu platzieren. Das Potenzial für die Chinesen, Nachrichten in diesem Netz abzuhören, war für jeden offensichtlich – außer anscheinend für die Entscheidungsträger in der britischen Regierung.

Chris Burrows und ich besaßen bis dahin noch kein hochrangiges Quellennetzwerk in China, hatten aber in unserer Geheimdienstzeit mit verschiedenen führenden Sinologen in den USA und Großbritannien gearbeitet und kannten sie gut. Ich hatte China nur 2015/16 einmal besucht, als Katherine vorübergehend ans britische Generalkonsulat in Hongkong versetzt worden war.

Dies war kurz vor der Einführung eines Schlüsselelements der chinesischen Gesetzgebung, des nationalen Sicherheitsgesetzes von 2017. Dieses Gesetz verpflichtet alle Unternehmen, den Sicherheitsbehörden in Peking auf Verlangen wirtschaftliche Daten zu übergeben. Trotz Huaweis Beteuerungen des Gegenteils war für uns klar, dass die Firma gehorchen musste, falls die chinesische Regierung sensible kommerzielle oder politische Daten von ihr wollte.

Wir arbeiteten bei unserem Beitrag zu diesem Projekt im Sommer 2020 mit verschiedenen Experten, Universitätsdozenten und Journa-

listen zusammen, während die Debatte über Huawei im britischen Parlament heftiger wurde. Wir erkannten schnell, dass es zwar eine Überschneidung mit den Methoden russischer Einflussoperationen in England gab – beispielsweise wurde offensichtlich eine Reihe mächtiger Personen durch bedeutende finanzielle Anreize für die Sache Pekings gewonnen, genau wie viele Prominente durch russisches Geld korrumpiert wurden –, aber es gab auch klare Unterschiede im chinesischen Vorgehen.

Einer davon war Pekings Konzentration auf die britische Wissenschaft. Britische Universitäten waren immer abhängiger von den Studiengebühren chinesischer Studenten und chinesischen Forschungsfördermitteln geworden – vom Standpunkt der nationalen Sicherheit war das eine Gefahr. Diese Abhängigkeit hatte zu wachsender Selbstzensur unter britischen Wissenschaftlern und einer Zurückhaltung beim Kritisieren der Ziele und Maßnahmen der chinesischen Regierung geführt.

Wir fanden auch Hinweise, dass einige einflussreiche Personen im Umkreis des damaligen Premierministers Boris Johnson Zielpersonen Chinas gewesen waren, als Johnson noch Londoner Bürgermeister war. Auf dieser Ebene wurden Johnson und sein innerer Kreis nicht so umfassend sicherheitsüberprüft wie Regierungsmitglieder.

Der Bericht ging auch an die britischen Nachrichtenmedien. Erwartungsgemäß drohten mehrere Persönlichkeiten des öffentlichen Lebens, die damals im Vorstand von Huawei saßen und im Bericht erwähnt wurden, sofort mit Klagen gegen Orbis. Wie es heutzutage fast Routine ist, klagten sie nicht wegen Verleumdung, sondern gebrauchten – oder missbrauchten, wie ich meine – für ihre Attacken das schlecht formulierte britische Datenschutzgesetz. Da der Bericht nicht von uns ausging und nicht auf unseren Servern gespeichert war, hatten sie damit keinen Erfolg.

Leider fand die Reaktion auf den Bericht auch in Form von Pressegeschichten statt, die in unkonstruktiver und ablenkender Weise

auf das Trump-Dossier Bezug nahmen. Die Schlagzeile der *Daily Mail* war «Trumps Dossier-Spion Enthüllt: China ‹nimmt britische VIPs ins Visier›.» Die Journalistin der *Mail*, mit der wir ernsthaft an den Fragen des chinesischen «Elitenfangs» in England gearbeitet hatten, sagte, man habe ihr das Material abgenommen, es sensationalisiert und wieder auf Trump, mich und das Dossier zugeschnitten, wie es für die britische Boulevardpresse typisch ist.

Zum Glück ging *Newsnight*, das wichtigste politische Magazin der *BBC*, ernsthaft auf dieses Thema ein, und sein hervorragender Beitrag über den Bericht enthielt eine Aussage unseres früheren Geheimdienstkollegen und Chinaexperten Charles Parton. Das brachte die Geschichte wieder dahin zurück, wo sie die ganze Zeit hätte sein sollen – bei Sachverhalt und Details der Geheimoperationen und dem politischen Einfluss eines aggressiveren China unter Xi Jinping in Großbritannien.

Wir meinen, dass der Bericht dabei half, die Gewichte in der Huawei-Frage zu verschieben, und zu einer Änderung der britischen Regierungspolitik beitrug, in Übereinstimmung mit den Sorgen Washingtons und unseres Geheimdienstes. Im Rückblick erscheint es außergewöhnlich, dass die Politik je anders sein konnte. Unser Auftraggeber war erfreut, und wir hörten, die US-Regierung sei es ebenfalls – in diesem Fall auch Donald Trump und seine engsten Mitarbeiter. Eine Dankesbotschaft bekamen wir aber nicht.

***

Unser Beitrag zum Bericht über Huaweis Elitenfang in England führte zur strategischen Entscheidung, die Kompetenz von Orbis bei der Informationssammlung und Analyse in Bezug auf China zu stärken. Mit stetig wachsender Arbeitslast zu China sind wir jetzt sowohl mit konventionellen kommerziellen Projekten als auch der Sammlung politischer Informationen über das Regime und seine Helfer beschäftigt.

Der Bericht verschaffte uns auch einige wichtige politische und wirtschaftliche Einblicke in die Entwicklung von Xis China. Am wichtigsten war die Erkenntnis, dass die chinesische Regierung sich gegen Teile des britischen Establishments freundlich gezeigt – und es unserer Meinung nach korrumpiert – hatte und das weiter tat, häufig unter dem Deckmantel von Privatfirmen oder Wissenschaft.

Wie bei der Bedrohung durch die russische Einflussnahme schien der britische Geheimdienst nicht die Motivation oder das Expertenwissen zu besitzen, um das Problem wirksam anzugehen – er hatte einen Großteil seiner Ressourcen und Anstrengungen Anfang der 2000er Jahre der Terrorismusbekämpfung gewidmet –, und die Bedrohung schien sogar subtiler und näher am britischen Machtzentrum zu sein als Moskaus Einflussagenten. Der Verdacht prochinesischer Einflussnahme fiel manchmal auf dieselben Personen, bei denen wir eine Korrumpierung durch den Kreml vermutet hatten. Ein hoher Labour-Abgeordneter und mehrere Mitglieder des House of Lords tauchten wiederholt in unseren Berichten über Russland und China auf, so dass wir uns zu fragen begannen, ob die russischen und chinesischen Geheimdienste nicht irgendwie bei der Suche nach solchen Leuten zusammenarbeiteten.

Sicherlich war das russische Drehbuch der Auslandsbeeinflussung ein erfolgreiches Muster für andere autoritäre Staaten und undemokratische Regierungen gewesen. Außerdem sind die chinesischen Ressourcen wahrscheinlich viel größer als die des Kremls, besonders auf lange Sicht.

Ein weiterer Fokus staatlicher Einflussnahme und Aktivität Chinas ist die internationale olympische Bewegung, wo Peking in den letzten Jahren die Austragung der Sommer- und der Winterspiele erreicht hat. Die Politik des IOC unter seinem deutschen Präsidenten Thomas Bach, besonders die Vergabe der Winterspiele 2022 an Peking, war, milde ausgedrückt, fragwürdig und ist unseres Wissens nie richtig von staatlichen Behörden untersucht worden. Es ist eine

wenig bekannte, aber wichtige Episode, dass bei der IOC-Wahl 2015, als die Winterspiele 2022 vergeben wurden, ein erster Wahlgang mit Wahlzetteln (in dem China gegen Kasachstan verlor) ohne weitere Begründung für ungültig erklärt wurde. Es folgten Hinterzimmergefeilsche und ein neuer elektronischer Wahlgang, in dem Peking wenig überraschend siegte.

Später zeigte der Skandal um den Vorwurf des sexuellen Missbrauchs der chinesischen Tennisspielerin Peng Shuai durch Zhang Gaoli (einen hohen KP-Funktionär, der Xi nahestehen soll und im Zentralkomitee für die Verbindung zum IOC verantwortlich ist) erneut die Unfähigkeit oder den Unwillen des IOC, offenbares Fehlverhalten von chinesischen Regierungsvertretern einzugestehen und zu sanktionieren.

Warum ist das wichtig? Autoritäre Regime lieben es, das Prestige internationaler Sportveranstaltungen auszunutzen, um ihre politische Legitimität im Inland zu stärken, dem globalen Publikum eine glückliche und kompetente Fassade zu präsentieren und gleichzeitig die institutionelle Führung und Überwachung der Veranstalter zu untergraben, wie der Korruptionsskandal bei der FIFA offenbarte. Und sie sind gut darin, Kritik abzuwürgen und den Willen zur Untersuchung durch die Routinedrohung von politischem Druck gegenüber Regierungen und Klagen gegenüber Privatpersonen zu dämpfen. Diese Verfahrensweise stärkt weitergehende politische Korruption und Elitenfang in unseren Demokratien und ist viel zu lange toleriert oder ignoriert worden.

Solche internationalen Sportveranstaltungen sollten uns allen gehören, nicht nur unverantwortlichen Plutokraten im Dunstkreis repressiver Regime, denen sie gerne Beistand leisten. Wenn wir ihnen weiter erlauben, unsere größten Sportereignisse zu korrumpieren, wird das nur ihren Appetit steigern, auch unsere politischen Führer zu korrumpieren und zu beeinflussen. Im Rückblick scheint es unglaublich, dass der Staatschef einer führenden westlichen Demokratie, der französische Präsident Macron, 2018 das Endspiel der

Fußball-WM in Moskau als Putins Gast besuchte, vier Jahre nach Russlands illegaler Besetzung der Krim.

***

Es besteht jetzt die Gefahr, dass China sich zu einem autoritären Schurkenstaat auf der Weltbühne entwickelt, ähnlich wie Putins Russland. Das wäre eine Katastrophe, nicht zuletzt für die Weltwirtschaft. Im Gegensatz zu Russland ist China aber zu sehr in die ökonomischen und politischen Sphären des Westens eingebunden, als dass wir nicht zumindest bei Themen wie Klimawandel und Pandemien mit ihm zusammenarbeiten sollten.

China zu stark entgegenzukommen, wäre aber ein Fehler, ebenso wie bei Russland in den ersten Jahren von Putins Herrschaft. Wenn Peking will, könnte es eine ebensolche Bedrohung für unsere Wahlen werden wie Moskau.

Wir dürfen im Verhältnis zu China nicht dieselben naiven Fehler machen wie seit 2000 gegenüber Russland. Denn unsere nachgiebige Haltung gegenüber Putin hatte ruinöse Folgen und führte praktisch zum Zusammenbruch der Abschreckung.

***

Nach der russischen Großinvasion der Ukraine im Februar 2022 wurde China eine noch größere Sorge und ein wichtigerer Arbeitsbereich für Orbis (und für Walsingham Partners, unseren Ableger für politische Forschung). Von Anfang an war es für westliche Regierungen und Journalisten kein Geheimnis, dass Peking der wichtigste Unterstützer Putins war und ein potenzieller Rettungsanker für die russische Wirtschaft, der dem Kreml helfen könnte, den westlichen Sanktionen zu widerstehen. Unsere Arbeit hat aber gezeigt, dass es nicht ganz so simpel ist.

Die gängige Meinung in einem Großteil der westlichen Medien –

und das von Russland wie China propagierte Bild – ist, dass die beiden Länder vereint und dass Putin und Xi ungewöhnlich enge Freunde und Verbündete sind. Unsere Quellen in Moskau und Peking erzählen eine viel nuanciertere Geschichte, die Politiker und Medien im Westen unbedingt besser verstehen müssen.

China und Russland sind schon lange geopolitische Rivalen. Der Ferne Osten, reich an Bodenschätzen und seinem Zugang zur Arktis, hat bedeutende Spannungen zwischen den beiden führenden Militärmächten in Asien verursacht, vor allem in jüngerer Zeit. Pekings Trennung von Moskau während des Kalten Kriegs war ein großer Coup für die US-Diplomatie und folgte auf einen heißen, wenn auch begrenzten Krieg am Fluss Amur 1969. Es gab damals auch ein Tauziehen um Einfluss in und Kontrolle über die kommunistische Mongolei, bei dem Moskau die Oberhand behielt. Nichts von dieser Geschichte ist von einer der beiden Seiten vergessen worden, ebenso wenig sind die zugrunde liegenden Probleme ganz gelöst worden.

Russlands Gebiete im Fernen Osten bergen die meisten Bodenschätze der Region, darunter über 20 Prozent des weltweiten Süßwassers im Baikalsee, während das benachbarte China seine riesige Bevölkerung versorgen muss und nur zu gern die Ressourcen der Region ausbeuten würde, vor allem langfristig.

Ich würde auch argumentieren, dass viele Russen China seit den brutalen Mongoleninvasionen und der Besetzung großer Teile Russlands ab dem 13. Jahrhundert politisch und kulturell gefürchtet und verabscheut haben.

Vorsichtig gesagt, existieren bedeutende historische, politische und wirtschaftliche Hindernisse für die Freundschaft und Zusammenarbeit der beiden Großmächte.

Peking sieht Russland auch als schockierend schlechtes Beispiel dafür, wie eine autokratische Supermacht nicht handeln sollte. Die Führung der chinesischen KP betrachtet Michail Gorbatschows demokratische Reformen und den darauffolgenden Zusammenbruch

der Sowjetunion als genau das Schicksal, das die Partei um jeden Preis vermeiden will.

Doch selbst ein dysfunktionales, autokratisches Russland, das es seinem Volk unklugerweise erlaubte, auf eine repräsentative Regierungsform zu hoffen, ist China lieber als ein echt demokratisches Russland. Putins Russland ist für China nützlich als gemeinsames Hindernis für die Agenda der demokratischen Welt. Moskaus Vetorecht im UN-Sicherheitsrat und seine Rolle als Gegenstück und Ablenkung für die westlichen Demokratien hilft dabei, die Aufmerksamkeit des Westens vom korrupten autoritären Regime in Peking und seinen offen expansionistischen Zielen abzulenken. Es ist für Xi und seine Verbündeten von zentraler Bedeutung, dass selbst Putins schäbige Version von Russland in der Ukraine oder auf der Weltbühne nicht besiegt wird. Dann würde China nämlich allein gegen die reicheren und mächtigeren NATO-Verbündeten des Westens stehen.

Mit dem Wissen, dass «der Feind meines Feindes oft mein Freund ist», begann Putin seine waghalsige und völkerrechtswidrige Großinvasion der Ukraine im Februar 2022.

Peking und Moskau bemühen sich sehr, eine Einheitsfront zu präsentieren, aber unsere russischen und chinesischen Quellen haben uns und unseren Mandanten fast in Echtzeit einzigartige Einblicke in das Denken und Handeln der beiden Regime geliefert.

Unsere Quellen haben wiederholt klargestellt, dass Xi und sein Regime Putin als rücksichtslosen, unverantwortlichen Abenteurer ansehen, dem man nicht vertrauen kann. Manche unserer Informationen seit 2022 besagen sogar, Xi habe bei seinen Treffen mit Putin kaum verhüllt angedeutet, es könne ein guter Zeitpunkt für den russischen Staatschef sein, zurück- oder zumindest beiseitezutreten. Mit anderen Worten, Peking will, dass Russland autokratisch bleibt, aber nicht notwendigerweise mit gerade diesem unberechenbaren Autokraten an der Spitze.

In einem Bericht vom Oktober 2023 zitieren wir «zwei gut posi-

tionierte politische Quellen in Russland», die den für Putin und den Kreml sehr enttäuschenden Pekingbesuch in jenem Monat beschreiben:

> Laut einer Quelle deutete Xi bezeichnenderweise an, Putin solle überlegen, ob er noch eine Amtszeit regieren wolle. Xis Äußerung wurde so paraphrasiert: Der große Mao konnte China 27 Jahre lang regieren, der große Stalin Russland 32 Jahre lang. Aber was sind wir gegen sie? In unserer Zeit kommt es nicht auf Personen an, sondern auf Verfahren. Drei Amtszeiten sind genug für mich, vier für Sie, dann sollen es andere versuchen. Das wurde als allegorisch verpacktes Signal Xis aufgefasst, Putin solle abdanken.

Unsere Quellen sagen, dass es klare Gründe für diese tiefe Ambivalenz gegenüber Putin in Peking gibt.

Ein Schlüsselpunkt liegt darin, dass die chinesische Führung entschlossen ist, die bestehende internationale Ordnung aufrechtzuerhalten und darin zu operieren. Sie schätzt die Strukturen und Abkommen, die der Welt Stabilität geben – besonders die Vereinten Nationen, die Welthandelsorganisation und zahlreiche andere Organisationen und Verträge. Diese Strukturen verleihen China großen Einfluss.

Außerdem besitzen die Chinesen US-Schatzanweisungen im Wert von über 750 Milliarden Dollar. Sie geben wirtschaftlichem Aufschwung und Einfluss den Vorrang, speziell ihrer Initiative der Neuen Seidenstraße. Globaler Handel und geopolitische Stabilität sind für das chinesische Wirtschaftswachstum und die politische Stabilität im Inland essenziell. All dies verträgt sich nicht mit Putins Drohungen, den Ukrainekrieg auszuweiten und Atomwaffen einzusetzen, falls die russische Armee auf dem Schlachtfeld ins Wanken gerät.

Peking will auch, dass Belarus und die früheren Sowjetrepubliken in Zentralasien ihre Beziehungen zu China entwickeln und an die

erste Stelle setzen – zwangläufig auf Kosten Moskaus – und dass vor allem Belarus nicht von Russland absorbiert wird, wie Putin es offensichtlich wünscht. Unser Bericht vom Oktober 2023 sagt auch:

> Xi hat angedeutet, dass er nicht begeistert von Putins Plänen war, Belarus in eine «Union» mit Russland einzugliedern. Er hat Putin gesagt, Belarus (und Lukaschenko) stünden unter seinem politischen Schutz.

Ich zitiere im Folgenden sechs Schlüsselerkenntnisse dieses Berichts, weil sie genau zeigen, als wie unausgewogen das Verhältnis zwischen Putin und Xi beschrieben wurde und was die Konfliktpunkte waren:

1. Laut [zwei gut platzierten russischen Quellen] wurde Präsident Putins jüngster Chinabesuch von Kreml-Strategen als Fehlschlag bewertet, da die Resultate weit hinter den angestrebten Zielen zurückblieben. Keines der beiden vorher festgelegten Hauptziele wurde erreicht. In anderen Bereichen wurden russische Bestrebungen abgelehnt oder zugunsten chinesischer Prioritäten beiseitegeschoben. Die allgemeine Botschaft war, dass China Russland als Juniorpartner betrachtet.
2. Erstens hatte Putin gehofft, Präsident Xi davon zu überzeugen, die chinesischen Öl- und Gaskäufe zu steigern, mit dem Argument, die Lieferungen aus dem Nahen Osten seien nicht verlässlich. Im Gegenzug für einen größeren Anteil an der chinesischen Energieversorgung hoffte man, ... Xi werde einer großen Ausweitung des bilateralen Handels zustimmen. Der gegenwärtige Umsatz des russisch-chinesischen Handels (200 Milliarden Dollar) sei viel geringer als der von Chinas Handel mit den USA (1,5 Billionen Dollar) und weniger als die Hälfte des Handels mit der EU (530 Milliarden Dollar). Sogar Chinas Handel mit Taiwan liege über 300 Milliarden Dollar. Putin erreichte aber in keinem der beiden Punkte eine feste Übereinkunft mit Xi.

3. Zweitens hatte Putin vorgeschlagen, veraltete sowjetische/russische Rüstungsgüter von China zurückzukaufen, die gegenwärtig in Xinjiang gelagert und zur Verschrottung vorgesehen sind. Man hoffte, durch diese Ausrüstung könnten Russlands unmittelbare operative Bedürfnisse in der Ukraine gedeckt werden. Obwohl Xi zugestimmt hatte, die Frage zu «untersuchen», hat er klargemacht, dies würde noch nicht im nächsten Jahr geschehen. Die russische Delegation verstand das als höfliche Ablehnung von Putins Ersuchen.
4. Zur Ukraine sagte Xi zu Putin, China beabsichtige, seine Position als Land beizubehalten, das die Lösung internationaler Streitfälle durch Diplomatie statt durch militärische Macht unterstütze. China werde vielleicht Russlands territoriale Gewinne anerkennen, aber nur als Teil eines umfassenden Abkommens, das von anderen Großmächten anerkannt werde, und nur wenn die Ukraine irgendeine Art von Ausgleich erhalte.
5. Putin hatte betont, ihm seien drei Punkte wichtig: a) die Ukraine müsse neutral sein; b) die Ukraine müsse die durch den Krieg entstandenen territorialen Realitäten anerkennen; und c) es müsse einen Regimewechsel in der Ukraine geben. Gleichzeitig hatte Putin erklärt, Russland werde nicht prinzipiell einer EU-Mitgliedschaft der Ukraine und Moldawiens widersprechen. Laut einer Quelle war der Kreml der Auffassung, die Mitgliedschaft der Ukraine könne sogar benutzt werden, um die EU zu destabilisieren.
6. Xi hatte Putin mitgeteilt, eine Entscheidung über den nördlichen Zweig der Neuen Seidenstraße werde davon abhängen, wie bald Putin einen Kompromiss mit der Ukraine finde. China sei am Transport von Gütern nach Europa interessiert, und eine Aufhebung der Sanktionen gegen Russland werde hilfreich sein. China halte das aber ohne ein Ende des Krieges für unmöglich.

Um es klar zu sagen, dies ist nur ein Bericht von vielen über das Verhältnis von Russland und China, die wir aus russischen Quellen besitzen. Unsere Berichte aus Peking unterscheiden sich sehr im

Ton. Die gleichzeitigen Berichte chinesischer Quellen spiegeln ein selbstbewussteres Regime wider, das sich auf zahlreiche Details der politischen Strategie konzentriert und ein kompliziertes Verhältnis zu Russland steuert, während China seine wirtschaftlichen und politischen Interessen in vielen Arenen und Regionen verfolgt. Tonlage und Inhalte, die von unseren Quellen mitgeteilt wurden, zeigen weniger Unsicherheit und Konfrontation und mehr Selbstbewusstsein, wie vom dominanteren und besser funktionierenden Partner in einer Beziehung zu erwarten:

Zusammenfassung

- Hohe chinesische [Regierungs-]Quelle gibt einen Überblick der Meinungen der Führung über den Ukrainekrieg und den weltweiten Umgang mit den Beziehungen zu Putin/Russland
- Peking sieht seinen Modus Vivendi mit Russland als einen, in dem beide Länder Konfrontationen und die Einmischung in innere Angelegenheiten oder «Interessensphären» des anderen vermeiden
- China und Russland streben auch bei gemeinsamen Interessen die Kooperation in Drittländern und -regionen an
- Die größten strategischen Spannungen zwischen Peking und Moskau betreffen Chinas Verhältnis zu zentralasiatischen Ländern und Russlands Grenze im Fernen Osten.

Chinas rote Linien funktionieren in gewissem Maße als Beschränkung für Russland, vor allem im Ukrainekrieg. Putin hat natürlich seine eigenen Gründe dafür, keine Atomwaffen einzusetzen und zivile Ziele nicht noch heftiger anzugreifen als jetzt schon. Er hat aber wiederholt Warnungen aus Beijing bekommen, sich zurückzuhalten, und da er weiß, dass er ohne Chinas Unterstützung nicht überleben kann, hat er bis jetzt gehorcht.

China hat mehrere zentrale Gründe dafür, den Verlauf und das Ergebnis des Ukrainekriegs bestimmen zu wollen.

Eines davon ist ein in Peking besonders sensibles Thema: Taiwan. Xi und seine Verbündeten sind Berichten zufolge besorgt, dass die internationale Gemeinschaft weiterhin Vergleiche zieht zwischen Putins territorialen Ambitionen und dem, was Xi als sein legitimes Ziel der Vereinigung Taiwans mit dem chinesischen Festland ansieht. Wenn China in Taiwan einfällt, wird Xi tun, was er kann, um die Invasion international als rechtmäßige Rückforderung chinesischen Territoriums darzustellen statt als offensichtlich verbrecherischen und revisionistischen Landraub wie Russlands Krieg in der Ukraine.

Peking will angeblich auch ein friedliches Ende des Krieges, weil es mit der Ukraine Handel treiben will und große Aufträge für den Wiederaufbau anstrebt. Deshalb müssen Xi und seine Kollegen gute Beziehungen zu Kiew und zum ukrainischen Präsidenten Wolodymyr Selenskyj unterhalten. Und aus ähnlichen Gründen hat auch die ukrainische Führung kein Interesse daran, das chinesische Regime zu verärgern oder öffentlich zu kritisieren.

Natürlich profitiert China vom Ukrainekrieg in vielerlei Hinsicht, nicht zuletzt durch die Rabatte für russisches Öl (2023 stiegen die Exporte nach China um 25 Prozent auf 75 Millionen Tonnen) und Gas, die Moskau nicht länger direkt an den Westen verkaufen kann. China profitiert auch davon, Moskau mit zivil und militärisch geeigneter oder rein militärischer Hightech-Ausrüstung zu versorgen, deren Verkauf an Russland verboten ist.

Doch all das hat klare Grenzen. Peking will vom Rest der Welt nicht als Putins Waffenlieferant gesehen werden und möchte Nordkorea als Hauptexporteur an Russland dastehen lassen, vor allem von Raketen und Granaten. In einem Bericht vom November 2023 über Putins Pekingbesuch am 18. Oktober zur Feier und Werbung für Chinas internationales Infrastrukturprojekt der Neuen Seidenstraße schrieben wir:

> China hat sich verpflichtet, weiterhin gleichzeitig zivil und militärisch geeignete Güter, darunter Drohnenteile, an Russland zu liefern. Das würde weiterhin geheim ablaufen, nicht wie von Russland bevorzugt als offene Kooperation. [Hohe russische Offizielle] hätten in Gesprächen bestätigt, dass China auch weiterhin gelegentlich Waffen über Nordkorea liefern würde, wenn Russland in Bedrängnis sei. China sagte auch, es wolle Kim Jong-un ermutigen, mehr an Russland zu liefern, und indirekte Zahlungen Russlands an Nordkorea für diese Lieferungen erleichtern.
> Eine andere russische [Quelle] berichtete, China wolle die Kontrolle über den russischen Waffenhandel mit Nordkorea behalten, aber nicht öffentlich damit in Verbindung gebracht werden.

In der Berichterstattung über den Gipfel hieß es, Putin sei als gleichrangig und «auf dem roten Teppich empfangen worden», wie die *BBC* sagte. Hinter den Kulissen ließ Xi aber wohl durchblicken, es sei keineswegs ein Treffen auf Augenhöhe. Unser Bericht besagt, dass Putin mit weitgehend leeren Händen zurückkehrte:

> Die erste russische [Quelle] berichtete, Xi sei in seiner Beschreibung des chinesisch-russischen Verhältnisses nicht enthusiastisch. Er habe positiv, aber nicht begeistert reagiert, als Putin von der Zunahme der bilateralen Beziehungen sprach. Als Putin das Potenzial der Schaffung einer Zone für gemeinsame Technologien und Entwicklung für Russland und China innerhalb der BRICS-Staaten [Brasilien, Russland, Indien, China, Südafrika] als Alternative zur Abhängigkeit von westlichen Ländern ansprach, habe Xi genickt, aber gesagt, das solle von ihren Delegationen diskutiert werden. Damit endeten die Gespräche, und die Delegationen tagten ohne Xi und Putin weiter.
> Laut der russischen [Quelle] sei China nicht darauf erpicht, weitere große Lieferverträge abzuschließen, weil es nicht als Beschaffer von Mitteln für Putins Kriegsmaschine gesehen werden wolle. Wegen

dieser Rücksicht auf den Augenschein werde China keine weiteren Zugeständnisse machen. Dazu gehörten Fortschritte bei der Gaspipeline «Kraft Sibiriens II». Die Chinesen hätten Russland gesagt, sie bräuchten die Pipeline nicht, obwohl beide Seiten über die Kosten des Gases verhandelten, das hindurchfließen würde. Da dies für den Kreml das Hauptprojekt war, an dem er China beteiligen wollte, war es eine Enttäuschung für Russland.

Trotz aller chinesischen Vorsicht sollte man aber nicht daran zweifeln, dass Peking ein wankendes russisches Militär bewaffnet, das alle Hilfe, Waffen und Technologie braucht, die es kriegen kann. In der Zusammenfassung eines Orbis-Berichts vom März 2023 berichtet eine «hochrangige russische Quelle»:

- Die militärische Kooperation von Russland und China nimmt zu und intensiviert sich im Lauf des Ukrainekriegs, aber Peking will das trotz Moskaus Bitten nicht öffentlich machen. Das könnte sich ändern, wenn der Konflikt mit den USA weiter eskaliert
- Geheimprotokolle im russisch-chinesischen Abkommen, die bereits in Kraft sind, erlauben die Lieferung von Munition, Raketen und militärischen Drohnen. Eine Lieferung vom Januar 2023 umfasste 90 Millionen Patronen und 240 000 Granaten. China erleichtert auch Waffenlieferungen Nordkoreas an Moskau
- Bedeutung von Aluminiumoxid, besonders weißem geschmolzenen Aluminiumoxid, und Bedeutung der Firma RUSAL als Verbindung zu China, um Sanktionen auszuweichen und andere nichtsanktionierte Produktionsquellen zu nutzen
- Für Russland ist die Belieferung mit militärischen Drohnen durch China eine Priorität. ROSTEC hofft, bis Herbst 100 solcher Drohnen im Monat zu importieren
- Es sind ausgefeilte Tarnoperationen im Gange, um Waffenexporte von China an Russland zu verschleiern, darunter gefälschte Zolldokumente, Ladelisten und Beschriftung auf militärischen Produkten

– ROSTEC und die chinesische Poly Group sind für den bilateralen Waffenhandel wichtig, wobei militärische Dohnen und Hubschrauber hohe Priorität besitzen. Ein Teil der russischen Hubschrauberproduktion ist nach China ausgelagert worden.

Manche Einzelheiten in diesem Bericht zeigen, wie wichtig Chinas Zurückhaltung gegenüber Russland ist, aber auch, welch bedeutende Bedrohung ihre Partnerschaft für die USA, den Westen allgemein und den Weltfrieden darstellen könnte. Der Bericht besagt, dass Russland die militärische Zusammenarbeit zwischen beiden Ländern viel offener zeigen und ausweiten wollte:

> Bis jetzt hat China sich nicht für eine so enge strategische Kooperation ausgesprochen, zumindest öffentlich, wie Russland es wünschte. Die Chinesen haben ihre Position mit der Notwendigkeit begründet, eine direkte militärische Konfrontation mit den USA und der NATO zu vermeiden. Die Chinesen setzen aber Gespräche fort, die sich um die Möglichkeit drehen, einen solchen Waffenlieferungsvertrag öffentlich zu verkünden. Für Putin ging es dabei vor allem darum, die USA und die NATO zu brüskieren. Er wollte bekannt machen, dass China Waffen und andere Güter an Russland lieferte. China zögerte aber weiterhin damit.
> Bei Diskussionen [im Kreml] war man dennoch der Auffassung, China werde wohl bald eine solche Kooperation akzeptieren, auch öffentlich, als Teil einer bewussten Konfrontationsstrategie mit Washington. [Moskau] kam zu der Einschätzung, die chinesische Entscheidung über diesen Punkt hänge davon ab, wann die chinesisch-amerikanischen Beziehungen sich so weit verschlechtert hätten, dass China endgültig beschließe, Taiwan anzugreifen. In der zweiten Jahreshälfte 2022 hatte Russland China mehrfach seine volle – auch militärische – Unterstützung bei der Lösung des Taiwan-«Problems» zugesichert, selbst wenn das eine direkte Konfrontation mit den USA bedeuten sollte.

> Laut einer anderen Quelle ... suche der Kreml nun aktiv die direkte Konfrontation mit den USA. China wisse das und sei skeptisch über seine Motive. Russlands Zusammenarbeit mit China in Bezug auf Taiwan sei aber in Gesprächen zwischen den Außen- und Verteidigungsministern beider Länder und mindestens einmal direkt zwischen Putin und Xi Jinping vereinbart worden. Allgemein versuche der Kreml, China zu einer in jeder Hinsicht aggressiveren Haltung gegenüber USA und NATO zu bewegen. Russlands dringendes Interesse an einer engen militärischen Zusammenarbeit mit China trete in den Strategiediskussionen im Kreml klar hervor.

Das Gesamtbild ist klar: Moskau ist praktisch zum Bittsteller in Peking geworden, was der russischen Elite und der breiten Bevölkerung bewusst und kulturell wie politisch sehr unerwünscht sein muss. Das schwächt Putin sehr und macht China noch stärker. Der Krieg in der Ukraine hat Chinas Aufstieg und Russlands Abstieg in politischer, wirtschaftlicher und militärischer Hinsicht beschleunigt, sowohl allgemein als auch gegenüber dem anderen. Das bedeutet für den Westen ein gewaltiges Problem. Wir sind heute in großem Maße davon abhängig, dass ein ehrgeiziger, expansionistischer Autokrat einen anderen im Zaum hält. Die Risiken sind offensichtlich und bedeutsam. Langfristig ist China eine viel größere potenzielle Bedrohung für den Westen, als Putins dysfunktionales, verarmtes Russland es je war.

Kapitel 25

Die neue Weltunordnung

In dem Konflikt zwischen einem korrupt-autoritären Nationalismus und der liberalen Demokratie ist es gut möglich, dass das Jahr 2024 eine entscheidende Wende bringt. Bis zum Ende dieses Jahres wird über die Hälfte der Weltbevölkerung die Gelegenheit gehabt haben, bei Wahlen ihre Stimme abzugeben. Viele dieser Wahlen – in Ländern wie den Vereinigten Staaten, Indien, Mexiko und Großbritannien – werden einschneidende Folgen haben. Insbesondere in den Vereinigten Staaten wird das Ergebnis der diesjährigen Präsidentschaftswahl nach meiner Einschätzung für mindestens eine Generation das politische Klima prägen, ob nun zum Guten oder zum Schlechten.

Die größten Herausforderungen für die liberale Demokratie und Rechtsstaatlichkeit (die letztlich untrennbar zusammenhängen) werden auf den Schlachtfeldern der Ukraine auftreten, in der Taiwanstraße und an den Wahlurnen all jener Länder, in denen es eine interne, nicht-systemische (also extreme) politische Kraft gibt, welche die bestehende Ordnung herausfordert. Zum jetzigen Zeitpunkt lässt sich noch nicht viel mit Sicherheit sagen – aber zumindest die Optimisten unter uns werden hoffen, dass wir den Höchststand einer schleichenden Entwicklung in Richtung Autoritarismus schon hinter uns haben. Die größte Herausforderung in Europa wird meiner Meinung nach sein, Russland in der Ukraine zu besiegen und

es von einem erneuten neoimperialistischen Landraub nach demselben Muster abzuhalten. In vielerlei Hinsicht haben die Erfolge der ukrainischen Armee in ihrem Kampf gegen die russischen Invasoren dazu geführt, dass Russland für andere eine weniger große Gefahr darstellt, zumindest in der nächsten Zeit. (Die ukrainischen Erfolge beruhen zum Teil natürlich darauf, dass der Westen den Ukrainern Geld, Waffen und bestimmt auch nachrichtendienstliche Informationen zur Verfügung stelle.) Nach offen verfügbaren Angaben der US-Regierung, die sich mit den eigenen Recherchen von Orbis decken, hat Russland in den ersten zwei Jahren seit seinem Großangriff auf die Ukraine Kriegsverluste von mindestens 300 000 Mann erlitten (Gefallene und Schwerverwundete). Es hat etwa 2200 Kampfpanzer verloren, das entspricht 60 Prozent des Bestandes, 4400 Schützenpanzer (30 Prozent), 539 Kampfflugzeuge und -hubschrauber sowie 16 Schiffe, das entspricht 20 Prozent der gesamten russischen Schwarzmeerflotte. Mit Blick allein auf die Truppenstärke übersteigen die Verluste also die Größe der ursprünglichen russischen Invasionsarmee, die im Februar 2022 mit rund 180 000 Mann auf ukrainisches Territorium vorstieß.

Militärisch gesehen ist Putins Russland in mancherlei Hinsicht bereits am Ende – auch wenn sein Atomwaffenarsenal und seine sprunghafte, psychisch instabile politische Führungsriege, die sich immer weiter von der Realität zu entfernen scheint, weiterhin Grund zu großer Sorge geben. Auch sollte man in diesem Zusammenhang nicht vergessen, dass China und andere autoritäre Regime aus Putins ukrainischem Fehlschlag mit Sicherheit ihre Lektion lernen werden. An erster Stelle werden sie bereits verstanden haben, dass man solche militärischen Aktionen gegen eng verwandte Nachbarn mit hoher Kampfmoral und starker Unterstützung aus dem Westen nicht leichtfertig unternehmen sollte. Und zweitens sollten sie einsehen, dass sich die Wirtschaftssanktionen des Westens zwar durch gewisse Tricks umgehen lassen; dass jedoch die Vorstellung, NATO, EU und andere westliche Organisationen seien zu schwach, zu eigen-

nützig oder zu zerstritten, um andere Demokratien zu verteidigen, ganz einfach falsch ist.

Nach dem Beitritt Finnlands und Schwedens wird sich Russland künftig mit einer langen neuen Grenze zur NATO im Norden auseinandersetzen müssen. Dies ist, langfristig gesehen, die wirkliche strategische Konsequenz und für Moskau die Kehrseite von Putins Abenteurertum. Auch ist es schwer vorstellbar, dass Russland in Zukunft eine ernst zu nehmende Handelsmacht oder auch nur eine solide Volkswirtschaft werden könnte. Dafür ist die Beschlagnahmung ausländischer wie russischer Unternehmen zugunsten von Putins Gangsterfreunden viel zu verbreitet und wird immer offensichtlicher: Das Krebsgeschwür der Korruption wuchert ungehemmt und vertilgt damit jegliches Potenzial für einen allgemeinen Wohlstand.

Das China Xi Jinpings ist natürlich um ein Vielfaches größer und auch gerissener als Putins Russland, was es zu einem im Vergleich gefährlicheren Gegner macht. (Russland hat sich schon lange vor 2022 in einem deutlichen Abwärtstrend befunden, was seine Bevölkerungszahl und allgemeine Dynamik betrifft.) Ganz unabhängig davon, ob die chinesische Wirtschaft nach Zahlen größer wird als die der Vereinigten Staaten (oder die der EU), wird Peking auf der Weltbühne eine immer mächtigere Rolle spielen. Schon heute ist China der größte Kreditgeber des Globalen Südens, hat seine autoritären Tentakel in viele internationale Institutionen ausgestreckt – die Weltgesundheitsorganisation ist ein gutes Beispiel – und hat dafür gesorgt, dass eine bunt gemischte Reihe von Ländern, ob nun Brasilien und Argentinien oder Südafrika und Saudi-Arabien, in wirtschaftlicher Abhängigkeit vom «Reich der Mitte» stehen. Ob man diese Entwicklungen nun gutheißt oder nicht: Sie bedeuten, dass China – anders als Russland – ein starkes und noch zunehmendes Interesse am Fortbestehen der internationalen Ordnung hat. Wenn man sie geschickt handhabt, könnte sich diese Situation durchaus zum Positiven entwickeln.

Damit ist nicht ausgeschlossen, dass Xi sich zu einem rücksichtslosen Verhalten gegenüber Taiwan oder anderen Ländern verleiten lässt (oder auch gezwungen sieht). Mögliche Auslöser hierfür könnten Provokationen des neuen taiwanischen Präsidenten Lai Ching-te sein, aber auch eine ernste Wirtschaftskrise Chinas. In der chinesischen Bevölkerung schlummert ein großes Hasspotenzial beispielsweise gegenüber Japan, das Xi und andere Falken innerhalb des chinesischen Regimes problemlos anfachen könnten, um es als nationalistischen Eifer für sich zu nutzen. Tatsächlich droht der chinesische Gesellschaftsvertrag zusammenzubrechen, der sich in letzter Zeit so gestaltete, dass im Austausch für ein pragmatisches Regierungshandeln und Wohlstand auch für die breite Masse eine ebenso massenhafte, mehr oder minder freiwillige Aufhebung politischer und juristischer Rechte in Kauf genommen wurde. Gründe für diesen drohenden Zusammenbruch sind eine zu einseitig entwickelte Wirtschaft, eine überalterte Bevölkerung (hier wirkt sich nun die Ein-Kind-Politik der letzten Jahrzehnte negativ aus), eine Verschlechterung der Lebensbedingungen durch starke Umweltbelastungen (was die Anfälligkeit gegenüber Pandemien wie Covid-19 erhöht) sowie eine immer homogenere politische Führungsspitze.

Es gibt einen weiteren Aspekt, der die Chinesen eher davon abhalten dürfte, unbedachte Abenteuer anzufangen und sich, ganz nach dem Vorbild von Putins Russland, als Rowdy auf dem internationalen Parkett zu benehmen, und das ist die mangelnde Kampferfahrung des chinesischen Militärs. Die Volksbefreiungsarmee hat ihren letzten Kriegseinsatz 1979 erlebt, vor fast zwei Generationen also, und selbst damals musste sie sich im Grunde geschlagen geben, obwohl ihr Gegner, Vietnam, noch immer unter den Nachwirkungen des erst wenige Jahre zuvor beendeten Krieges mit den Vereinigten Staaten litt. Das muss für die Führung der chinesischen KP damals ein gewaltiger Schock gewesen sein und dürfte an Xi noch heute nagen. Denn falls eine chinesische Invasionsflotte schon in der Taiwanstraße versenkt würde – wofür die Chancen mindestens 50:50

stehen –, dann würde das nach meiner Einschätzung das Ende bedeuten – für Xi und für die Herrschaft der chinesischen Kommunisten überhaupt. Auch bei einem mit konventionellen Waffen geführten Krieg Chinas gegen Japan (oder selbst Südkorea) würde ich von einer Niederlage der Chinesen und ähnlichen politischen Konsequenzen ausgehen.

Zieht man all dies in Betracht, dann ist es gut und richtig, wenn wir auch weiterhin unsere Aufmerksamkeit, politische Energie und Ressourcen darauf verwenden, die stärksten autoritären Regime weltweit in Schach zu halten, einzudämmen und von einer Eskalation abzuschrecken. Aber es zeigt uns auch, dass unsere eigenen Wirtschaftssysteme, militärischen Kapazitäten und politischen Bündnisse nicht nur gute Überlebens-, sondern sogar Wachstumsaussichten haben. Unter der Führung von Persönlichkeiten wie etwa der früheren Bundeskanzlerin Angela Merkel, ihrem amerikanischen Kollegen Trump oder einer ganzen Reihe von italienischen Ministerpräsidenten ist in keinem dieser Punkte sehr viel getan worden, um unsere Regierungsform und unseren Wohlstand zu schützen. Nach meinem Dafürhalten sind die Nachfolger der Genannten inzwischen aber durch die Ereignisse dazu gezwungen worden, sich entsprechend zu engagieren.

Das bringt mich nun zu der zweiten großen Schlussfolgerung, die meine engsten Mitarbeiter und ich aufgrund unserer seit den späten 1980er-Jahren gesammelten Erfahrungen gezogen haben: dass nämlich die größte Bedrohung für die westliche Demokratie und Rechtsstaatlichkeit nicht von außen kommt, sondern im Inneren unserer Gesellschaft selbst zu finden ist. Das gilt umso mehr seit dem politischen Achsenjahr 2016, das uns nicht nur den Brexit bescherte, sondern auch – und entscheidender noch – den Wahlsieg Donald Trumps.

Denn eines möchte ich unbedingt betonen: Der Aufstieg der populistisch-autoritären Rechten ist noch nicht vorbei, weder in Europa noch in den Vereinigten Staaten. Dort, in Amerika, scheint

die entsprechende Ideologie sogar bis in die ganze Republikanische Partei hinein gestreut zu haben. In der Folge sind die Republikaner zurzeit ganz offenbar ungeeignet, einen Präsidenten zu stellen, geschweige denn, die Verteidigung der westlichen Welt zu leiten, was im späten 20. und frühen 21. Jahrhundert die unverzichtbare historische Rolle der Vereinigten Staaten gewesen ist. Tatsächlich war die globale Vormachtstellung der Vereinigten Staaten das Fundament, auf dem auch meine eigene Karriere als Beamter der britischen Krone und Geheimdienstmitarbeiter aufbauen konnte.

Führende Republikaner im amerikanischen Kongress, die zuvor wenigstens den Kontakt zur politisch-rationalen Realität gehalten hatten, wie beispielsweise der Senator Lindsey Graham und die Abgeordnete Elise Stefanik, haben diese Verbindung inzwischen gekappt und sich ganz dem Trump-Kult verschrieben. In der verqueren Traumwelt, die damit einhergeht, werden etwa die Angreifer, die am 6. Januar 2021 das Kapitol in Washington stürmten, zu «Geiseln» erklärt, anstatt sie als die Kriminellen zu bezeichnen, die sie tatsächlich sind (was etliche von ihnen vor Gericht auch eingestanden haben). Selbst die Behauptung, die Wahl von 2020 sei manipuliert worden, wird immer wieder laut, obwohl sie mittlerweile durch mehrere von Trump und seinen Leuten – vergeblich – angestrengte Gerichtsverfahren widerlegt worden ist.

So sind die US-Republikaner also zu begeisterten Parteigängern eines Paralleluniversums geworden, ähnlich wie die – und vielleicht sogar nach dem Vorbild der – Lügenmaschine von Putins Kreml, der dessen langjähriger Pressesprecher Dmitri Peskow vorsteht, ein Mann, für den eine beinah reflexhafte Verstellung zum täglichen Handwerk gehört. Ich bin fest davon überzeugt, dass bei einem erneuten Wahlsieg Trumps im Herbst 2024 (oder einer Mehrheit der Republikaner im amerikanischen Kongress) für die westliche Demokratie selbst die schlimmsten Szenarien nicht mehr undenkbar sind.

Die Ukraine würde Putin schutzlos ausgeliefert, die gegenseitige

Beistandspflicht der NATO-Mitglieder nach Artikel 5 ihres Vertrages würde aller Wahrscheinlichkeit nach ausgesetzt, und Länder wie Israel oder Saudi-Arabien würden frei, sich so (brutal) zu benehmen, wie es ihnen gefällt. Das wäre nicht nur katastrophal für die westliche Demokratie und den Weltfrieden, sondern auch für den Kampf gegen einen Klimawandel, der – anders als viele politische Entscheidungen – zu irreversiblen Schäden führt. Es ließe sich mit guten Argumenten die Auffassung vertreten, dass ein kriegerischer, mit Atomwaffen gerüsteter Putin (oder selbst Xi) die gefährlichste Person sein könnte, die jemals gelebt hat. Zum jetzigen Zeitpunkt mag das so sein; aber sollte er erneut gewählt werden, würde ich einen rücksichtslosen, isolationistischen, autokratischen, aufbrausenden und impulsiven Donald Trump noch vor diesen beiden platzieren.

Das europäische Land, das in meinen Augen den größten «Sorgenfall» darstellt, ist Frankreich, das ich gut kenne und das mir sehr am Herzen liegt, seitdem ich als Diplomat in der britischen Botschaft in Paris stationiert war. Frankreich hat eine starke präsidiale Exekutive, wie die Vereinigten Staaten, dabei aber eine weniger stark ausgeprägte gegenseitige Kontrolle der staatlichen Organe: Die Checks and Balances von Washington hegen den US-Präsidenten stärker ein als die französische Verfassung seinen Amtskollegen im Élysée-Palast. Das gilt besonders mit Blick auf die französische Legislative – die Nationalversammlung und den Senat –, die deutlich schwächere Befugnisse haben als ihre amerikanischen Gegenstücke. Es besteht ein echtes Risiko, dass selbst unter dem französischen Mehrheitswahlrecht bei den Wahlen 2027 die rechtsextreme Partei Rassemblement National (der frühere Front National) unter der Vorsitzenden Marine Le Pen den Sieg davonträgt.

Le Pen ist eine bekennende Isolationistin russland-, ja sogar putinfreundlicher Couleur. Wie vielfach berichtet wurde, hat ihre Partei im Vorfeld der französischen Präsidentschaftswahl 2017 (der ersten, bei der Le Pen antrat) dubiose Kredite von russischen Ban-

ken aus dem Dunstkreis des Kremls angenommen. Immer wieder hat Le Pen Wirtschaftssanktionen gegen Russland abgelehnt, genauso wie die Lieferung schwerer Waffen an die Ukraine. Sie hat ein Referendum über einen EU-Austritt Frankreichs gefordert und ist zudem der Auffassung, Frankreich solle sich aus der NATO zurückziehen. Ein Sieg Le Pens bei der französischen Präsidentschaftswahl 2027 wäre zugleich ein Sieg für Putin, Xi und andere autoritäre Feinde der Demokratie auf der ganzen Welt.

Um Großbritannien mache ich mir, ehrlich gesagt, weniger Sorgen – jetzt, da die abscheulichen Boris Johnson, Liz Truss und Jeremy Corbyn allesamt Geschichte sind. Sie alle waren, auf je eigene Weise, ein Geschenk für Putin, Xi und andere Gegenspieler der britischen Politik. Zwar bin ich überzeugt, dass der Brexit die bislang schlimmste Wunde war, die sich Großbritannien in Friedenszeiten selbst zugefügt hat, und dass mein Land in seinem heutigen Zustand nur noch ein geschwächter Schatten seiner selbst ist (verglichen mit dem Großbritannien von vor einer Generation). Aber immerhin haben sich die Spitzen der beiden großen Parteien inzwischen wieder in Richtung einer pragmatischen Mitte orientiert. Insbesondere die starke Einigkeit und Zusammenarbeit zwischen der Tory-Regierung und der Labour-Opposition, als es um die Unterstützung der Ukraine im gegenwärtigen Krieg ging, hat mich tief beeindruckt und mir geradezu meinen Nationalstolz als Brite zurückgegeben.

In vielerlei Hinsicht gibt es für Großbritannien als integre, glaubwürdige Demokratie auf der Weltbühne heute eine zentrale Frage: Wie soll man die schleichende Korruption in den Griff bekommen, deren Quellen im Ausland liegen und die in der allzu freizügigen Zeit der sogenannten «Light-Touch»-Regulierung in den 2000er-Jahren ihren Anfang nahm? Damals hat man eine ganze Reihe von mehr als zwielichtigen Konzernen ausländischer Herkunft dazu animiert, in London an die Börse zu gehen, ohne dass vorher die eigentlich nötige Überprüfung seitens der hiesigen Aufsichtsbehörden erfolgt wäre. Den Anstrich von Seriosität, den sie so gewannen,

hatten sie eigentlich gar nicht verdient, und das wiederum erhöhte – unnötigerweise – das Risiko für die Aktionäre. Ähnlich problematisch ist wohl die Tatsache, dass der frühere Premierminister Boris Johnson die hochproblematische Erhebung von Jewgeni Lebedew, der Sohn des Oligarchen und früheren KGB-Offiziers Alexander Lebedew, in den britischen Adelsstand unterstützte. Dem Vater war es zuvor erlaubt worden, mehrere große Londoner Medienhäuser aufzukaufen, darunter die Zeitungen *Evening Standard* und *The Independent,* obwohl die britischen Nachrichtendienste sich dagegen ausgesprochen hatten. Sein Sohn Jewgeni zog später als Peer auf Lebenszeit in das britische Oberhaus ein, was dem Vernehmen nach ebenfalls gegen den Rat des britischen Inlandsgeheimdienstes erfolgte – ein wirklich schockierender Vorgang.

Auch die mangelnde Kontrolle bei der britischen Parteienfinanzierung ist ein Problem, das dringend angegangen werden sollte, genauso wie der Missbrauch unserer klägerfreundlichen Gerichtsbarkeit durch ausländische Akteure mit üblen Absichten. Worauf es bei der Parteienfinanzierung ankäme, ist nicht primär die Frage, ob die Spende nominell von einer Person mit britischer Staatsangehörigkeit kommt; sondern es wäre zu fragen, woher das Geld letztlich stammt und welche Interessen mit der Spende verfolgt werden. In diesem Zusammenhang haben sich die regierenden Konservativen als besonders nachlässig, ja unredlich erwiesen, und sie sind es auch, die zur besonderen Zielscheibe von russischen Operationen geworden sind. Das deutlichste Beispiel für den Unwillen der Konservativen, auf berechtigte Bedenken in dieser Sache zu reagieren, war für mich die Tatsache, dass 2019/20 der Russland-Bericht des parlamentarischen Ausschusses für nachrichtendienstliche Aufklärung und Sicherheit von dem damaligen Premierminister Boris Johnson einfach unter den Teppich gekehrt wurde. In diesem Zusammenhang wären eine größere Sorgfalt und wohl auch eine größere Transparenz in Sachen Parteispenden dringend nötig gewesen.

In den Reihen der britischen Konservativen gibt es viele altge-

diente und auch einflussreiche Leute, die sich um unsere Demokratie genauso große Sorgen machen wie wir und mit denen ich in den vergangenen Jahren immer wieder eng zusammengearbeitet habe. Allerdings wurde ich, wiewohl selbst kein Anhänger der Tories, im Herbst 2023 in einen ihrer Londoner Ortsverbände eingeladen, um dort zum Thema «Londongrad» zu referieren. Mit diesem Schlagwort bezeichnet man die dubiosen Machenschaften, mit denen russische Akteure aus Finanz und Politik seit den 2000er-Jahren in Großbritannien zunehmend auffällig geworden sind. Man hatte mir gesagt, dass es an der Parteibasis ein großes Interesse gebe, von mir mehr über diese Zusammenhänge zu erfahren – aber dann wurde die Veranstaltung in letzter Minute abgesagt, ohne dass man mir eine vernünftige Begründung genannt hätte. Nach meiner Einschätzung war das ein Symptom für die Überempfindlichkeit, ja für das Nichtwahrhabenwollen, mit dem die Regierungspartei auf diese wichtigen Fragen reagierte. Für mich besteht kein Zweifel daran, dass die Konservativen wohl so einiges zu verbergen haben.

Worauf sollten wir also in Zukunft besonders achten, und was müssen wir tun, um die Integrität unserer Demokratie zu sichern, um die Rechtsstaatlichkeit in Europa zu bewahren und weiter zu verbessern? Als Allererstes müssen wir populistisch-autoritäre Politiker in den Blick nehmen, die mit geheimer Unterstützung aus Russland, China oder den Golfstaaten in den Wahlkampf ziehen. Wir sollten diese Leute entlarven, um zu verhindern, dass sie gewählt werden. Mit Blick auf die Vereinigten Staaten erscheint mir besonders gefährlich, dass bei den Republikanern aus dem Trump-Lager in der letzten Zeit Forderungen nach einem «Diktator-Präsidenten» laut geworden sind, dessen Amtszeit dann nicht mehr auf zwei Wahlperioden begrenzt sein solle. Für komplexe Probleme wie wirtschaftliche Ungleichheit, Umweltveränderungen oder Masseneinwanderung kann es keine einfachen Lösungen geben, und Politiker wie Trump oder Le Pen, die das Gegenteil behaupten, sollten als die primitiven und niederträchtigen Lügner entlarvt werden, die sie

nun einmal sind. Man muss diesen Leuten entgegentreten und sie zur Rede stellen, wo immer sich die Gelegenheit bietet. Zum Beispiel sollte man Donald Trumps wiederholte Behauptung nicht unwidersprochen lassen, er habe die Chinesen zur Zahlung höherer Einfuhrzölle für ihre US-Exporte gezwungen. Tatsächlich sind es die amerikanischen Konsumenten, die für diese Zölle aufkommen.

Zweitens sollten wir einsehen, dass nicht Wahlen allein schon das Fundament unserer Demokratie ausmachen, sondern Rechtsstaatlichkeit und eine unabhängige Judikative für deren Bestehen unerlässlich sind. In den Vereinigten Staaten war es die Judikative, die Trumps zerstörerische Politik, sein unverhohlenes Verbrechertum und seine Rücksichtslosigkeit am wirksamsten in die Schranken gewiesen hat – und nicht, trotz aller dort verankerten Sicherheitsmechanismen, die Exekutive oder die Legislative. Wir sollten aber auch einsehen, dass die Rede- und Recherchefreiheit ein hohes und notwendiges Gut ist, das dringend vor einer Beschädigung durch eine «Kriegsführung mit juristischen Mitteln», wie ich sie in diesem Buch beschrieben habe, bewahrt werden muss. Wir dürfen nicht zulassen, dass schwerreiche Gangster aus dem Ausland, deren «Operationsbasis» oftmals die löchrigen Rechtssysteme ihrer autoritär regierten Heimatländer sind, gewisse Gesetzeslücken hier bei uns – und die Gier skrupelloser Anwälte – ausnutzen, um die sorgfältigen Recherchen eines Investigativjournalismus zu unterbinden, wie unser wirtschaftliches und politisches Leben ihn unbedingt benötigt.

Ich gebe ungeniert zu, dass nicht das britische, sondern das US-amerikanische Rechtssystem eine Vorbildfunktion haben sollte, wenn es um die Verteidigung der Redefreiheit geht. In Rechtsräumen wie England oder Wales sollte man sich bemühen, dem Ersten Zusatzartikel der US-Verfassung nachzueifern, um die dort kodifizierten Grundrechte der Rede- und Pressefreiheit bestmöglich zu schützen. Dazu gehört auch, dass Personen des öffentlichen Lebens eine höhere Beweislast auferlegt wird, wenn diese mit Verleum-

dungsklagen vor Gericht gehen. In solchen Fällen sollte die Klägerpartei verpflichtet werden, die «tatsächliche Böswilligkeit» der Beklagten nachzuweisen, um recht zu erhalten – mit anderen Worten: Sie sollen nachweisen, dass die Beschuldigten wissentlich Lügen über sie verbreitet haben.

Großbritannien und die europäischen Staaten brauchen Gesetze, um solche «Einschüchterungsklagen» zu verhindern, die im englischen Sprachraum als «SLAPP»-Klagen bezeichnet werden (Strategic Litigation Against Public Participation: «strategische Klage gegen öffentliche Beteiligung»). Wir brauchen einen schnellen (und damit kostengünstigen) Rechtsmechanismus, um böswillige und unseriöse Strafverfahren, wie sie von Trump und Konsorten angestrengt werden, so früh wie irgend möglich «auszusortieren» und ad acta zu legen. Und wir brauchen einen besseren Schutz für Whistleblower sowie finanzielle Anreize – Belohnungen –, um die Leute dazu zu bringen, Fehlverhalten aufzudecken, insbesondere, wenn es von Regierungsstellen oder großen Konzernen ausgeht.

Auch im Datenschutzrecht sollten Großbritannien und Europa eine vergleichbare Regelung für Personen des öffentlichen Lebens einführen, denn auf dieses Feld hat sich die Front des *lawfare* inzwischen auch verlagert. Britische Gerichte sollten in der Lage sein, Anwälten Geldstrafen aufzuerlegen, wenn diese fadenscheinige *lawfare*-Fälle annehmen. Und eines sollte eigentlich selbstverständlich sein: Keine Person oder Institution, die mit Sanktionen belegt ist, sollte vor unseren Gerichten einen Strafprozess anstrengen dürfen. Gegenwärtig ist das, ob man es glaubt oder nicht, durchaus noch möglich.

Die Privilegien des Parlaments und die Immunität der Abgeordneten, die zuletzt unbegreiflicherweise durch einheimische Kräfte mit finsteren Absichten in Frage gestellt wurden, müssen gleichfalls gestärkt, kodifiziert und um jeden Preis verteidigt werden.

Das amerikanische Rechtssystem könnte jedoch vom englischen Common Law auch etwas lernen: Wie in England sollte die Kläger-

seite die Kosten des Verfahrens tragen müssen, wenn das Verfahren mit einem Freispruch endet.

Was sollten wir Verfechter der liberalen Demokratie und Rechtsstaatlichkeit uns also zum Ziel setzen? Zunächst einmal müssen wir uns um eine tolerante, transparente Gesellschaft bemühen, die offen ist für freien Handel und für Einwanderung, wie es unseren Prinzipien entspricht – aber wie es zugleich auch in unserem ökonomischen Interesse liegt, denn die Bevölkerung in den Industrieländern wird immer älter. Diese Offenheit sollte jedoch gewisse Grenzen haben. Die Regierungen und Großkonzerne korrupt-autoritärer Staaten sollten bei uns keinen politischen Einfluss kaufen können und auch keine strategisch wichtigen Stellen unserer Wirtschaftssysteme besetzen. Jeglicher Fall von strategischem Investment aus dem Ausland sollte vollkommen transparent sein – und Teil eines Systems, das auf Gegenseitigkeit beruht. Wenn China oder Russland uns nicht erlauben, in ihren Ländern zu investieren oder bestimmte Vermögenswerte zu besitzen, dann sollten wir darauf bestehen, dass dies umgekehrt genauso gilt. Unsere Finanz- und Wirtschaftsaufsichts- und -untersuchungsbehörden sollten ausreichend budgetiert und mit allen nötigen Befugnissen versehen sein. In den Vereinigten Staaten ist dies wohl heute schon so: Organe wie das Office of Foreign Assets Control («Amt für die Kontrolle von Auslandsvermögen») und die Börsenaufsichtsbehörde Securities and Exchange Commission sind effektiv – und genau deshalb auch gefürchtet. In Großbritannien und Europa ist das nicht so, und wir sollten es anstreben, auch bei uns solche starken Institutionen zu schaffen.

Natürlich ist es ebenso entscheidend, dass die westlichen Demokratien in wirtschaftlicher wie politischer Hinsicht fest zusammenhalten. Das ist ihre grundlegende Stärke, vor allem in Bereichen wie der militärischen oder nachrichtendienstlichen Kooperation, für die ein Grad des Vertrauens vonnöten ist, wie ihn autokratische Regime vom Schlage Chinas, Russlands oder Irans untereinander nie erreicht haben (und wohl auch nie erreichen könnten).

Was Großbritannien eigentlich braucht, ist eine Wiederannäherung an Europa, eine immer engere wirtschaftliche und sicherheitspolitische Zusammenarbeit mit den europäischen Partnern, und das haben billige Populisten wie Boris Johnson nie eingesehen, ja sie haben diese Partnerschaft sogar nach Kräften sabotiert.

Auch die sogenannte «Soft Power» sollten wir Briten bestmöglich einsetzen. Die Weltsprache Englisch, unser liberales Bildungssystem, die Stärke und der Einfluss von Nichtregierungs-Institutionen und Zivilgesellschaft – das alles sind Dinge, die unseren autoritären Gegenspielern ganz überwiegend fehlen. Allerdings sorgt die politische Heuchelei des Westens dafür, dass unsere Glaubwürdigkeit leidet: Wenn etwa Washington und London dem rücksichtslosen Vorgehen Israels in Gaza ihre bedingungslose Unterstützung zusichern, während sie andererseits den Respekt vor dem Völkerrecht und der nationalen Souveränität predigen, sobald es beispielsweise um die Ukraine geht, dann kommt das vor allem im Globalen Süden, der immer wichtiger wird, gar nicht gut an.

***

Es gibt noch einen weiteren zentralen Bestandteil unserer Gesellschaftsordnung, der in keiner funktionierenden Demokratie fehlen darf, und das sind die Nachrichtenmedien. Ich schätze diese Branche inzwischen sehr, nachdem ich mich zu meiner Zeit im britischen Staatsdienst nach Kräften bemüht habe, den Medien aus dem Weg zu gehen. Noch heute sehe ich einigen Grund zur Vorsicht im Umgang mit ihnen, den ich aber nicht mehr scheue. Tatsächlich habe ich jetzt oft mit den Medien zu tun.

In meiner 22-jährigen Karriere als Beamter der britischen Krone bin ich – bis auf ganz wenige Ausnahmen – für eine breitere Öffentlichkeit, und insbesondere für die Medien unsichtbar geblieben.

Mit der Veröffentlichung des Trump-Russland-Dossiers Anfang 2017 wurde all das schlagartig anders. Ich hatte nun gar nicht mehr

die Möglichkeit, eine Begegnung mit den Medien zu vermeiden, nicht zuletzt auch deshalb, weil wir uns ja irgendwie gegen die Lawine aus Lügen, Halbwahrheiten und abstrusen Verschwörungstheorien stemmen mussten, die man gegen uns losgetreten hatte.

Ich war mit Interviewanfragen zumeist britischer oder amerikanischer Journalisten überhäuft worden und begann schließlich, mit verschiedenen Medienleuten zu reden, aber stets vertraulich und gleichsam hinter vorgehaltener Hand.

Als Anfang 2018 das Giftattentat auf Sergej Skripal und seine Tochter für medialen Aufruhr sorgte, entschied ich, dass ich zu diesem Thema durchaus etwas zu sagen hatte, und willigte ein, mich von Deborah Haynes interviewen zu lassen, die für *Sky News* arbeitete. Anfang 2019 hatte ich dann auch den Fernsehjournalisten George Stephanopoulos des US-Senders *ABC* getroffen, als dieser in den ersten Tagen des neuen Jahres durch London kam.

Im September 2021 gab ich dann schließlich meine ersten Fernsehinterviews mit George Stephanopoulos (für *ABC/Hulu*) und Deborah Haynes (für *Sky News*). Anfangs hat es mich extrem verunsichert, all diese Fernsehkameras und Scheinwerfer auf mich gerichtet zu sehen. Einmal fragte Deborah mich, ob ich tatsächlich ein «Schwindler» sei, wie meine Kritiker behaupteten – eine Frage, über die meine Tochter Georgie sich köstlich amüsierte.

Nach diesen ersten Interviews mit *ABC* und *Sky* gingen keinerlei juristische Drohungen bei uns ein – worüber wir uns vorher Sorgen gemacht hatten –, und deshalb entschied ich zusammen mit meinem Orbis-Partner Chris Burrows und anderen Mitgliedern unseres Leitungsteams, dass ich auch in Zukunft öffentlich auftreten sollte.

Ich erkannte, dass ich keine Angst zu haben brauchte und meine öffentliche Bühne für einen guten Zweck einsetzen konnte – nicht zuletzt, um darauf hinzuweisen, wie wichtig die Verteidigung unserer Demokratie tatsächlich ist.

Nach dem russischen Überfall auf die Ukraine im Februar 2022 wurden die Medienanfragen dann sehr häufig. Da ich genauso em-

pört war wie alle anderen, hatte ich dazu natürlich viel zu sagen. Die ganze Welt schien mir nun in eine äußerst gefährliche Phase einzutreten, und es war von entscheidender Wichtigkeit, dass die Medien ein korrektes und fundiertes Bild von Putin, dem heutigen Russland und den internationalen Machenschaften der korrupten Oligarchen vermittelten. Schließlich ging ich sogar auf Twitter/X, wo es zwischen all den Trollen und Schwätzern, inmitten von Propaganda und Desinformation tatsächlich noch immer seriöse Kommentare und Debatten gibt.

Ich nutze meine Auftritte in den klassischen und den sozialen Medien nicht nur, um meine Analysen zu veröffentlichen, sondern auch, um Informationen zu verbreiten – selbstredend in «gesäuberter» Form –, die unsere Quellen uns im Zuge unserer kommerziellen wie politischen Projektarbeit übermittelt haben. Ich tue dies mit der Unterstützung unserer Auftraggeber, die in der Regel damit einverstanden sind, dass wir die Medien in dieser Weise nutzen, um wichtige Erkenntnisse darüber zu verbreiten, was im Inneren Russlands (und zum Teil auch in China oder anderen Ländern) vor sich geht. Meine Medienauftritte sind ganz darauf ausgerichtet, solche wertvollen Informationen zu vermitteln und dadurch hoffentlich – sanft, aber mit Nachdruck – einen Einfluss auf die politischen Entscheidungsträger auszuüben, die es sich in der Konfrontation mit den Gegnern des Westens bisweilen allzu leicht machen.

Wenn ich heute mit den Medien rede, dann tue ich das auch, weil ich den Journalismus an sich unterstützen möchte, der in unserer Gesellschaft eine so wichtige Aufgabe erfüllt. Und ich tue es, obwohl ich in der Vergangenheit immer wieder auch mit Journalisten zu tun gehabt habe, deren Urteilskraft und Integrität mir mehr als zweifelhaft erschien. Meine Erfahrungen mit einer kleinen Zahl problematischer Pressevertreter haben meine feste Überzeugung nicht erschüttern können, dass eine freie Presse integraler Bestandteil jeder funktionierenden Demokratie ist.

Darüber, dass ich inzwischen oft und öffentlich mit Journalisten

verkehre, wäre mein früheres Ich, der Nachrichtendienstler Ihrer Majestät, natürlich zutiefst entsetzt gewesen.

***

Chris Burrows wirft mir immer vor, für mich sei das Glas grundsätzlich halb voll, und tatsächlich bin ich wohl ein geborener Optimist. Ich glaube fest an die fundamentale Stärke von Demokratie, Rechtsstaatlichkeit und einer lebendigen Zivilgesellschaft. Und ich glaube, dass jeder Mensch, wenn er die freie, faire Wahl hätte, sich unter allen Umständen für Demokratie, Gerechtigkeit und Gemeinschaft entscheiden würde – und nicht für Autoritarismus und Korruption. Aber ich glaube auch, dass wir uns nicht selbstzufrieden zurücklehnen dürfen. Wir dürfen nicht nachlassen, müssen unsere Anstrengungen sogar noch verstärken, ohne Zögern, ohne Verzug, um künftigen Generationen eine friedliche, prosperierende und sichere Welt hinterlassen zu können. Die Bedrohung, der wir gegenüberstehen, ist ernst. Wir müssen siegen. Und ich glaube auch, dass wir es können. Wenn dieses Buch die Nadel am Kompass unseres Schicksals auch nur ein winziges bisschen in die richtige Richtung lenkt, dann hat es seinen Zweck erfüllt. Dann haben all meine Arbeit und ein langes Berufsleben ihren guten Sinn gehabt.

Epilog

2024 – High Noon für die westliche Demokratie

Wird Putins Kreml versuchen, sich zum dritten Mal in eine amerikanische Präsidentschaftswahl einzumischen? Hat Moskau versucht, die Parlamentswahl in Großbritannien vom Juli 2024 zu beeinflussen? Zum ersten Mal seit beinahe einer Generation finden diese beiden Wahlen im selben Jahr statt. (Und es ist in diesem Zusammenhang bemerkenswert, dass der frühere britische Vizepremier Oliver Dowden im Wahlkampf behauptet hat, russische Bots griffen der rechtspopulistischen Partei Reform UK von Nigel Farage in den sozialen Medien freundlich unter die Arme.) Oder ist Putin, der in der Ukraine einen großen Krieg zu führen hat, während die russische Wirtschaft schwächelt, vielleicht zu dem Schluss gelangt, dass eine ernsthafte Einmischung in die amerikanische und die britische Politik den Aufwand nicht lohnt? Können die amerikanischen – und in geringerem Maße auch die britischen – Wählerinnen und Wähler also wieder darauf vertrauen, dass ihr bürgerliches Grundrecht, in einer freien, transparenten und fairen Wahl über ihre Regierung zu bestimmen, im Juli und November nicht angetastet worden sein wird? Und dann ist da noch die Frage einer möglichen Einmischung Moskaus in die vorgezogenen Parlamentswahlen, die im Juni und Juli 2024 in Frankreich stattgefunden haben und bei denen die aus Russland unterstützte und mitfinanzierte Partei

Rassemblement National (RN) zum ersten Mal eine realistische Chance auf den Wahlsieg und eine Machtbeteiligung auf der nationalen Ebene hatte.

Um eine Antwort auf diese zentrale Frage ging es einem gut unterrichteten früheren Mitarbeiter eines russischen Nachrichtendienstes Anfang 2024. Wie viele seiner Kollegen war es ihm in der gegenwärtigen Lage so gut wie unmöglich, in den Westen zu reisen, geschweige denn, dass er dort hätte eingesetzt werden können. Dieser Mann also behauptete, der Kreml prüfe zurzeit einen neuen Ansatz, der Putins Russland einen Vorteil verschaffen soll, ganz egal, wer im November die amerikanische Präsidentschaftswahl gewinnt. Das war eine der erschreckendsten Erkenntnisse, die wir in Sachen Moskauer Einflussnahme auf das US-Wahlverfahren überhaupt gewonnen haben. Wir sahen da einen Kreml, der sich an veränderte Realitäten anzupassen verstand und dadurch zu einer ganz neuen Form der Bedrohung wurde.

Nach Aussage jenes früheren russischen Geheimdienstmitarbeiters hatte der Kreml eine detaillierte Analyse darüber angefordert, welche Personen aus der US-Politik höchstwahrscheinlich Schlüsselpositionen in den künftigen Regierungen Biden oder Trump besetzen würden. Die Kreml-Analysten sollten sich auf die wahrscheinlichsten Kandidaten für jede Position konzentrieren. Und dann sollten die Russen versuchen, diese Leute als Kontaktpersonen aufzubauen, *bevor* sie in einflussreiche Positionen gelangten, wo ein Sperrgürtel sie – bildlich und tatsächlich – vor äußerem Zugriff schützt.

Allerdings war es die Absicht des Kremls, das berichten uns andere Quellen und Analysen, einen – wahrgenommenen und realen – Abstand zu allen Einflussnahmeversuchen einzuhalten, indem er so weit als irgend möglich durch Mittelleute agiert, insbesondere aus Drittstaaten, die nicht der ehemaligen Sowjetunion angehörten. Der Kreml wollte angeblich auf eine Verschärfung der Migrationskrise an der Grenze der Vereinigten Staaten zu Mexiko hinwirken, in der

Hoffnung, dass die sozialen Spannungen im Norden dadurch zunehmen würden. Sollte das erfolgreich sein, stünden dann sowohl Russland als auch China bereit, die daraus erwartbar resultierende Unzufriedenheit in der amerikanischen Bevölkerung über Social-Media-Plattformen zu verstärken. Ein zunehmendes Chaos an der Grenze wäre für Biden – der damals noch im Rennen war – in einem ohnehin schon schwierigen Wahlkampf alles andere als hilfreich.

Ein weiterer wichtiger Punkt, der sich herauskristallisierte, war, dass Russland nun mit China und dem Iran aktiv zusammenarbeitete, um den Westen im Verlauf des Jahres 2024 nachhaltig zu destabilisieren. Die Minister für Staatssicherheit der drei Staaten hatten im April ein trilaterales Treffen abgehalten. Sie verband dabei ein gemeinsames Ziel: die Unterminierung der NATO. Aus russischer Sicht war dieses trilaterale Treffen ein voller Erfolg; alle drei Staaten verpflichteten sich, auch weiterhin Informationen auszutauschen und regelmäßige Treffen über die US-Wahlen abzuhalten. Nikolai Patruschew, ein langjähriger enger Sicherheitsberater Putins (der inzwischen allerdings degradiert wurde), nahm aus dem Treffen im April die Überzeugung mit, dass die NATO nach den US-Wahlen schwächer sein würde als zuvor. Dies werde zumindest ein Faktor sein, der für 2025 ein Ende des Krieges in der Ukraine wahrscheinlich mache – und zwar zugunsten Russlands. Die Vereinigten Staaten müssten dann akzeptieren, dass die Ukraine ihr verlorenes Territorium nicht zurückgewinnen könne. Dies werde dann eine schwere Niederlage für Washington sein, glaubte Patruschew.

Es ist nicht klar, ob Patruschew und andere hochrangige Vertreter des Kremls ausdrücklich die Meinung geäußert haben, ein russischer Sieg in der Ukraine werde sehr viel wahrscheinlicher, wenn Donald Trump ins Weiße Haus einzöge. Aber wie ich in diesem Buch dargelegt habe, ist das schlicht eine Tatsache, die wohl kaum noch diskutiert werden muss.

Einen letzten wichtigen Punkt sollte ich noch hervorheben. Die Kreml-Strategen halten offenbar die von den G7-Staaten beschlos-

sene «Preisobergrenze» für russisches Erdöl für ineffektiv und glauben, Putin könnte durchaus seine persönlichen Beziehungen zu den Staatschefs Saudi-Arabiens, der Vereinigten Arabischen Emirate, Venezuelas, des Iran und anderer ölproduzierender Länder nutzen, um eine Drosselung der weltweiten Produktion zu vereinbaren, die im September und Oktober, kurz vor den US-Präsidentschaftswahlen, zu Preiserhöhungen und einer höheren Inflation führen würde. Und sie messen diesem Faktor als möglichem Treiber der öffentlichen Meinung in den Vereinigten Staaten eine größere Bedeutung zu als den Auswirkungen anderer Krisen, wie den Kriegen in der Ukraine und im Nahen Osten, zusammen.

Ob dies nun passiert oder nicht und ob Putin tatsächlich über den hierzu nötigen Einfluss verfügt oder nicht – unsere Einschätzung, dass der Kreml diese Herangehensweise bereits im Frühjahr 2024 erwog, ist ein äußerst beunruhigendes Anzeichen dafür, dass er dieses Mal bereit sein wird, alles in Bewegung zu setzen – sogar die Weltmärkte –, um das amerikanische Wahlergebnis zu beeinflussen. Und falls die plötzliche Bereitschaft der Russen zur Kooperation mit autoritären, anti-westlichen Staaten noch nicht deutlich genug geworden sein sollte, so ist sie es spätestens jetzt.

Nach unseren Informationen hat der Kreml dieses Mal auch relativ ausgefeilte und differenzierte Analysen erstellt, die ein gutes Verständnis etwa vom Wahlverhalten unterschiedlicher Bevölkerungsgruppen in den Vereinigten Staaten erkennen lassen. Allzu übermütig wurden die Kreml-Analysten dabei aber nicht, sondern sehen wohl selbst ein, dass der Kreml noch viel Arbeit vor sich hat, um die politischen Neigungen bestimmter ethnischer Bevölkerungsgruppen in den USA tatsächlich zu verstehen. Aber schon jetzt geht man dort beispielsweise davon aus, dass junge Menschen aus Kuba, Nicaragua, Venezuela und Bolivien – Ländern, die in der jüngeren Vergangenheit sozialistisch oder kommunistisch regiert wurden –, zu gegen das Establishment gerichteten Ansichten neigen und somit willige Aktivisten im Sinne Moskaus werden könnten.

Meine Schlussfolgerung aus all diesen Erkenntnissen ist, dass der Kreml nach Gruppen und Personen in den Vereinigten Staaten sucht, die er aufbauen und als «Maulwürfe» zur Destabilisierung des Landes einsetzen kann, ob ihnen das nun bewusst ist oder nicht. Von einigen der Moskauer Analysen würde ich behaupten, dass sie durch rassistische, fremdenfeindliche Vorurteile geblendet sind. Aber vieles, was uns bekannt geworden ist, wirkt doch bemerkenswert gut informiert. Aus den uns vorliegenden Berichten geht auch hervor, dass der Kreml offenbar gerade daran arbeitet, sich aus den Vereinigten Staaten umfassende Datensätze zur politischen Meinungsforschung zu beschaffen, in denen die 2024 entscheidenden Themen, Kandidaten und Wahlabsichten beleuchtet werden. Ganz ähnlich ist Moskau – Berichten zufolge – auch 2016 vorgegangen und hat sich die entsprechenden Informationen bei Trumps damaligem Wahlkampfmanager Paul Manafort beschafft.

Es ist beunruhigend, dass Kreml-Analysten jetzt zu denselben Schlüssen gelangen könnten wie Amerikas beste Meinungsforscher. Kurz gesagt also: ja, der Kreml wird ein drittes Mal versuchen, die US-Wahl zu beeinflussen. Doch dieses Mal wird es nicht so sein wie zuvor. Und wenn Putins Taktik sich ändert, muss auch unsere sich verändern. Man kann wohl ohne Übertreibung sagen, dass unsere ganze westliche Lebensweise jetzt davon abhängt, wie schnell wir uns anpassen können, um Putins taktische Neuerungen zu antizipieren und eine Bedrohung, wie sie vielleicht nur einmal pro Generation auftritt, endgültig zu überwinden.

Unabhängig davon erhielten wir Mitte 2024 Informationen, die darauf hindeuten, dass die Beziehungen zwischen Russland und dem Westen inzwischen derart schlecht geworden sind, dass der Kreml ein neues Programm für «kinetische Operationen» aufgelegt hat – also für politische Attentate und gezielte Sabotageaktionen gegen führende NATO-Mitgliedsstaaten. Ein Forschungsinstitut des FSB im Moskauer Umland soll zu diesem Zweck bereits als Ausbildungs- und Planungszentrum umgebaut worden sein. Wohin die

Reise geht, ist klar: Wir in Großbritannien und in den Vereinigten Staaten sind mit Blick auf das Russland Wladimir Putins in eine neue Vorkriegszeit eingetreten. Das ist eine wahrhaft beängstigende Perspektive, aber sie muss von den westlichen Führungsspitzen in Politik und Militär erkannt und klar beim Namen genannt werden – besser früher als später.

Im Verlauf des Sommers 2024 erreichten uns noch weitere Informationen, und zwar über die Auffassung des Kremls, dass die amerikanische Präsidentschaftswahl 2024 für Moskau einen Gewinn bringen werde, ganz egal, wer am Ende als Sieger dastünde. Der Gedankengang war folgender: Bei einem Wahlsieg Donald Trumps ging man davon aus, dass dieser die Ukraine im Stich lassen und die Sanktionen gegen Russland aufheben werde. Bei einer Wiederwahl Joe Bidens hingegen rechnete man mit inneren Unruhen und anhaltender Instabilität in den Vereinigten Staaten. Außerdem wurde uns mitgeteilt, ein hochrangiger Kreml-Funktionär, Sergei Kirijenko, der als stellvertretender Leiter von Putins Präsidialverwaltung amtiert, sei zum zentralen Beauftragten für die Wahlbeeinflussung im Ausland ernannt worden, was «den zunehmenden Status und die Wichtigkeit [dieses Themas] für Putin» belege.

Doch während diese neuen Geheimdienstinformationen aus höchst sensiblen Quellen bei uns eingehen, müssen wir leider – aufgrund unserer bitteren Erfahrungen aus der Vergangenheit – zögern, bevor wir die Details mit den US-Behörden teilen, unserem strategischen Verbündeten, dem wir jedoch nicht mehr über den Weg trauen könnten, sollte Trump wieder an die Macht kommen und seine Handlanger die Akten der US-Geheimdienste durchforsten. Vertrauenswürdige Journalisten und ihre Veröffentlichungen sind eine Alternative, aber sie haben nicht eine solche direkte Wirkung (auch im Sinne der zu ergreifenden Gegenmaßnahmen), und sie bringen das Risiko mit sich, dass unsere zahlreichen Gegner irgendwann wieder einen unbarmherzigen «Lawfare» gegen uns eröffnen. Zum gegenwärtigen Zeitpunkt – ich schreibe dies im Juli 2024 – prüfen

wir gerade alle Alternativen für weitere Maßnahmen. Das alte Mantra unseres Metiers hat nichts von seiner Gültigkeit verloren: Es hat keinen Sinn, Zeit, Risiko und Aufwand in die Informationsbeschaffung zu investieren, wenn man diese Informationen nicht nutzen wird – und am sinnvollsten tut man dies mit der größtmöglichen und auch besten Wirkung. Es ist nur so, dass in der «neuen Weltunordnung» unserer Zeit nicht mehr ohne weiteres klar ist, wohin wir uns mit solchen Informationen wenden sollen. Am Ende muss es vielleicht doch wieder die US-Regierung oder die Regierung Seiner Majestät (hier in Großbritannien) sein, wenn auch mit größeren Vorbehalten als zuvor und mit noch stärker «gefiltertem» Material, um unsere Gewährsleute und Operationen vor jeglichen negativen Folgen einer politischen Reaktion zu schützen.

***

Ich will dieses Buch mit einem Schlussgedanken beenden. Im Lauf unserer Arbeit in den Jahren seit 2016 erfuhren wir von der Existenz weiterer, unabhängiger Berichte über Donald Trumps Aktivitäten in Russland – und auch von der angeblichen Existenz weiterer Sex-*kompromat*-Aufnahmen von Trump in Moskau. Diese Hinweise standen in keinerlei Zusammenhang mit dem Material, das in unser Dossier eingeflossen war.

Das Thema wird in einem als Verschlusssache eingestuften Gesprächsmemo erwähnt, das die Mitarbeiter der Mueller-Untersuchung nach ihrem Londoner Treffen mit Chris und mir aufgesetzt haben. Das «offizielle Protokoll» der FBI-Befragung, der Chris und ich im September 2017 unterzogen wurden und die in den Mueller-Report eingeflossen ist, wurde von Trump in den letzten Tagen seiner Amtszeit im Januar 2021 freigegeben und öffentlich gemacht. Wie aus diesem Protokoll hervorgeht, wollte das FBI damals nicht nur die Hintergründe unseres Dossiers ausforschen, sondern auch die angebliche Existenz jener weiteren Sex-*kompromat*-Aufnahmen

von Donald Trump. In diesen Zusammenhang gehören auch gewisse Anschuldigungen gegen Trump aus einem ungeprüften Memo, das von den FBI-Leuten als das «Cody-Shearer-Memo» bezeichnet wurde und mit der Darstellung unserer Erkenntnisse in dem Orbis-Dossier nichts zu tun hat. Die Beschreibungen in diesem «Cody-Shearer-Memo» sind schockierend und explizit – schlimmer als alles, was im ersten Teil unseres eigenen Dossiers geschildert wurde.

Wie wir dem FBI damals sagten, stammten diese Aussagen in dem «Cody-Shearer-Memo» nicht von einer unserer Quellen, weshalb wir über ihre Glaubwürdigkeit keinerlei Aussage treffen konnten. Allerdings bestanden offenkundige Ähnlichkeiten zwischen Teilen dieses Memos und der Berichterstattung in unserem Orbis-eigenen Trump-Russland-Dossier. Wie aus dem Gesprächsprotokoll des FBI hervorgeht, äußerten wir damals die Auffassung, dass das, was jene unabhängige Quelle zu der strittigen Frage von Trumps russischem *kompromat* zu sagen hatte, «im Einklang [steht] mit den Erkenntnissen [von Orbis] über den Miss-Universe-Wettbewerb, die Vorfälle im Ritz-Carlton und die Familie Agalarow». Aber wir merkten auch an, dass die Gewährsperson für diese neuen Behauptungen «weder besonders gebildet noch ansonsten sonderlich bemerkenswert» sei und zudem «ihre Russischkenntnisse deutlich zu wünschen übrig [ließen]». In den Notizen des FBI ist dann davon die Rede, was wir bei Orbis über einen mutmaßlichen FSB-Agenten gehört hatten, der «angeboten hatte, verschiedene Aufnahmen von Präsident Trump zu beschaffen. Mindestens eine dieser Aufnahmen stehe in einem Zusammenhang mit dem Miss-Universe-Wettbewerb.» Und beunruhigenderweise stand auch die Andeutung im Raum, dass zumindest ein Teil dieses kompromittierenden Materials die russische Regierung sowie die Regierungen anderer Staaten erreicht haben könnte.

Die FBI-Mitarbeiter versicherten uns damals, dass sie diese Aussagen ernst nähmen und auch vorhätten, weitere Nachforschungen dazu anzustellen. Tatsächlich wissen wir, dass sie mit mindestens

einer dieser anderen, unabhängigen Quellen noch ein weiteres Treffen in Europa vereinbarten, das auch stattgefunden hat. Was dabei herausgekommen ist, wissen wir leider nicht.

Ich frage mich ernsthaft, wie viel die US-Nachrichtendienste über all das wissen. Wir bei Orbis hatten und haben weder die Ressourcen noch die Kapazitäten, um jene neuen Meldungen über Trump und Russland eingehend zu prüfen. Einer, der sich allerdings fundiert dazu äußern könnte, ist Oleg Smolenkow, früher ein hochrangiger russischer Beamter, den die CIA dem Vernehmen nach im Juni 2017 über Montenegro ausgeschleust und in die Vereinigten Staaten gebracht hat, wo er eine neue Existenz erhielt. Smolenkow war früher in Washington eingesetzt gewesen, als Juri Uschakow dort als russischer Botschafter amtierte, und begleitete seinen Chef, als dieser 2008 nach Moskau zurückging und Putins außenpolitischer Berater wurde. In seiner Funktion als Uschakows Untergebener *muss* Smolenkow Zugang zu den (beziehungsweise Kenntnisse über die) russischen Akten über Trump gehabt haben, und auch zu Material über führende US-Republikaner sowie die russische Einmischung in die Präsidentschaftswahl von 2016. Ich finde es überaus seltsam, ja geradezu unerklärlich, dass dieser Ermittlungsansatz – der «Smolenkow-Ansatz» – bei keiner der diversen Untersuchungen zum Thema «Trump und Russland», die von US-Behörden im Laufe der Jahre durchgeführt wurden, aufgegriffen oder auch nur erwähnt wurde. Wie lässt sich das erklären?

Im Herbst 2024 steht wohl sogar noch mehr auf dem Spiel als 2016. Putin ist verzweifelt darauf aus, die US-Außenpolitik in seinem Sinne zu beeinflussen, weil er eine gesichtswahrende Exit-Strategie für seinen katastrophalen Großangriff auf die Ukraine braucht. Trump hat behauptet, er könne diesen Krieg binnen eines einzigen Tages beenden – aber dass dies wohl nur mit einer Friedensregelung zugunsten Moskaus möglich wäre, dürfte auf der Hand liegen. Das würde Putin also nur weiteren Auftrieb verschaffen. Und dann wäre da noch die zunehmend sinistre Rolle eines Vermittlers zwischen

Putin und Trump, die der ungarische Ministerpräsident Viktor Orbán spielt, ein ausgesprochener Russlandfreund und autoritärer Populist, der von Trump regelmäßig mit Lobeshymnen bedacht wird. Es ist deshalb wichtiger denn je, dass die westlichen Nachrichtendienste ihre Arbeit machen und der alles entscheidenden Frage auf den Grund gehen, welchen Einfluss unser größter Gegner – das Russland Wladimir Putins – auf Donald Trump ausübt.

Das Überleben der westlichen Demokratie könnte davon abhängen.

Dank

Es gibt viele Menschen, ohne deren Mitwirkung, Rat, Loyalität, Güte und Unterstützung dieses Buch niemals geschrieben worden wäre. Manche von ihnen sollten – sei es aus eigenem Willen, sei es aus Notwendigkeit – hier besser nicht namentlich genannt werden. Sie wissen, wer sie sind, und müssen im Verborgenen bleiben, in Sicherheit. Was die anderen betrifft, so sind es – neben meiner Frau Katherine und meinem Geschäftspartner Chris Burrows –, vor allem meine Kinder, die hier genannt werden sollten, denn sie haben meinetwegen wirklich einiges durchmachen müssen. Dasselbe gilt auch für meine Mitarbeiter bei Orbis Business Intelligence, vor allem in der schweren Zeit nach der Veröffentlichung des Trump-Russland-Dossiers im Januar 2017: die endlosen Medienanfragen, Drohanrufe und Hass-E-Mails, Feindseligkeiten aus dem Dark Web, Angriffe von Trollen in den sozialen Medien – bisweilen sogar ein ungebetener Besucher aus Russland oder dem Trump-Lager, der wie ein Wahnsinniger an unsere Londoner Bürotür hämmerte. Das alles ging über eine normale Arbeitsbelastung weit hinaus, selbst für Profis, und ich bin meinen Kolleginnen und Kollegen unendlich dankbar dafür, dass sie unter diesen Umständen die Ruhe bewahrt und einfach weitergemacht haben.

Im Laufe der Jahre habe ich von der großen Expertise in Sachen Sowjetunion beziehungsweise Russland, aber auch von allgemeineren Ratschlägen profitiert, die mir Peter Oppenheimer, Ed Lucas, Sir Andrew Wood, Catherine Belton und Strobe Talbott haben zuteilwerden lassen. Bei anderen Schlüsselthemen dieses Buches – China, den Vereinigten Staaten, Frankreich, dem britischen Zivilrecht – haben mir John Gerson, Charles Parton, Mark Medish, Jon Winer, Glenn Simpson, Mark Stephens und Pulina Whitaker auf ganz ähnliche Weise geholfen.

Und dann möchte ich die Journalistinnen und Journalisten nennen, die mich interviewt haben und mit denen ich zusammengearbeitet habe: in den Vereinigten Staaten waren das vor allem George Stephano-

poulos und Jane Mayer, in Großbritannien Nick Robinson, Tom Bradby, Beth Rigby, Luke Harding, Christian Fraser und Deborah Haynes sowie – *last, but not least* – John Sweeney, der Pionier und gute Geist des Investigativjournalismus in unserem Land.

Meine Kommilitonen aus den Studientagen in Oxford und Cambridge sind mir stets verbunden geblieben, als treue und wertvolle Freunde, die mich mit ihren jeweiligen Fachkenntnissen unterstützt haben, wann immer ich sie um Hilfe bat. Als da wären Neil Sherlock, mein «Mediencoach» Graham Davies, Richard Klein, Nick Robinson (noch einmal) und die diversen anderen *knights called Nick* aus unserer kleinen Tafelrunde. Aber auch Rob, Aled, Andy, Graham und George möchte ich hier nicht vergessen, gute Freunde aus meiner Schulzeit in England und Zypern. Und natürlich meine Schwester Alison und ihren Mann Stefan, die immer für mich da gewesen sind.

Unendlich dankbar bin ich dem Team, das die Idee dieses Buches hat Wirklichkeit werden lassen, über alle Änderungen, Korrekturen und Neufassungen hinweg am Ball geblieben ist und schließlich auch den Mut gehabt hat, einen solchen Titel zu veröffentlichen, der in dem turbulenten und potenziell feindseligen politischen Klima unserer Tage sicher nicht nur auf Wohlwollen stoßen wird: Herzlichen Dank also an Laurie, Matt, Peter und Clare. Und ganz besonders auch an Lucinda, meine unvergleichliche Stabschefin, deren Engelsgeduld niemals aufhört.

Und schließlich bin ich auch jenen Angehörigen, Freunden und früheren Kollegen dankbar, die nicht mehr unter uns sind, aber in meinem Leben eine prägende Rolle gespielt haben: meinem Vater Perris; meinem Studienfreund Tim Bass; und meinen früheren Arbeitskollegen Stuart Gibby, Nigel Backhouse und Charles Farr. Ich frage mich oft, was sie wohl denken würden, wenn sie den chaotischen Zustand unserer heutigen Welt noch erlebt hätten – und wenn sie die Chance gehabt hätten, dieses Buch zu lesen. Dass es ihrem Gedenken und Vermächtnis gerecht werden möge, ist meine innige Hoffnung.

Farnham (Surrey), Großbritannien, 30. Juli 2024